새로 쓴 성서한국을 꿈꾼다

## 새로 쓴 성서한국을 꿈꾼다
Dreaming Bible Korea

**지은이** 이승장
**펴낸곳** 주식회사 홍성사
**펴낸이** 정애주
국효숙 김의연 김준표 박혜란 손상범
송민규 안지애 오민택 임영주 차길환

2001. 1. 12. 초판 발행    2023. 2. 15. 4쇄 발행

**등록번호** 제1-499호 1977. 8. 1.
**주소** (04084) 서울시 마포구 양화진4길 3  **전화** 02) 333-5161  **팩스** 02) 333-5165
**홈페이지** hongsungsa.com  **이메일** hsbooks@hongsungsa.com
**페이스북** facebook.com/hongsungsa
**양화진책방** 02) 333-5161

ⓒ 이승장, 2001

• 잘못된 책은 바꿔 드립니다. • 책값은 뒤표지에 있습니다.

ISBN 978-89-365-0493-9 (03230)

새로 쓴
# 성서한국을 꿈꾼다

이승장

홍성사

## 차 례

**책머리에**
**여는 글** 그대들의 내일을 위하여 11

# 1 캠퍼스 복음화를 꿈꾼다

1. 왜 '기독학생운동'인가? 19
2. 기독학생운동의 기본 정신 26
3. 기독학생운동의 방향과 전략 44
4. 기독학생운동의 전통과 본보기 49
5. 대학은 부흥을 갈망한다 57
6. 기독학생운동과 캠퍼스 복음화 71
7. 기독학생운동과 사회참여 80
8. 학생선교단체와 교회 115
9. 청년대학생이 따르는 지도자 126

# 2 지성사회 복음화를 꿈꾼다

10. 왜 '기독학사운동'인가? 143
11. 성경 속에 나타난 기독학사운동 151
12. 기독학사운동의 전통과 현주소 158
13. 기독학사운동의 목표와 방향 172
14. 기독학사운동의 전략 183
15. 기독학사운동과 지역 교회 193
16. 기독학사운동과 진로 문제 207
17. 대학원생운동과 유학생운동 214

# 3 성서한국을 꿈꾼다

18. 새 천년 기독학생·학사운동의 과제 225
19. 성서한국을 꿈꾼다 236
20. 통일한국을 준비한다 247
21. 선교한국을 이룬다 258

**닫는 글** 지금은 울어야 할 때 273
**대담** 이승장 vs. 고직한 279
**부록** 참고문헌 289

## 책머리에

이 글을 처음 쓴 것은 80년대 중반이었다. 군사 독재 치하에서 대학생들은 민주화를 위해 이념 투쟁을 하고 있었고, 대부분의 복음적인 기독대학생들은 치열한 정신적 갈등을 경험하고 있었다. 당시 내가 온 몸 바쳐 복음으로 섬기던 형제 자매들이 던지는 고민들은 대개 이런 것이었다.

'친구들이 분신자살하는 캠퍼스 현장에서, 기타 치며 가스펠송 부르고 기도만 하면 되는 걸까요?'

'교회는 선교단체를 이단시하고 선교단체는 교회를 바리새인 집단처럼 판단하면서 서로 인정할 줄 모르는데, 과연 우리는 어디서, 어떻게 주님을 섬겨야 합니까?'

'대학 시절 원론적인 신앙훈련을 받기는 했는데, 막상 졸업 후 사회 현실에 부딪치니까 우리가 배운 건 전혀 적용이 불가능한 것이 아닐까 하는 회의가 들곤 해요.'

'우리는 연약한 데 반해 사회의 구조적 죄악은 너무 심각해서,

구체적으로 어떻게 살아야 교회와 사회에서 비둘기처럼 순결하고 뱀처럼 지혜로운 주님의 제자로 사는 것인지 모르겠습니다.'

그리하여 나는 개인적으로나 공동체적으로 방향을 제대로 잡지 못하고 괴로워하는 후배들을 위해 조금이라도 도움을 줄 수 없을까 고심하다가 부족한 대로 작은 책을 내게 되었다. 그런데 당시 적지 않은 형제 자매들이 나의 글을 통해 복음주의 학생운동과 학사운동의 방향을 찾게 되었다는 뜻밖의 반응을 접하면서, 늘 고마운 마음과 동시에 죄송한 마음을 느껴 왔다. 그것은 무엇보다 '제대로 된 글을 써야 하는데……' 하는 부담 때문이었다. 이 책이 절판된 지 꽤 지났으나 다시 찾는 분들이 적지 않다는 말을 들으면서도, 언젠가 시간이 되면 새롭게 쓰기 위해 다시 찍지 않았다.

지금 나는 다시 부르심을 받고 대학생 선교단체와 지역 교회의 연합체인 '학원복음화협의회'와 전 세계의 유학생수양회운동인 '코스타'(KOSTA, KOrean STudents Abroad)를 섬기고 있다. 그 덕에 캠퍼스의 대학생들과 해외 유학생들에게 말씀을 증거하고 그들을 상담하는 기회를 비교적 많이 갖는 편이다. 또한 여러 연합집회, 선교단체와 교회 청년부 모임에서 청년대학생들과 간사들, 교회 청년부 사역자들과 자주 대화할 수 있는 은총을 누리고 있다. 그런 과정에서 이 책을 고쳐 써야 할 필요를 절박하게 느껴, 이번에 개정판을 내게 된 것이다.

그간 급변하는 시대에 따라 대학과 사회의 현실, 교회와 학생 선교단체의 상황도 적잖게 변했다. 그러나 기독학생운동을 통해 대학을 복음화하고 성서한국을 이루려는 우리의 비전은 더욱 영롱해진다. 그 꿈을 이루려는 우리의 전략도 근본적으로 달라지지 않았다.

다시 썼지만 아쉬움이 남는다. 다만 책 제목만이라도 이 땅 청년대학생들의 마음판에 새겨진다면, 그 이상 무얼 더 바랄 것인가!

이 책을 내기까지는 많은 분들의 도움이 있었다. 기독대학인회(ESF)의 동역자들과, 이 땅의 청년대학생들을 복음으로 섬길 수 있도록 늘 가까이서 격려해 주시는 홍정길·김동호 목사님, 학원복음화협의회를 함께 섬기는 김경수·이상윤 총무와 여러 간사들, 그리고 이 책이 나오기까지 수고한 홍성사의 노고에 특별히 마음 깊은 곳에서 우러나오는 감사의 인사를 올린다.

2001년 판을 넘기면서,

여는 글
# 그대들의 내일을 위하여

대학 3학년이던 1963년, 나는 선교단체의 수양회에서 예수 그리스도를 인격적으로 만나 어린 시절에 가졌던 신앙을 회복했다. 그리고 대학생활의 마지막 1년을 부족한대로 캠퍼스에서 성경공부를 인도하면서 친구와 후배들을 예수님께 인도하는 체험을 하게 되었다.

대학 시절에 만난 주님은 내게 삶의 의미와 목적, 그리고 생명 바쳐 일할 사명을 주셨다. 열등감과 절망감 속에서 방황하던 내게 한 평생 품어 갈 아름답고 소박한 꿈을 주셨다. 그 꿈은 방황하는 한국의 대학생들이 예수님을 만나서 기독교 인생관을 가지고 새 인생을 출발하게 되며, 가난하고 불쌍한 우리 민족이 성경말씀대로 정직하고 서로 사랑하면서 '성서한국'을 이루어 나가는 것이었다.

1967년, 나는 군에서 제대하자마자 하나님의 부르심을 받고 미국인 선교사에게서 약간의 성경공부 방법 등을 훈련받은 후, 곧 바로 현재의 대학로 근처에서 대학생 후배들을 전도하고 신앙적으로 돕는 간사의 삶을 출발하게 되었다. 물론 그 때는 '간사'라는 호칭도 없어서, 나는 '형' 아니면 '오빠'로 불렸다.

6, 70년대 군사 독재의 짓누름과 절대 빈곤의 질곡에서 온 겨레가 신음하던 시절, 이 땅의 후배 대학생들을 복음으로 섬기던 나에게는 끊이지 않는 타는 목마름 같은 갈망이 있었다. 그것은 참다운 복음주의 학생운동의 모델을 직접 보고 배우고 싶은 열망이었다.

사역자들(선교단체의 간사들이나 목회자들)이 주도하는 모임이 아니라 대학생들 자신이 지도력을 발휘하는 모임, 올바른 복음주의 신학의 든든한 기초 위에서 대학생 사역자들이 인격적으로 서로 존경하고 겸손하게 섬기는 기독학생운동, 지역 교회와 갈등하지 않고 서로의 역할을 존중하며 평화롭게 연합하고 협력하는 기독학생운동, 단체나 지역 교회가 아닌 대학 캠퍼스를 주 활동무대로 하면서 교회나 단체의 벽을 넘어 하나 되어 연합하는 기독학생운동, 당대에만 일시적으로 떠들썩하다가 역사 속에 자취없이 스러지는 것이 아니라 교회와 사회에 지속적으로 복음의 선한 영향력을 발휘하는 그런 기독학생운동이 한국의 현실에서는 불가능한 것일까? 나의 열망은 점점 더 커져만 갔다.

그러던 중 1979년에 영국에서 공부할 수 있는 기회가 열렸다. 그리하여 방학 기간을 통해 당시 영국의 기독학생운동 연합체인 UCCF(Universities and Colleges Christian Fellowship)의 전국대학생수련회와 전국학사수련회를 참석하면서, 영국의 기독학생운동과 학사운동에 대해 조금이나마 배울 수 있었다. 그 후, 영국에서 시작하여 전 세계로 퍼져 나간 '국제복음주의학생연맹'(IFES, International Fellowship of Evangelical Students)의 런던 본부 사무실에서 한 주 간 인턴으로 배우면서 세계의 복음주의 학생운동에 대해 피상적이지만 그 흐름을 느낄 수 있었다.

그런 과정을 거치면서 나는 복음주의 대학생운동의 모체로 평가되는 케임브리지 대학 기독인연합(CICCU, Cambridge Inter-Collegiate Christian Union)의 역사를 좀더 깊이 있게 공부하고, 당시 대학에서 진행되는 기독학생들의 활동을 직접 관찰하는 기회를 갖고 싶었다. 나는 당시 영국 UCCF의 총무이던 바클리(Oliver Barclay) 박사에게 편지를 써서 케임브리지의 기독인연합 방문을 주선해 달라고 부탁했다. 그래서 1981년 11월 케임브리지를 찾게 되었다.

당시 케임브리지 기독인연합의 대표로 섬기던 형제는 퀸즈 칼리지(Queens' College)에서 화학을 전공하는 학생이었다. 그는 신학자이자 저술가요 목회자로 존경받는 마이클 그린(Michael Green)의 아들로, 아버지를 닮아 키는 작아도 지도력이 보통 뛰어난 형제가 아니었다. 그의 안내를 받아 짧은 기간이었지만, 기독인연합의 갖가지 모임, 기숙사에서 갖는 학생들의 일상생활, 교회 예배 등에 참석했다.

당시 총 학생수 1만 명 중 매주 1회 이상 성경공부에 참여하는 학생수가 1천 명쯤 되었다. 특히 매주 토요일 저녁, '홀리 트리니티'(Holy Trinity) 교회에서 갖는 성경강해 시간에 들어가기 위해 긴 줄을 지어 있는 학생들을 볼 때의 가슴 진한 감동을 잊을 수 없다.

마지막 날 역사 자료를 빌려 보기 위해 성서신학 연구소인 틴데일 하우스(Tyndale House)를 방문했다. 영국의 집은 대개 지붕 아래 다락이 있다. 사다리를 놓고 다락에 올라가 불을 켜 보니 한쪽 구석에 자료 보관함(archive)이 있었다. 내 기억으로 그것은 약 120×100×80센티미터쯤 되는 검은 상자였는데, 습기 많은 영국 날씨에도 종이나 글씨가 변하지 않도록 만들어진 것이었다. 혼자 남아서 여러 기록들을 훑어보던 흥분은 내가 세상 나서 처음 맛본 독특한 경험이었다. 거의 100년 전, 비록 나라도 형편도 다르지만 대학의 복음화를 위해 서너 명이 모여 가진 기도회에 관한 빛 바랜 기록이나 갖가지 행사를 위한 회의록 등을 볼 때 갑자기 가슴이 뭉클해지는 것이었다.

거기서 나는 '영국 복음주의 대학생운동의 기원과 발달'이라는 교회사 졸업 논문에 필요한 자료들을 빌릴 수 있었다. 6개월 동안 살펴본 후 돌려 주어도 된다는 허락을 받아서 그 진귀한 기록들, 이 세상에 단 하나밖에 없는 역사 자료들을 여행가방에 넣은 채, 보물을 품고 가듯 흥분을 가라앉히지 못하면서 런던행 버스를 탔다. 100여 년 전, 케임브리지 대학의 복음화를 통해 영국 교회와 사회, 그리고 세계 복음화를 꿈꾸던 기독학생운동의 선배들이 얼마나 주님을 사랑하고 역사를 귀하게 여겼던가!

현재 나는 복음주의 대학생선교단체와 지역 교회가 연합하여 대학의 복음화와 교회 청년대학부의 활성화를 이루려는 목표로 세워진 학원복음화협의회(학복협)를 섬기고 있다. 학복협의 상징

언어는 '물 근원을 맑게'와 '연합과 협력'이다. 우리는 이 사회의 물 근원인 대학을 복음화하여 성서한국, 통일 한국, 선교한국을 이루려는 비전으로 하나 되어 이 일을 섬기고 있다. 그리하여 분열과 반목, 개교회주의와 개단체 이기주의로 주의 몸을 찢어 오던 한국 교회 풍토에서는 불가능하다고 여기던 연합과 협력을 이루어 왔다. 어떻게 이 일이 가능할 수 있었을까? 이는 그 동안 연합과 협력을 위해 헌신한 교회 지도자들, 선교단체의 지도자들, 대학의 기독교수들과 학생 지도자들의 눈물겨운 기도와 헌신의 결과이다. 그들이 바친 기도와 시간, 물질과 정성을 어떻게 통계 수치로 표현할 수 있단 말인가.

새 천년을 열면서 우리는 하나님께서 이 땅의 기독학생운동과 기독학사운동을 통해 이루기 원하시는 시대적 과제가 무엇인가를 겸허하게 물어야 할 시점에 있다. 무릇 종교개혁이나 대각성부흥운동, 세계선교운동 등 역사적 가치를 지닌 복음운동이 다 그러하듯이, 하나님은 우리가 본질적 사명에 충실하기를 원하신다. 기독학생운동과 교회 청년대학부를 섬기는 학생, 학사, 사역자들은 100년 후를 내다보면서 하나님이 이루실 놀라운 일들을 그려보는 선견자의 혜안을 지녀야 한다. 뒤에 올 새벽이슬 같은 다음 세대의 후배들을 위해, 지금, 여기서, 우리의 헌신이 요구된다.

이 순간, 어느 전몰 장병의 비문에 새겨진 말이 뜨겁게 다가온다.

"그대들의 내일을 위하여 우리의 오늘을 바쳤노라."

# 1 캠퍼스 복음화를 꿈꾼다

왜 '기독학생운동'인가?

기독학생운동의 기본 정신

기독학생운동의 방향과 전략

기독학생운동의 전통과 본보기

대학은 부흥을 갈망한다

기독학생운동과 캠퍼스 복음화

기독학생운동과 사회참여

학생선교단체와 교회

청년대학생이 따르는 지도자

# 1
## 왜 '기독학생운동'인가?

기독학생운동은 이 땅에 하나님 나라를 이루기 위해 매우 중요한 전략이다. 왜 그런가?

무릇 그리스도의 제자는 그 하는 일이 모두 그리스도에게서 나온다. 그리스도 안에 지혜와 지식의 모든 보화가 감추어져 있기 때문이다(골 2:3). 그리스도야말로 세상을 뒤집어 엎는 청년복음운동의 창시자이시다.

예수께서 지상에서 사역하실 때, 왜 당시 긴 옷 차림의 세련된 유대 종교 지도자들을 세워 일하지 않으셨을까? 전능하신 하나님의 아들이 예루살렘을 중심으로 돈 있고 권세 있는 대제사장, 바리새인과 서기관 등을 화끈하게 변화시켜 하나님나라운동을 펼치셨으면 훨씬 효율적이고 속도감 있지 않았을까? 왜 지혜로우신 주께서 하필이면 갈릴리 지방의 젊은 어부들을 중심으로 삼아 사역하신 것일까?

### 예수께서 택하실 사역지는?

예수께서 오늘날 이 땅에 오신다면 어디서 사역하실까? 나는 예수께서 대학 캠퍼스를 사역의 중심지로 삼으시리라고 믿는다. 그 이유를 생각해보자.

그것은 첫째, 대학이 전도의 황금어장이기 때문이다. 예수님이 사역을 시작할 때, 갈릴리 지방의 가버나움을 활동 근거지로 삼으셨다. 그 이유는 물을 필요도 없다. 갈릴리에서 가장 인구가 많았기 때문이다. 가버나움은 어업, 상업, 교통의 중심지였기 때문에 사람들이 계속하여 모여드는 곳이었다. 예수님은 가버나움에서 하나님 나라의 복음을 전파하고 회당에서 가르치고, 병들고 귀신 들린 자를 고치는 메시아 사역을 출발하신 것이다.

어부는 어장을 잘 택해야 한다. 사람 낚는 어부들이 황금어장을 버려 두고 다른 곳을 찾는 것처럼 어리석은 행동은 없다. 오늘날 한국의 대학 인구는 200만 명을 헤아린다. 육해공군을 합친 군인수가 60만이라니까, 대학에 얼마나 많은 청년들이 몰려 있는가를 짐작할 수 있다. 더구나 아무리 대학생들이 타락했다고 하지만, 그래도 우리 사회에서 진리에 대해 가장 마음이 열려 있는 계층이 그들이다. 복음을 영접할 가능성이 많은 집단이 바로 그들이다. 그리고 대학 사회는 구성원의 동질성, 긴 방학을 비롯한 시간 여유 등의 이유로 인해 전도에 효과적인 공간이다.

둘째, 대학은 지도자 양성을 위한 최상의 전략 기지다. 예수께서는 가버나움에서 제자들을 택하시고 훈련시키셨다. 지도자는 태어나기도 하고 양성되기도 한다. 기본적으로 지도자 자질이 없는 사람이 지도자가 될 수는 없다. 그런 점에서 예수께서 처음 부른 제자들은 지도자로서의 가능성을 갖춘 자들이었다.

흔히 예수님의 제자들을 가리켜 무식한 어부나 세리 출신들이라고 하는데, 이것은 성경의 역사적 배경에 무지해서 하는 말이다. 당시 가버나움의 어부나 세리들은 중산층 이상이었다. 그 곳엔 로마인들도 비교적 많이 살았기 때문에 어부와 세리들은 기본적으로 자기들이 쓰는 아람어와 로마 세계에서 공용어로 사용하던 헬라어를 사용하는, 소위 이중언어사용자(bilingual)들이었다. 그래서 후에 로마 세계에 나가서 복음을 전하며 교회를 세운 지도자요 신약성경의 저자가 될 수 있었다.

요즘은 한국의 대학생 인구가 하도 많아져서 대학생이 사회의 엘리트 계층이 아니라, 선진국에서처럼 소외 계층이 되어 가는 경향이 없지 않다. 그러나 아직도 대학에 들어온 청년은 모두 지도자적 자질을 갖춘 젊은이로 인정해야 할 것이다. 오늘의 대학생들이 장차 한국 사회 각계각층의 지도자로 활약하게 될 것이며, 교역자나 평신도 지도자로서 지역 교회를 섬길 것이다. 그러므로 현재의 대학생들을 얼마나 많이 예수님의 진실한 제자로 훈련시켜 사회와 교회로 배출하느냐에 따라 미래의 한국 교회와 사회의 질이 결정된다.

셋째, 대학은 운동 가능성이 높은 공간이다. 현대의 기독교는 개인주의적인 시대 정신의 영향으로 공동체성과 운동성을 점차 잃어 가고 있다. 이런 현상은 결코 성경적 기독교의 참 모습이 아니다. 신앙 공동체가 분명한 목적의식을 가지고 활동하면, 기독교 신앙의 특성상 반드시 운동력을 발휘하게 된다. 히브리서 4

장 12절은 성경이 갖는 운동력을 이렇게 말한다.

"하나님의 말씀은 살았고 운동력이 있어 좌우에 날선 어떤 검보다도 예리하여……."

여기서 '운동력이 있다'는 말은 헬라어의 'energes'라는 단어로서 '활동력이 있다'(active), '힘있다'(powerful), '효과적이다'(effective)라는 의미이다. 이는 성경을 읽으면, 반드시 사람이 변화되고 사회가 바뀐다는 말이다.

교회 2천 년의 역사를 생각해 보라. 북유럽 국가에서 일어난 종교개혁은 거의 예외 없이 대학인들이 성경연구를 시작하면서 일어난 운동이었다. 우리 나라의 교회 역사는 어떠한가? 서양 선교사들이 들어오기 전에 성경을 먼저 읽으면서 기독교 신자가 생기기 시작했고, 선교사들은 이미 믿은 신자들에게 세례를 베풀면 되었다.

조선 말과 일제 초기에 한국 주재 특파원으로 있던 영국인 기자 맥켄지(F. A. McKenzie)는 성경의 운동력이 어떻게 당시 국권을 빼앗겼던 조선인의 의식을 바꾸었나를 이렇게 기록했다.

"일본이 한국을 병합하기 전에 많은 수의 한국인이 기독교에 입교했다. ……선교사들은 세계에서 가장 다이나믹하고 선동적인 서적인 성경을 보급하고 또 가르쳤다. 성경에 젖어든 한 민족이 학정(虐政)에 접할 때는 그 민족이 멸절하든가, 아니면 학정이 그쳐지든가 하는 두 가지 중의 하나가 일어나게 된다."

예수의 지상 사역은 제자 공동체를 통한 하나님나라운동이었다. 예수의 천상 사역도 사도들의 말씀 증거를 통해 로마 세계의 거점도시 중심으로 일어나는 운동이었다. 역사가였던 누가는 사도행전에 기록된 중요한 역사적 전환점에서 이 점을 반복하여 강조했다.

"이와 같이 주의 말씀이 힘이 있어 흥왕하여 세력을 얻으니라" (행 19:20).

## '지리의식'이 요구되는 시대

선교 100년 간 놀라운 운동력으로 전진하던 한국 기독교는 90년대부터 생명력도, 운동력도 상실하고 있다. 복음을 통한 교회 개혁과 사회변혁은 진정 불가능한 꿈이란 말인가? 오늘날 이 땅에서 그래도 복음을 통해 운동이 일어날 가능성이 있는 장(場)으로 대학 캠퍼스를 첫 손에 꼽을 수 있을 것이다. 그럼에도 오늘날 이 땅의 대학 캠퍼스에서 활발한 복음운동이 일어나지 못하는 이유는 무엇일까?

우선 개인 신앙적 차원에서는, 기독학생들이 대학을 '선교지'로 바라보지 못하는 것이 가장 큰 문제이다. 그리고 공동체적 차원에서는, 대학 '안'에서의 복음운동에 대한 학생선교단체나 교회 대학부 지도자들의 집중적인 관심과 연합적인 전략의 결여 때문이 아닐까 한다.

혹시 이 땅의 기독대학생들은 현실 도피적인 신앙 자세에 젖어 있는 것은 아닐까? 젊은이들에게 복음 신앙으로 자기 '삶의 자리'(Sitz im Leben)를 바꾸려는 도전 의지가 없는 이유는 무엇일까? 그것은 기독인으로서 마땅히 가져야 할 '지리의식'(sense of geography)의 결핍 때문이다. "대체 하나님이 나를 왜 여기에?"

라는 질문에 해답을 얻어 내기 전까지는 대학을 다니는 것이 아무 의미가 없다고 생각하여, 대학 시절 자신의 인생에 두신 하나님의 뜻을 몸부림치면서 찾으려는 사고의 치열함이 그들에게 있는가? 나를 이 대학으로 보내신 하나님의 뜻과는 아무 상관 없이, 다만 초등학문에 몰두하거나 취직 준비를 위해 강의실과 도서관을 오가고 연애하면서 대학을 마친다면, 나를 대학에 보내신 그분이 얼마나 슬퍼하실까를 생각해 본 적이 있는가?

성경에서 "보냄을 받은 자"라는 표현은 중요한 신학적 함의(含意)를 지니고 있다. 예수님은 보냄 받은 자로서의 자기 인식이 분명하셨다(요 17:3). 세례 요한이나 주의 제자들도 '사도', 곧 보냄 받은 자들이었다(요 1:6; 눅 6:13). 따라서 예수 믿는 대학생들은 수능시험 성적 때문에 이 대학에 왔다는 현상적 사고를 뛰어넘어 신앙적 영역에서 자기 생각을 정돈할 수 있어야 한다. 하나님께서 섭리하셔서 나를 이 대학에 하나님의 일꾼으로 보내셨다는 신앙 고백이 분명해야 한다. 그렇지 않으면 내 인생에 두신 하나님의 주권을 깔보는, 아주 질이 나쁜 불신앙에 빠진다.

대학 캠퍼스를 하나님이 주신 사명을 감당해야 할 '거룩한 땅'으로 바라보는 지리의식이 없으면, 주님을 섬기더라도 대학 '안'에서 하나님의 일을 하기보다 대학 '밖'에 있는 단체나 지역 교회에만 충성하다가 '하나님 나라'라는 큰 그림을 놓칠 위험이 있다. 그러다가 대부분의 우리 앞세대와 마찬가지로 전혀 역사성이나 사회성이 없이, 영육을 갈라 놓는 이원론(二元論, dualism)적이거나 편협한 '종교생활'로 빠져들게 된다.

기독학생들이 현실을 개혁하는 '세상의 소금과 빛'으로서의 자기 역할을 잊고 단체나 교회의 '설탕'만 되려는 종교 행태가 굳어지게 된다면 우리 교회와 사회에 무슨 앞날이 있겠는가? 오해하지 말기 바란다. 선교단체와 교회가 대학에서 주의 일을 하지 않는다는 말이 아니다. 다만 우선순위가 대학생의 삶의 자리인 대학 현장을 복음화하는 일보다는, 대학을 기반으로 하여 선교단체라는 공동체 세우는 일이 우선되기 때문에 하는 말이다.

이 땅의 기독청년들은 대학 시절에 기본적으로 실력을 쌓을 뿐 아니라, 삶의 자리인 캠퍼스 복음화를 위해 헌신하여 성공과 실패를 겪으면서 훈련받고 경험이 쌓인 후에 사회로 진출해야 한다. 학생들의 인생 전체를 조망해서 평가하자면, 이것은 휴학하면서 외국어나 컴퓨터를 배우는 일보다 족히 비교할 수 없이 중요한 인생의 자산이 될 것이다.

## 2
## 기독학생운동의 기본 정신

　기독학생운동은 일반 사회운동과 달리, 운동의 프로그램이나 기능보다 운동 원리와 기본 정신이 더 중요하다. 그래서 기독학생운동가들끼리 사용하는 말 중에, "그 친구를 만나면 스피릿(spirit)이 통한다"거나 "거기하고는 스피릿이 안 맞는다" 하면서 '스피릿'을 들먹이는 경우가 적지 않다. 그렇다면 과연 기독학생운동은 어떤 정신을 가지고 일하는 것일까?

### 복음주의 신앙

　기독교는 신앙의 최고 권위를 어디에 두느냐에 따라 그 흐름을 크게 세 가지로 나눈다. '교회'가 최고 권위를 가지는 가톨릭교회, '인간 이성(理性)'에 최고 권위를 두는 자유주의나 일부 진보주의 교회, 그리고 '성경의 계시'를 최고 권위로 인정하는 복음주의 교회다.

복음주의 안에도 여러 갈래가 있으나, 기본적으로 성경을 하나님의 말씀으로 믿는 사도들의 신앙과 종교개혁의 원리를 존중하는 정통적인 개신교의 흐름을 가리킨다. 이러한 복음주의자들은 고린도전서 15장 3, 4절에 기독교의 핵심 교리가 담겨 있다고 믿는다.

"내가 받은 것을 먼저 너희에게 전하였노니 이는 성경대로 그리스도께서 우리 죄를 위하여 죽으시고 장사 지낸 바 되었다가 사흘 만에 다시 살아나사."

이 말씀에는 복음주의 운동의 특징이 모두 포함되어 있다.

첫째, 복음주의자들은 성경이 하나님의 진리의 말씀이라고 확신한다. 그들은 성경의 권위라는 기초 위에 그들의 신앙과 삶, 사역을 감당하려 애쓴다. 그래서 복음주의자들은 성경읽기, 성경묵상, 성경공부 등을 많이 강조한다.

둘째, 그리스도의 대속의 죽음과 성령을 통한 개인적 회심을 강조한다. "그리스도께서 우리 죄를 위해 죽으신" 것을 믿는 것이다. 복음주의자들은 마틴 루터의 "우리는 오직 예수께서 우리 죄를 위해 죽으신 것을 믿음으로만 의롭다 함을 받는다"는 칭의(稱義, justification)의 교리를 기독교 신앙의 가장 기본적인 골격으로 삼는다. 이러한 믿음을 갖게 되는 것을 '회심'(回心, conversion)이라고 하는데, 이것은 성령의 역사로 가능하다고 믿는다. 그래서 복음주의자들은 전도할 때, "당신은 예수 믿어 죄사함 받았습니까? 구원의 확신이 있습니까?"를 확인하는 경향이 있다.

셋째, 그리스도의 부활을 역사적 사실로 믿으며, 다시 살아나신 그리스도와의 인격적 관계를 강조한다. "장사 지낸 바 되었다 가"라는 말은, '그리스도께서 잠깐 십자가에서 졸도하셨다가 차가운 무덤에 들어가니까 깨어났다'고 하는 주장을 반박하면서 그가 확실히 육체적으로 죽으셨음을 밝히는 것이다. 그리고 "성경대로 사흘만에 다시 살아나"신 그를 믿는 우리는 영원한 생명을 얻으며, 현재도 살아 계신 그리스도와 인격적이고도 개인적인 관계를 갖는다고 믿는다. 따라서 복음주의자는 신앙생활이 어떤 종교적 활동이나 도덕을 지키는 것이 아니라, 살아 계시고 인격이신 그리스도와 매일 매순간 말씀과 기도로 대화 나누며 교제하는 삶이라고 생각한다.

넷째, 전도와 선교를 강조한다. 바울은 고린도 교인들에게 "내가 받은 것을 너희에게 전하였노니"라고 말했다. 복음주의자들은 그리스도의 선교 명령과 사도들의 신앙 전통을 존중하여 복음 전도와 선교야말로 신자 개인으로나 교회 공동체적으로나 가장 중요한 사명이라고 믿는다.

다섯째, 실제 삶이 경건하고 순결해야 한다고 강조한다. 이것은 성경의 권위를 믿고 살아 계신 그리스도와 인격적 관계를 갖는 신앙 형태의 자연스런 열매일 것이다. 그러나 칭의를 믿으면서 '성화'(聖化, sanctification)의 교리를 무시할 위험이 있기 때문에, 복음주의자들은 청교도들이나 경건주의 운동의 전통을 이어받아 경건한 생활을 강조한다.

오랫동안 복음주의자들은 사회참여에는 전혀 관심을 기울이지 않고, 복음 전도를 통한 개인의 영혼 구원에만 힘쓴다고 비난을 받아 왔다. 왜 그런 성향이 생긴 것일까? 그 원인은 19세기와 20

세기 초까지 구미 교회를 휩쓴 자유주의자들의 영향에 대한 반작용으로 기독교 정통 신앙의 본질을 잃지 않기 위해 주로 20세기 초에 미국을 중심으로 일어난 근본주의자(fundamentalist)적 태도에 기인한다. 그러나 1974년 로잔 언약(Lausanne Covenant) 이후, 복음주의자들은 끊임없는 성경의 재해석을 통해 복음 전도와 사회적 책임은 상반 관계가 아니라 결혼한 사이처럼 동반자 관계여야 한다고 고백하고 있다.

복음주의에 대한 비난이 없지 않으나 교회사가 라투렛(K. S. Latourette) 교수는 다음과 같이 복음주의 교회를 평가한다.

"유럽에서 가장 활발한 개신교회는 주로 청교도적이고 경건주의적이며, 복음주의적 전통을 존중하는 소수 그룹이다. 양적 성장이나 영향력 면에서 볼 때 유럽 외의 다른 나라에서도 마찬가지다. 이것은 세계 교회가 점차 더 청교도적이고 경건주의적이며, 복음주의적 입장을 갖는 경향성이 있음을 말해 준다."

2차 대전 이후 구미의 자유주의 교회가 거의 죽어 가는 것과 대조해 볼 때, 복음주의 교회는 전 세계적으로 놀라운 성장을 거듭해 왔다. 오순절 교회를 포함하지 않더라도, 복음주의 교회는 세계적으로 4.5퍼센트의 교인 성장률을 기록하고 있다. 미국의 경우, 자신이 복음주의 신앙을 가졌다고 답한 사람이 4-5천만이라는 통계가 나오고, 영국의 경우 30여 년 전 390만 명의 예배 참석자 중에서 복음주의 신앙을 가진 자는 5퍼센트 정도에서, 현재는 50퍼센트 이상이라고 추산하고 있다. 더구나 남미, 아프리카, 아시아에서 폭발적으로 성장하는 교회는 거의 복음주의적 신앙을 가졌다고 본다.

중국이나 일본에 들어온 초기 기독교가 자유주의적 색채가 강했던 반면, 우리 나라에는 복음주의적 성격이 더 강한 기독교가 들어온 것은 다행스러운 일이라 아니할 수 없다. 특히 우리 나라에서도 80년대 말부터 복음주의 지도자들이 부분적으로나마 그동안 소홀했던 사회적 책임을 다하려고 애써 온 것은 매우 고무적인 현상이다. 사회봉사나 구제 차원에만 제한된 활동이 아니라, 개인 자격으로나 단체를 창립해서 적극적으로 통일운동이나 공명선거, 경제정의실천, 기독교윤리실천, 환경보호운동 등에 참여한 것은 3·1운동 시기부터 감당해 온 사회변혁운동의 전통을 이어받은 주목할 만한 움직임이다.

그러나 대다수의 보수적인 교회는 성서신학의 빈곤으로 말미암아 아직도 인간을 영과 육으로 구분하는 이원론적 사고의 틀을 깨뜨리지 못하고 개인의 영혼 구원과 사회 구원을 종합적으로 이해하지 못하고 있다. 이 점은 한국의 복음주의 교회가 극복해야 할 가장 중요한 신학적 과제 중의 하나라고 믿는다. 종교개혁자들의 주장대로 오직 성경만이 우리 신앙과 삶의 권위가 될 수 있다면, 복음주의적 입장만이 기독교의 바른 신앙이라고 감히 말할 수 있을 것이다.

## 복음 진리를 사랑하는 정신

이 땅의 학생운동은 그 기본 정신이 진리와 정의에 대한 사랑, 나라와 겨레에 대한 사랑에서 출발한다. 정의와 진리에 대한 사랑은 곧 불의와 거짓, 부패와 부조리에 대한 의로운 분노로 표출

되었다. 더구나 공의의 하나님을 경외하고 진리이신 예수 그리스도를 따르는 기독학생들은 운동의 기본 철학을 '진리에 대한 사랑'이라는 전제 위에 두어야 할 것이다.

상업주의 시대를 살면서 우리는 개인적으로나 단체적으로나 모든 행동의 동기가 지나치게 실리적(實利的)이 되기 쉽다. 기독학생운동 역시 진리와 원칙에 충실하기보다는 개인적 야심이나 단체 이기주의에 근거하여 운동 목표를 정하는 위험이 있다. 순수성보다는 '이익'을 따져 보는 경향이 없지 않다는 말이다. 특히 교회 문화가 상업주의적인 발상에 기초하는 경우가 많고, 교계 지도자들의 경우도 대형 교회일수록 '성직자'의 분위기보다는 '경영인'의 모습을 보이는 경우도 적지 않다.

그런 점에서 본다면, 기독학생운동은 될 수 있는 대로 평신도 리더십이 더 바람직하다. 영국 UCCF의 경우, 초대 총무로 단체의 기초를 놓은 존슨(D. Johnson)은 의사였고, 그 후임 총무인 바클리는 동물학 박사 출신이었다. 동아시아의 기독학생운동 개척자들 역시 대부분 은퇴하기 전까지는 평신도로 사역했다. 이처럼 운동의 순수성을 보존하기 위해서는 교회 정치권과는 일정한 거리를 유지하는 것이 더 지혜로울 수도 있다. 기독학생운동도 교계로부터 후원 받는 데만 의식이 발달되어 있으면, 운동의 일시적인 결과는 그럴 듯할지 모르나 역사에 영향을 주는 운동으로 발전하기는 어려울 것이다.

"진리가 무엇이냐?"고 하며 예수께 냉소적인 질문을 던진 빌라도는 진리보다 실리를 사랑하는 지식인의 모습을 보여 준다. 그는 개인적인 정치 생명의 보존과 성공을 위해 진리를 십자가에 못박았다. 당대에는 그가 승리자였다. 그는 자기 이익을 챙긴 사람이었다. 그러나 "내가 진리를 증거하러 왔노라"고 외치면서도, 패배자로 죽어 간 예수 그리스도는 진리운동의 영원한 승리자가 되셨다. 오늘날 이 땅에서 기독학생운동에 참여하는 주의 일꾼들은 자기 이익을 추구하는 빌라도의 길을 따를 것인지, 아니면 하나님의 원칙에 충실하며 진리를 증거하는 그리스도의 길을 걸을 것인지 분명한 신앙적 선택과 결단이 있어야 할 것이다. 정신이 썩고서는 아무것도 기대할 수 없다.

기독학생운동은 "복음의 진리"를 사랑한다(갈 2:5). 사도 바울은 복음 진리를 지키기 위해서 "다른 복음을 전하면 저주를 받을지어다"(갈 1:9)라고 말할 만큼 치열하게 싸웠다. 진리란 보편타당성, 영원불변성, 만인가치성을 가져야 한다. 그러나 시대의 흐름을 따라 자기가 진리라고 확신하던 이론이나 이데올로기가 나중에 거짓으로 판명되는 경우가 많다. 사회주의, 공산주의 이념만이 민족을 살리는 진리라고 확신하여 아까운 생명을 낭비하거나 송두리째 바친 이 땅의 청년 학생들이 얼마나 많았는가.

교회사를 통해서도 거짓된 교리를 따르다가 목숨까지 바치는 경우를 흔히 볼 수 있다. 이단 종파일수록 복음 진리보다는 다른 어떤 것들, 예컨대 자기 단체나 가시적 교회 조직, 교파를 위해 잘못된 충성을 바친다. 1999년 서울에서 열린 IFES 세계 대회에서 우리 시대의 대표적 기독교 지성 존 스토트 목사의 주제 강연 제목이 '복음주의적 진리'(Evangelical Truth)였음을 기억할 필요가 있다.

## 그리스도를 위한 순교정신

수유리 4·19혁명 기념관에 가면, 당시 중앙대 1학년생이던 유창범의 '피를 태워 날은 밝았다'는 시패가 걸려 있다.

참다 참다 터져나온 울분 피가 뒤끓고
젊음은 불의에 굴하지 않았다
자유를 다오
다른 생명이 또 필요하다면
나도 여기 가슴을 벌리고 있노라

당시 고려대의 4·18 선언문에는 이런 내용이 들어 있다.
"……만약 이와 같은 극단의 악덕과 패륜을 포용하고 있는 이 탁류의 역사를 정화시키지 못한다면, 우리는 후세의 영원한 저주를 면치 못하리라……."
또한 서울대생들은 이런 시국선언문을 남겼다.
"……진리의 상아탑을 박차고 거리에 나선 우리는 질풍과 같은 역사의 조류에 자신을 참여시킴으로써 이성과 진리, 그리고 자유의 대학정신을 현실의 참담한 박토에 뿌리려 하는 바이다. …… 보라! 우리는 캄캄한 밤의 침묵에 자유의 종을 나타내는 타수의 일익임을 자랑한다. 일제의 철추 아래 미칠 듯 자유를 환호한 나의 아버지, 나의 형들과 같이……."
80년대 학생운동에 참여한 학생들은 신군부의 독재정권에 대항하여 자기 몸을 불사르는 것까지 마다하지 않았다. 그들은 "더도 덜도 말고 2만 명만 민주화의 제단에 피를 뿌리고 죽는다면 민주화의 날이 오고야 말 것"이라고 믿었다. 나는 아무리 숭고한 목적이라 해도 분신자살을 찬동할 수 없다. 생명의 주는 하나님이므로 자기 맘대로 생명을 없앨 권한이 우리에게 없기 때문이다. 그러나 겨레의 독립을 위해 목숨을 바친 안중근·윤동주 어른을 비롯한 독립운동가들, 하나님께 대한 신앙과 겨레에 대한 사랑으로 생명을 아낌없이 드린 주기철·손양원 목사를 비롯한 믿음의 선배들, 겨레의 하나됨을 위해 옥고를 무서워하지 않은 문익환 목사 등을 생각해 보자. 4·19혁명 때 희생된 185명의 죽음의 의미를 새기는 글에 이런 내용이 있다.

"정의를 위해서는 생명을 능히 던질 수 있는 피의 전통이 용솟음치고 있음을 역사는 증언한다."

오늘날 기독학생운동이 어느 정도 성장한 배경에는 운동의 목표와 그 과제는 달랐지만 진보주의 진영이나 복음주의 진영 선배들이 다같이 '순교정신'을 부르짖었던 정신의 동일성이 있었다. 나는 기독학생운동의 후배들도 똑같은 순교정신으로 주님과 역사를 위해 헌신하고 있다고 믿는다. 아무리 시대가 달라졌고 학생 선교단체들의 재정과 인적 규모, 학문적 수준 향상이 이루어졌다고 해도, 형제 자매들의 영적 진보를 위해서, 그리고 민족 공동체와 교회를 위해 목숨을 바치는 순교정신만큼은 변할 수 없는 예수운동의 기본 정신이라고 믿는다.

주님은 "선한 목자는 양들을 위하여 목숨을 버"린다고 말씀하셨다(요 10:11). 주님을 위하여 목숨을 바치는 것은 주님이 부탁하신 양떼를 위해 목숨을 바치는 것으로 표현되는 경우가 많다. 주님의 양떼란 교회나 신앙 공동체를 가리키는 경우가 대부분이지만, 바울이 로마서 9장에서 고백하듯이 자기 민족일 수도 있다.

오늘날 기독학생들의 영적 지도자들은 사도들의 모습보다는 바리새인들과 서기관, 사두개인들의 냄새를 풍기고 있는 것은 아닐까? 이제 학생선교단체들은 교회 정치적인 면에서 보호해야 할 것이 너무 많아진 것은 아닐까? 기독학생운동 역시 한국 교회의 물신숭배, 물량주의, 재벌식 경영체제 등과 같은 시대정신에 지배당하고 있는 것은 아닐까? 현대의 기독교단체 경영학 이론으로는 이해가 되지만, 과연 예수님이라면 어떻게 하실까를 물을 때 쉽게 답하기 어려운 것이 사실이다.

캠퍼스 안의 기독인연합모임(기연)을 섬기는 학생들도 알게 모르게 교회 정치하는 사람들의 흉내를 내게 된다는 말도 들린다. 기독교수와 단체 간사, 개별 기독동아리 리더들의 눈치를 살피면서 연합을 꾀하려니까 대단한 정치력이 요구되기도 할 것이다.

정치란 좋은 것이다. 좋은 의미의 교회 정치가들은 있어야 한다. 그럼에도 불구하고, 기독학생운동이 운동성을 회복하려면 지도자들이 먼저 주님과 주님의 양떼들을 위해 목숨을 바치는 순교정신을 회복하는 것 이상 중요한 것은 없다고 생각한다.

## 새로운 것에 도전하는 개척정신

초기 복음주의적인 학생운동의 역사는 개척자들의 발자취라고 할 수 있다. 케임브리지에서 시작한 역사가 옥스퍼드와 더람(Durham)과 런던 대학으로, 영국에서 출발한 복음주의 학생운동이 호주와 캐나다와 미국으로, 그리고 나중 전 세계로 퍼져나가는 데는 하워드 기니스(H. Guiness), 스테이시 우즈(S. Woods) 등 수많은 개척자들의 헌신이 밑바탕이 되었다. 대학생은 3, 4년이 지나면 졸업하기 때문에 기독학생운동은 항상 개척하는 운동일 수밖에 없다. 따라서 개척정신, 프런티어정신 없이 기독학생운동은 일어날 수 없다.

무릇 의미 있는 하나님의 일은 다 개척정신을 바탕으로 한 사역이었다. 믿음의 조상 아브라함이나 출애굽의 역사를 이끈 모세, 통일 이스라엘을 이룬 다윗의 생애와 그 사역은 모두 개척정신으로 일관한 것이었다. 하나님의 아들이 이 땅에 오셔서 행하신 모든 일 또한 개척자로서의 삶이 무엇인가를 보여 주는 것 아닐까. 특히 사도행전의 다이내믹한 교회 개척의 역사는 복음이 가진 생명력을 우리에게 드라마틱하게 보여 준다.

개척정신 하면 먼저 떠오르는 것이 있다. 멋진 서부극이다. 영화는 재미있지만, 현실 속에서 무슨 일을 개척하는 것은 그토록 신나는 것만은 아니다. 고생이 있고 위험하다. 그런데도 왜 사람들은 아무도 발을 디딘 적이 없는 미답지(未踏地)를 탐험하며 그 땅을 개척하고 싶어하며, 누구도 생각해 내지 못한 것을 창조하는 것을 좋아할까? 그것은 본능 때문이다. 사람에겐 상반된 두 가지 본능이 있다. 스위스의 정신과 의사이면서 기독교 저술가였던 폴 투르니에(Paul Tournier)는 이 본능을 안전을 추구하는 '정착본능'과 새 것에 도전하려는 '모험본능'이라고 표현했다.

안정 지향적 인생을 사느냐, 모험적이고 창조적인 개척자로 사느냐에 따라 삶의 내용이 달라질 것이다. 안정된 금융기관에서

한평생 일하는 것이나, 성공과 실패를 거듭하는 사업가의 길을 택하는 데는 개성의 차이가 있을 것이다. 동시에 사회 전반을 지배하는 정신적 분위기나 역사적 환경에도 크게 영향을 받을 것이다. 예컨대 이미 로마시대부터 사회 각 분야가 개발된 유럽에서 사는 젊은이냐, 19세기 초 서부를 개척하던 시대를 거쳐 온 미국의 젊은이냐에 따라서 삶을 지배하는 기본 태도에 큰 차이가 생길 수밖에 없을 것이다.

본래 한국인은 '조용한 아침의 나라'에서 정적(靜的)이고 자연순응주의적이며, 긴 역사를 통해 반복되어 온 봉건주의적 삶의 태도를 견지해 왔다. 지독히 보수적인 백성이었다. 그러나 이어령이 〈신 한국인〉에서 지적했듯이, 한국인에게는 칭기즈칸의 피가 흐르는 게 분명했다. 전 세계 어디나 한국인은 장사하러, 태권도 가르치러, 선교하러 개척자 정신으로 누비고 다녔다. 특히 6, 70년대의 한국인은 이광수의 패배주의적 '민족개조론'을 비웃기라도 하는 듯, 전혀 다른 국민성을 도출해 낸 것 같았다. 억척스러운 개척정신을 보여 주었던 것이다.

교회는 어떤가? 교회는 개척하기만 하면 생겼다. 선교단체도 개척만 하면 이루어졌다. 미국 대통령이었던 케네디가 외친 '뉴 프론티어 정신'을 세계에서 가장 멋지게 실현한 나라가 대한민국이었다. 아직까지 'GNP 성장률 세계 제1위'라는 기록이 깨지지 않았으니까 말이다. 그러나 지금은 달라졌다. 정주영 씨 같은 재벌들의 개척자정신은 2세 경영인들의 골프장과 스키장 놀이정신으로 실종되고 말았다. 그들은 선친이 흘린 땀으로 개척된 땅의 열매만 즐기지, 다시 새로운 모험을 하기에는 정신력이 너무 허약하다.

어디 기업뿐인가. 대학의 학문세계를 보라. 예술계를 보라. 어디 창조적인 논문이나 작품을 쉽게 찾을 수 있는가? 심지어 논문이나 예술 작품에 표절 내지 외국 것에 대한 간사한 모방이 난무한다고 야단이다. 오늘의 시대정신을 샐러리맨 정신이요, 안정추구의 학위 취득, 고시합격 추구 정신으로 표현할 수 있다. 우리 문화의 어느 구석에 혁신성과 참신성을 찾을 수 있는가?

정작 문제는 교회다. 주의 일꾼들의 정신이 공무원이나 대기업 사원의 자세를 넘어서지 못하는 것은 아닐까. 교역자만 문제 있는 게 아니다. 평신도들도 그 정신자세가 세속의 의식 수준을 털 끝만큼도 넘어서지 못한다는 점에 한국 교회의 위기가 있다. 마치 유명 브랜드의 옷을 걸쳐야 하듯이, 유명 교회 교인이라는 것을 자랑하는 모습을 목격하게 된다. 이는 내용 없는 허위의식의 증거다. 한국의 대형 교회들은 보통 심각한 문제가 아니다. 건물을 유지하는 데만 매달 수억의 귀중한 헌금이 없어져야 한다는 사실을 어떻게 해석해야 할까? 교회는 그 많은 성회, 행사, 프로그램 등으로 미국적인 교회 마케팅 이론에서 나온 상업주의 냄새를 물씬 풍긴다.

어찌할 것인가? 이런 시대정신을 거슬러 우리 주님의 복음정신을 어떻게 회복할 수 있을까? 우리 하나님은 창조의 하나님이시며, 예수 그리스도는 개척자의 삶을 우리에게 먼저 보이셨다. 그의 십자가는 인간적 눈으로는 철저한 실패였으나 하나님 편에서는 영원한 승리였다. 성령님은 하나님의 교회를 이 땅에 창설하시는 개척의 영으로 오셨다. 우리는 창조주 하나님의 형상대로 지음 받은 존재다. 따라서 창조하지 않으면 참다운 영혼의 만족을 누릴 수 없다. 하나님의 사람은 남이 다 만들어 놓은 것만 따르기보다는 가치 있는 일을 위해 뛰어드는 모험적 인생을 동경한다. 한국의 경제가 다시 일어서려면 벤처기업들이 일어서야 한다고 아우성이다. 한국 사회에 다시 신바람나는 생동감이 회복되려면 활기찬 개척정신이 살아나야 한다.

기독학생운동에 참여하는 젊은이는 벤처인생을 살아야 한다. 청년 예수꾼들은 안정된 대형 교회를 다니기보다는 일어나 교회를 개척하며 손해 보는 일에 더 신바람이 나야 한다. 교회는 부동산 증식보다 사람을 살리고, 사람을 키우고, 사람을 보내는 일에 힘써야 한다. 기독학생운동은 정체된 한국 교회에 개척정신이라는 신선한 바람을 일으킬 책임이 있다.

### 다양하면서도 하나되는 연합정신

대학에서 기독인들은 소수(minority)이다. 연합하고 협력해도 불신 세력과 대항하기에 벅찬 것이 현실이다. 그리스도의 몸 된 교회를 갈기갈기 찢어 놓은 우리의 윗세대인 한국 개신교 지도자들을 생각할 때, 이 땅의 기독인들은 연합이 불가능한 체질이라고 단정짓고 싶을 때가 있다. 솔직히 우리의 본능은 골치 아픈 연합보다는 개단체·개교회주의로 치닫기 쉽다. 그러나 학생이나 학생운동가들까지 기성 교회 지도자가 분열해 놓은 역사의 희생제물이 될 수는 없다. 기독학생운동은 기독인들이 연합하고 협력하지 않고서는 일어날 수 없는 운동이다.

감사하게도 오늘날 캠퍼스에는 놀라운 일이 일어나고 있다. 지금 이 땅의 대학에는 연합을 위해 자신 있게 손해 볼 줄 아는 멋진 젊은 기독인들이 생기고 있는 것이다. 또한 학생단체의 간사들이나 교회 청년대학부의 지도자들 사이에 전에 찾기 힘들었던 연합의 기운이 감돌고 있다. 물론 우리 주님께서 원하시는 만큼 성숙하고 만족스러운 것이라고 하기는 힘들겠지만.

예전에 풀러 신학교에서 피터 와그너(P. Wagner)의 강의를 몇 주 동안 들은 적이 있다. 그는 20세기 말 세계 교회에 일어나는 가장 두드러진 현상 중의 하나가 교파 장벽이 무너지고 연합운동이 활발해지는 것이라고 말했다. 어떤 연유로 연합운동이 전 세계 교회에 일어나는 것일까? 그것은 두 말할 나위없이 예수님의 대제사장 기도가 응답되고 있기 때문이다.

"아버지께서 내 안에, 내가 아버지 안에 있는 것 같이 저희도 다 하나가 되어 우리 안에 있게 하사 세상으로 아버지께서 나를 보내신 것을 믿게 하옵소서"(요 17:21).

우리 주님께서는 지상에서만 이 기도를 드리신 것이 아니다. 하나님 우편에서 우리를 중보하시면서 끊임없이 드리시는 기도제목임에 분명하다. 이 기도를 외면하실 수 없는 우리 하나님은 성령님을 통해 한 몸으로 만드신 당신의 교회를 성도들이 힘써 지키도록 인도하고 계심이 분명하다. 그래서 사도 바울도 이렇게 권면했다.

"너희가 부르심을 입은 부름에 합당하게 행하여 모든 겸손과 온유로 하고 오래 참음으로 사랑 가운데서 서로 용납하고 평안의 매는 줄로 성령의 하나되게 하신 것을 힘써 지키라"(엡 4:1하-3).

그렇다. 연합은 우리가 협의를 많이 하고 인간적인 예의를 잘 지켜야만 이루어지는 것이 아니다. 성령이 하나되게 하신 것이다. 우리 편에서는 이미 이루신 성령의 연합을 교만과 이기주의 때문에 부수지 않고 잘 유지하기만 하면 되는 것이다. 그러므로 우리는 현재 학원복음화협의회를 통해 이루어진 기독학생들의 연합도 한국 교회를 쓰기 원하시는 성령의 역사라고 믿는다.

## 연합의 세 가지 원리

연합은 결코 통합이 아니다. 교회 연합은 그 본질상 '다양성 속의 통일'(unity in diversity)을 추구한다. 이것은 쉬운 작업이 아니다. 그런 점에서 파스칼이 〈팡세〉에서 한 말을 되새겨 볼 필요가 있다.

"통일성이 없는 다양성은 혼란(confusion)을 불러일으키고, 다양성이 빠진 통일성은 독재(tyranny)가 될 수밖에 없다."

그러면 성경과 기독교 역사가 가르치는 연합의 원리는 무엇일까? 지극히 원론적인 수준이지만 우리가 간과하기 쉬운 연합의 세 가지 원리를 짚어 보고자 한다.

첫째, 비전의 연합이다. 동일한 대상을 똑같이 바라보고 사랑하는 사람들은 자연스럽게 하나가 된다. 이는 억지로 조작하는 것이 아니다. 각자는 철저히 자유를 누린다. 다만 함께 바라보는 그림의 아름다움에 자연스레 이끌리는 것이며, 똑같은 광채에 다 함께 반해서 그 미(美)를 추구하는 과정에서 하나가 되는 것이다. 이처럼 주님께서 보여 주신 그 비전을 함께 바라보며 함께 사랑을 바치다 보면 그 연합이 현실화하는 것이다.

누가 우리에게 이 땅의 대학이 복음화되는 그림을 보게 했는가? 누가 이 땅의 청년대학생들을 복음으로 키워 교회와 사회에 하나님 나라 일꾼으로 보내어, 이 땅에 그리스도의 계절이 오게 하며 성서한국을 이룰 그 꿈을 꾸게 했는가? 누가 우리를 젊은 날 이 꿈에 사로잡혀 주위의 반대와 몰이해에도 불구하고 캠퍼스를 누비며, 눈물로 씨를 뿌리는 복음에 미친 자로 만든 것인가? 기독학생운동은 이익단체를 목적으로 하지 말아야 한다. 모두 학원 복음화를 통한 성서한국, 통일한국, 선교한국의 비전에 미쳐서 하나가 되는 것, 그 이상도 그 이하도 아니어야 한다.

둘째, 예수 생명의 연합이다. 지난 겨울, 여행 다녀오는 동안 물을 주지 않았더니 베란다의 벤자민이 죽어 가고 있었다. 다 말라 버린 가지들 중에서 딱 한 가지에 아직 파란 생명의 기운이 남아 있었다. 죽은 가지들을 잘라 내고 그 남은 한 가지를 살려 내었더니, 이제 제법 다른 많은 가지를 뻗어 파란 잎들이 새로 돋아났다. 이와 같이 기독학생운동의 연합은 포도나무의 연합이다. 아직 붙어 있기는 해도 뿌리와 줄기에서 오는 생명이 없으면, 그 가지는 이미 죽은 것이다. 각 지체가 먼저 뿌리요 줄기 되신 예수님께 바르게 연합되어 있지 않다면, 가지들끼리의 연합은 허망한 것이다. 우리는 한 아버지의 형제 자매이며, 한 예수님의 제자 공동체로서 끊임없이 예수 생명을 공급받는 자들이다.

성경과 교회의 역사가 가르치는 교훈은, 처음에 복음으로 출발한 공동체가 나중에 가서 대부분 변질된다는 뼈아픈 사실이다. 그래서 분열이 생긴다. 머리 되신 예수님이 빠져 버리고, 지체만으로 괴물단지 같은 몸을 이룬다는 것이 어찌 말이 되기나 하겠는가.

셋째, 서로 보완해 주는 형제의 연합이다. 가족은 서로 닮아간다. 이를 영어로는 'family likeness'라고 표현한다. 이것은 과학적으로도 입증 가능한 말이다. 30년 이상 같이 살다 보니 전혀 남남이던 우리 부부가 서로 닮았다는 말을 곧잘 듣는다. 가만 생각해 보니, 우리 부부는 그간 같은 음식, 같은 환경에서 살아왔을 뿐 아니라, 같은 일을 하고 같은 문제 때문에 함께 기뻐하고 함께 슬퍼하고 함께 고통을 겪어 왔다. 그러니까 얼굴에 주름잡히는 방향도 비슷해진다는 것이 어찌 과학적이지 않겠는가. 자녀들도, 형제들끼리도 유전 요소와 더불어 서로 닮은 점이 많아진다. 물론 각자의 개성이 죽는다는 말은 아니다. 고유한 개성과 관심사를 유지하면서도 가족으로서의 유전인자를 공유하게 된다는 뜻이다. 기독학생운동은 경쟁하거나 헤게모니를 잡자는 것이 아니라, 하나님 나라를 함께 이루는 형제 자매로서 끊임없이 아버지를 닮아 성장해 가는 연합운동이다.

"형제가 연합하여 동거함이 어찌 그리 선하고 아름다운고"(시 133:1).

기독학생들이 앞장서는 연합운동에 참여하는 우리 모두가 거짓없이 이 노래를 읊을 수 있는 이 시대의 시인이요, 예언자가 된다면 얼마나 아름다울까!

# 3
## 기독학생운동의 방향과 전략

'운동'의 사전적 의미는, "어떤 목적을 달성하기 위하여 여러 방면에 적극적으로 활동하는 일"(동아새국어사전)이다. 이를 토대로 기독학생운동을 정의해 보면, 기독교 신앙을 가진 대학생들이 유기적 신앙 공동체가 되어, 그들의 삶의 자리인 대학과 사회에 하나님 나라가 임하는 목적을 위해 적극적으로 활동하는 것을 뜻한다. 그러므로 기독학생운동은 학생운동과 복음운동의 결합체라고 할 수 있다.

일반적으로 말하자면, 학생운동은 사회운동의 한 갈래라고 할 수 있다. 이 가운데 특히 90년대 이후의 학생운동은 크게 세 가지 영역으로 나눌 수 있다. 즉 학내 복지시설의 개선과 등록금 인상반대 등을 요구하는 학내 민주화운동, 탈춤이나 마당극 등의 전통고유문화를 보존하고 퇴폐적이고 향락적인 문화를 반대하는 대학문화운동, 그리고 종교운동으로 다양화되고 있다. 어떤 점에서는 이념 운동권이 쇠퇴한 정신적 공간에 종교운동이 대학의 주도권을 행사하는 경우도 없지 않다. 결국 기독학생운동은 넓게 보자면 학생들의 종교운동이요, 좁게 보면 개신교 신앙을 고백하는 대학생들이 주체가 된 운동이라고 정의할 수 있을 것이다.

**기독학생운동의 방향**

IFES의 문서담당 간사였던 로우먼(P. Lowman)은 〈그의 권능의 날〉(*The Day of His Power*)이라는 전 세계 기독학생운동의 역사를 정리한 책에서, 다음과 같이 열두 가지 기독학생운동의 기본 방향을 제시한 바 있다.

1. 복음화운동이다.
2. 그리스도의 진실한 제자양성운동이다.
3. 기도에 힘쓰는 운동이다.
4. 성경에 전적으로 순종하는 운동이다.
5. 깊이 있는 성경연구운동이다.
6. 열매 맺는 기독인 학사들을 배출하는 운동이다.
7. 하나님의 교회를 세우는 운동이다.
8. 선교하는 운동이다.
9. 삶의 전 영역에서 하나님 나라를 위해 행동하는 운동이다.
10. 기독교 사상과 문서를 창조하는 운동이다.
11. 학생들의 책임에 맡기는 운동이다.
12. 각 나라의 지도력에 맡기는 운동이다.

기독학생운동이 그 성격상 복음운동과 학생운동의 결합이라면, 복음운동과 학생운동 사이엔 긴장 관계가 필요하다. 그런데 그 둘 중 어느 성격이 우위에 있는 것일까? 기독교 복음은 만민을 위한 것이며, 기독교 신앙의 대상인 하나님은 만유의 주가 되신다. 그러므로 기독교인으로서의 복음 신앙에 대한 충성도가 학생으로서의 이상 추구나 국가에 대한 충성보다 우선해야 함은 어쩔 수 없는 질서이다.

그럼에도 불구하고 기독학생운동은 반드시 학생운동으로서의 특성도 존중되어야 한다. 학생운동의 특성이 결여된 기독학생운동은 '운동성'을 상실하고 하나의 '기관'(institution)으로 조직화되고 굳어지게 된다. 이는 오늘날 전 세계적으로 퍼져 있는 YMCA가 초기에 가졌던 운동적 성격은 거의 찾기 힘들고 사회기관으로서의 성격이 더 두드러지는 사실에서 알 수 있다.

그러나 학생운동의 성격은 강하지만 복음운동으로서의 정체성을 상실한다면, 그것은 기독교운동이라기보다는 사회운동으로 평가될 수밖에 없다. 그러므로 기독학생운동은 복음운동으로서의 보편성과 학생운동으로서의 특수성 사이에 창조적 긴장 관계를 늘 유지해야 할 것이다.

### 기독학생운동의 기본 전략

기독학생운동의 방향이 대학생들을 복음으로 변화시켜 교회와 사회를 그리스도의 정신으로 섬기게 하는 것이라면, 이 목표를 성취하기 위해 어떠한 전략이 필요할까? 그것은 예수님이 보여 주신 제자 양성의 전략(요 17장)과, 사도 바울이 에베소에서 두란노 서원을 통해 보여 준 제자 양성의 전략(행 19장)을 따르는 것이다. 이것은 구체적으로 성경말씀을 깊이 있게 공부하는 데서 출발하여 성경대로 생각하고 생활하는 기독 지성 계발을 통해 이루어진다는 것이, 성경과 교회의 역사가 주는 교훈이다.

물론, 이것은 지역 교회도 목표로 삼는 전략이지만 기독학생운동은 더욱 깊이 있고 집중적인 지도자 양성 훈련이 가능하다. 신학교도 이 역할을 담당해야 하나, 현재 일반 대학을 거치지 않은 신학생들만이 이러한 사명을 감당하기엔 한계가 있다. 신학생들의 기본적 역할은 교회를 섬기는 것이지, 사회에 나가 직접 참여하는 것은 아니기 때문이다. 따라서, 기독학생운동은 장래의 성직자들을 양성하는 일도 하지만, 일차적으로는 지역 교회와 사회, 해외 선교에 힘쓸 수 있는 차세대의 평신도 지도자를 양성하는 일에 전념해야 할 것이다.

기독학생운동은 현재 회원수가 얼마나 많으며 외형적 행사가 얼마나 크냐에 따라 평가할 수는 없다. 그 운동을 통해 사회 각계각층에 영향력 있는 지도자가 얼마나 나왔으며, 교회 개혁에 이바지하는 바른 신학자와 양심적 목회자, 희생적인 선교사와 성경대로 기독교 가정을 이루고 자기 직장과 지역 교회를 그리스도의 정신으로 섬기는 평신도 일꾼이 어느 정도 열매로 나타났느냐에 따라 평가될 것이다.

그러기 위해서는, 대학 시절에 복음으로 거듭나는 혁명적 변화가 개인의 삶에 무엇보다도 먼저 일어나야 한다. 그 후 하나님의 말씀대로 생각하는 법을 익히고, 자기 자신과 우리 사회의 문제를 찾아 말씀을 적용하고 순종하는 기본 훈련을 쌓아야 한다. 그리고 나서 자기 전공분야에 대하여 기독교 세계관에 입각한 바른 접근 태도를 형성해야 한다.

더 나아가, 관심의 지평을 좁은 자기 세계에서 세계적이고 역사적인 지평으로 넓혀 나가야 한다. 무엇보다 필수적인 것은 어떠한 환경에서도 타협하지 않고 선으로써 악을 이기는 성령의 권능으로 무장된 용기있는 믿음의 소유자, 그리스도의 정예 군사가 되어야 한다. 이것은 훈련 없이 불가능하다. 기독학생운동은 신앙의 용장(勇將)들을 배출하는 훈련장이 되도록 참여자들이 자발적인 신앙 훈련의 분위기를 이루어야 한다.

오늘날 한국의 대학인들은 어려운 시대에 살면서 깊은 패배주의와 절망에 빠져 있다. 우리의 대학에, 우리의 교회에, 우리의 사회에 무슨 소망이 있느냐고 탄식하고 있다. 그러나 그리스도 안에서 산 소망을 가진 우리는 결코 실망하지 않는다. 이 땅에 이루시는 기독학생운동이 하나님이 주신 희망에 관한 이유가 됨을 확신하기 때문이다.

# 4
# 기독학생운동의 전통과 본보기

교회의 역사는 무려 2천 년이 흘렀다. 만약에 성경 역사까지 포함한다면 훨씬 더 오랜 세월로 거슬러 올라가야 한다. 기독교의 하나님이 역사의 하나님이므로, 기독교는 역사에서 얻은 실수와 성공의 지혜를 존중한다.

그러나 개신교도들은 성경보다 전통을 앞세우는 가톨릭 교리에 대한 반감이 크기 때문에 전통이란 말 자체에 거부감을 느끼게 된다. 더구나 포스트모더니즘의 탈역사적 분위기로 인해 현대인들은 역사도, 권위도, 전통도 부정하려는 정신적 경향이 짙다. 그러나 칼 바르트(K. Barth)가 말한 대로, 우리 기독인들은 "자녀들아 주 안에서 너희 부모를 공경하라"는 계명을 따르듯이, 성령께서 인도하시고 믿음의 선배들이 섬겨 온 교회의 전통도 존중해야 한다. 그런 점에서 우리가 기독학생운동의 전통을 교회 역사에서 찾아보는 것은 결코 무의미한 일이 아니다.

우리 나라는 기독교 역사나 대학 역사가 모두 짧은 편이다. 기독학생운동이라고 불릴 만한 움직임도 겨우 60년대에 와서야 시작되었다. 따라서 우리 나라의 경우, 기독학생운동의 전통이나 모형을 찾기에는 무리가 있다. 그럼에도 지난 40여 년 간 각 학생선교단체는 앞서 간 영국이나 미국의 대학생 복음운동을 모방하며 그 방향을 모색해 왔다. 예를 들어, 한국 IVF는 영국 IVF를, 한국 CCC는 미국 CCC를 배워 왔다.

학생운동의 역사가 조금씩 쌓여 감에 따라 상황화의 조짐과 한국적 토양에 뿌리 내리는 창의적 노력이 전혀 보이지 않는 것은 아니다. 그러나 아직은 '한국적'이라고 주장하기에는 주저되는 점이 있음을 솔직히 시인하지 않을 수 없다. 그러므로 현재 세계화된 대학생 복음운동의 모체인 영국의 경우를 살펴봄이 한국 기독학생운동의 방향 정립에 다소 도움이 될 것이다.

## 기독학생운동의 요람, 영국

영국의 대학생 복음운동은 영국 종교개혁에 큰 영향을 끼친 14세기 옥스퍼드의 존 위클리프(John Wycliffe)와 친구들, 그리고 16세기 케임브리지의 토마스 빌니(Thomas Bilney)와 휴 라티머(Hugh Latimer)의 비밀 성경공부 등 오랜 역사를 가지고 있다. 특히, 18세기 옥스퍼드의 웨슬리 형제를 중심으로 한 부흥운동은 널리 알려져 있다.

그러나 대학생 복음운동이 영국의 전 대학에 퍼지고 나중에 체계화된 것은 그 기원을 1877년 케임브리지 대학생들의 모임에서 찾는다. 이 모임은 뒤에 자유주의적인 신학 노선을 따른 SCM(Student

Christian Movement)과의 분쟁으로 많은 시련을 겪으면서 복음주의적 신앙을 지키기 위해 투쟁해 왔다. SCM은 점차 WSCF(세계기독학생회총연맹)으로 발전하였고, 세계선교운동과 에큐메니컬운동에 기여했다. 한국의 기독학생운동 단체들 중 자유주의 또는 진보주의적 신학 노선을 따르는 SCA(기독학생회), KSCF(한국기독학생회총연맹) 등은 이와 맥락을 같이하는 입장이다.

케임브리지 대학생 복음운동은 1910년 공식적으로 SCM과 결별한 후, 복음을 확신하는 소수 학생들의 성경공부와 기도회 등으로 재출발했다. 그러나 꾸준히 성장을 거듭하여 옥스퍼드와 런던 대학교 등에 영향을 주게 되었고, 그 열매로 1928년에는 전국적인 대학생 복음주의운동의 조직(The Inter-Varsity Fellowship of Evangelical Union)을 갖게 되었다. 이 조직은 대부분의 단체들이 먼저 중앙 조직을 세운 뒤 지역으로 퍼져나간 것과는 달리, 각 대학에서 자생하여 퍼져가던 작은 모임들이 연합하여 전국적 조직을 형성한 것이다.

세계 1, 2차 대전을 겪으면서, 한때 영국을 풍미하던 자유주의 신학은 계절풍이 지나가듯 퇴보하면서 SCM은 대학에서 영향력을 잃게 되었다. 반면에 IVF(뒤에 UCCF로 이름을 바꿈)는 대학인구의 급격한 증가, 복음주의 교회의 부흥, 성공적인 캠퍼스 선교활동, 성실한 지도력, 마틴 로이드 존스와 존 스토트 목사 등 신학자, 교회 지도자, 그리스도인 사업가들의 후원에 힘입어 크게 성장하게 되었다.

내가 처음 영국에 머무른 1979년에서 1983년 사이에, 전국 규모의 UCCF 학생 및 학사활동뿐 아니라, 케임브리지 · 옥스퍼드 · 런던 대학 등의 모임에 참여해서 배울 기회가 있었다. 또한 학생 · 학사 지도자들이나 총무 등과의 대담을 통하여 적지 않은 교훈을 얻었다. 무엇보다도 학생수 1만 명의 케임브리지 대학에서 1천 명의 학생들이 매주 1회 이상 성경공부 모임에 참여하고 있다는 사실과, 매주 토요일 성경강해 시간에 6백여 명의 대학생들이 줄지어 들어가던 케임브리지의 '홀리 트리니티' 교회 안의 영적 분위기에 놀랐다. 더욱이 이 모든 활동이 모두 학생 리더들의 자율적 지도력으로 이루어지는 사실들을 목격하며 놀라움을 금할 수 없었다.

### 전 세계 기독학생운동의 모델 제시

영국의 대학생 복음운동은 영국 교회와 사회에 좋은 영향력을 끼쳐 왔다. 이 운동을 통하여 영국 지성인 사회에 복음이 전파되고, 세계적인 기독교 지도자들이 배출되었다. 예를 들어, 존 스토트(J. R. W. Stott), 제임스 패커(J. I. Packer) 등 우리 나라에도 잘 알려진 신학자와 목회자들뿐 아니라 영국경영인협회 회장을 맡았던 캐서우드 경(Sir Fred Catherwood) 등 많은 영향력 있는 사회 지도자들을 배출해 왔다. 또한 IVP를 통한 출판문화사업, 틴데일 펠로우십(Tyndale Fellowship)을 통한 신학자 지원으로 복음주의 신학을 수호한 일, 국제적 기구로 발전한 IFES를 통해 전 세계 대학생 복음운동의 모델을 제시한 점은 UCCF의 공헌인 셈이다.

한국에서 대학생 복음운동에 참여해 오던 나로서는 부러운 점이 한두 가지가 아니었으나, 다음 몇 가지 사실이 특히 인상적이었다. 첫째, 대학 안의 복음주의 학생운동은 UCCF로 통일되어 활동하고 있는 점, 둘째, 일반 지역 교회와의 협조 관계가 성숙하고 평화로운 점, 셋째, 학생들의 자율적 지도력, 그리고 마지막으로, 전공분야별로 활동하는 학사운동과 그들의 학생운동에 대한 꾸준한 재정적·신앙적 지원이다.

이처럼 영국의 대학생 복음운동은 100여 년의 역사를 통해 이미 그 존재 가치를 분명히 인정받았으며, 교회와의 관계 면에서도 바른 방향을 제시해 주었다. 한국 대학가의 경우, 학생 선교단체는 그 성격이 같음에도 불구하고 연합과 협력이 미약하다. 지금은 전보다 많이 개선된 것은 사실이나, 대부분의 경우 지역 교회와 바른 관계를 이루지 못하고 있어서 일부 대형 교회 대학부는 선교단체화하려 애쓰고 있고, 선교단체는 지역 교회화하는 경향이 있다. 더구나, 사회참여에 대한 신학적 입장이 불분명하거나 현실도피적이어서 의식 있는 대학인들에게 따돌림을 받아 온 것이 사실이다.

물론 영국과 한국은 대학문화의 수준, 그리스도인의 성숙도, 교회연합운동 등에서 많은 차이가 있다. 그러나 대학 인구 면에서는 오히려 우리가 앞서고 있다. 값싼 자존심만 내세울 필요도 없고 비굴한 사대주의자가 될 이유도 없다. 다만 이미 100여 년의 역사를 통해 성숙함을 보여 준 영국 복음주의 대학생운동의 모범을 겸손한 자세로 참고하면서 한국적 상황에 알맞는 창조적 방향 정립이 요청될 뿐이다.

## 한국 기독학생운동의 두 흐름

이 땅의 기독학생운동은 배재학당의 '협성회'(후에 독립협회운동의 중심이 됨)와 '학숙 청년회'(학생 YMCA)를 그 뿌리로 본다. 일제하의 기독학생운동은 민족의 독립을 위한 정치투쟁에 크게 기여했으며, 그 전통은 해방 후까지 이어졌다.

60년대로 들어오면서 한국의 기독학생운동은 진보 진영과 복음주의 진영으로 양분되었는데, 이것은 제2차 세계대전 이후, 세계 기독교가 에큐메니컬 진영과 복음주의 진영으로 나뉘었던 사실과 직접 연계된 것이다.

역사의 질곡을 경험하던 6, 70년대에, 우리 나라 기독학생운동의 주도적인 세력은 KSCF였다. KSCF는 국제 YMCA운동과 WSCF, 그리고 후에는 WCC(세계교회협의회)의 국내 조직인 NCC(한국기독교교회협의회)와 연계하여, 운동의 신학적 입장과 이론적 기초를 확보했을 뿐 아니라, 운동의 실제적 필요를 후원 받으면서 한국 사회의 인권운동, 민주화운동, 노동운동, 빈민운동, 여성운동 등을 꽃피우는 데 결정적 역할을 했다. 이 때가 일제 치하에서 민족 독립을 위해 앞장섰던 YMCA 운동 이후, 기독청년학생운동이 다시 민족사의 전면에 나서서 영향력을 끼친 시기였다고 볼 수 있다. 그런 점에서 한국 교회, 특히 보수적인 교회나 학생선교단체들은 민주화운동과 사회 발전을 위해 기독교 신앙으로 헌신하고 고초를 겪은 진보적인 신앙을 가진 동역자들에게 깊은 존경과 감사, 그리고 빚진 심정을 가져야 한다.

이 시기에, 복음주의적인 초교파 대학생선교단체들이 한국의 대학 캠퍼스에서 활동하기 시작한다. 즉 50년대에 IVF(한국기독학생회·1956), CCC(한국대학생선교회·1958), JOY(죠이선교회·1958), 60년대에는 UBF(대학생성경읽기선교회·1961), 70년대에는 ESF(한국기독대학인회·1977), YWAM(예수전도단·1973) 등이다. 복음주의 학생단체는 사회 현실이나 심지어 일반 지역 교회나 교단 연합에도 별 관심없이 오로지 캠퍼스 선교에만 주력하였고, 주로 개인의 회심과 전도, 성경공부와 제자훈련, 해외 선교만을 강조했다. 그 결과 선교단체들은 일반 교회 지도자들의 경계의 대상이 되기도 했으나, 근본주의적 틀을 벗어나지 못한 한국 교회에 처음으로 복음주의의 샘물을 솟아나게 하는 영향력을 끼쳤다. 오늘날 한국 교회에서 대표적인 복음주의 교회들로 인정받고 있는 교회 담임목사들이 학생선교단체의 간사 출신이거나 간접적인 훈련을 받은 분들이라는 사실이 그 구체적 증거라고 볼 수 있다.

기독학생운동이 개별적으로는 신학적 균형을 상실하는 어리석음을 행한 것이 분명하지만, 신앙의 눈으로 평가하자면 진보적인 진영이나 복음주의적 단체들 모두, 그 시대에 일정한 역사적 역할을 했다고 할 수 있다. 80년대 후반 이후, 진보주의 학생운동은 운동의 목표가 어느 정도 실현되는 기미가 보이자 갑자기 쇠퇴하기 시작했다. 이것은 한국의 대학뿐 아니라 전 세계적인 현상이었다. 그 때 만약에 복음주의 학생단체들이 없었다고 가정해 보자. 한국 교회가 감당하지 못한 지성인 선교는 누가 했을 것이며, 오늘날 캠퍼스에서 기독교 신앙을 고백하는 학생들이 얼마나 남았을까?

90년대를 앞두고, 복음주의 학생선교단체들은 중요한 전기(轉

機)를 맞게 된다. '단체적' 멘탈리티(mentality)에서 '운동적' 사고로 전환하게 된 것이다. 이렇게 된 외적 동인(動因)으로는, 이념운동권이 쇠퇴한 자리에 기독운동이 대안 세력으로 대학에 영향력을 발휘하도록 요청받는 시대 환경의 변화를 들 수 있다. 동시에 개별 단체의 안정적 기반 위에서 한국 및 세계 교회와의 연대의 필요성을 느끼는 내적 요인도 맞물렸다고 생각할 수 있다.

그 열매로 복음주의 기독학생들의 해외 선교운동인 '선교한국'이 1988년 시작되었고, 1989년에는 교회와 선교단체, 단체와 단체 간의 연합과 협력을 위해 '학원복음화협의회'가 출발하게 되었다. 이 시기를 전후하여 복음주의권들이 그동안 소홀해 온 사회참여에 적극성을 띠기 시작하게 되었다. 공명선거감시운동이나 진보주의 진영과 복음주의 진영의 연합사업인 '남북나눔운동'에 복음주의권의 청년들이 참여하면서, 교회 청년부나 대학생선교단체가 연합하면 상당한 운동력을 행사할 수 있다는 가능성을 확인하게 되었다. 90년대 이후 한국의 대학가에서는 전 세계 대학의 상황과 마찬가지로, 복음주의 기독학생운동이 중심축이 되어 있다.

# 5
## 대학은 부흥을 갈망한다

"내일의 세계를 정복하려면 오늘의 대학을 정복하라"는 말이 있다. 그런 점에서 우리 나라의 앞날이 오늘의 대학에 달려 있다는 말도 그리 심한 과장은 아니다. 그러나 〈대학이 망해야 나라가 산다〉는 책이 나올 정도로, 누구나 오늘 한국의 대학은 수많은 문제를 안고 있다고 말하고 있다.

대학이 이상으로 삼는 진리 탐구의 분위기, 수준 높은 학문의 권위와 연구 보장, 질 높은 인간교육과 전문교육, 학생들을 위한 복지행정과 건강한 대학문화, 세계화 시대에 나라와 인류를 섬기려는 봉사정신 중 어느 한 가지도 한국의 대학은 바람직한 상태에 있다고 할 수 없다. 우리 사회 어느 분야에서나 공통적인 현상이겠지만, 대학 역시 든든한 기초를 놓기 전에 건물만 크게 지었다가 허물어지는 듯한 위기의식마저 드는 것이 사실이다. 이러한 현실인식을 바탕으로 잠시 이 땅의 대학을 향한 하나님의 계획을 생각해 보자.

## 대학을 향한 하나님의 질투

한국의 대학이 문제투성이라지만, 신앙의 눈으로 캠퍼스를 보면 소망이 있다. 하나님께서 만군의 여호와의 열심으로 대학을 위해 일하시는 손길을 역력히 볼 수 있기 때문이다.

하버드 대학에서 철학박사 학위를 얻었고 UN 등에서 크게 영향력을 발휘했던 석학 말릭(Charles Malik) 교수는 〈대학의 위기〉(*A Christian Critique of the University*)라는 책에서 이렇게 말한 바 있다.

"대학은 서구문명을 통틀어 가장 뛰어난 작품 중 하나이다. 그것은 교회나 정부, 그외 다른 기관들보다 가장 큰 지배를 행사한다."

우리가 동의하든 하지 않든 상관없이 대학의 중요성은 현실로 확인된다. 우선 생각해 보자. 선진국가의 기준이 무엇인가? 세계에서 지력(知力)이 앞선 나라, 도덕 수준이 앞선 나라가 선진국이 아닌가. 바꾸어 말하자면, 세계에서 대학이 가장 훌륭한 국가, 사회의 도덕 수준을 높이는 교회가 가장 영향력 있는 국가가 선진국이다.

대학이 중세의 수도원 학교나 대성당 학교에서부터 비롯되었다는 것은 잘 알려진 사실이다. 대학을 세운 본래 목적은 무엇인가? 진리를 연구하고, 교회와 사회의 지도자, 전문가를 키우기 위한 것이었다.

경희대 이석우 교수는 〈대학의 역사〉라는 책에서 의미심장한 마무리 말을 하고 있다.

"옥스퍼드(Oxford) 대학에 머물던 어느 날, 나는 유니버시티 칼리지의 J. 머리 교수에게 피폐해진 20세기 대학을 구할 수 있는 방도가 무엇이냐고 물었다. 그는 담백하게, 다소 의외로 '수도원 정신의 회복'이라고 답했다. 그의 본뜻은 어느 종교를 대변하려는 것이 아니라 근본으로 돌아가자는 얘기일 것이다. 우리는 지금 근본으로부터 너무 멀어지고 있다. 중세의 대학은 오늘을 있게 한 정신과 제도의 본질이다. 오늘날 대학이라는 집을 다시 짓기 위해서는 당시의 대학이 성취하려고 했던 열망, 즉 진리 추구의 열정과 지혜에 대한 사랑, 참인간 교육에 대한 지속적 애정을 다시 회복해야 한다."

하나님은 온 세계가 하나님의 진리 가운데 회복되기를 원하신다. 모든 도시가 진리의 도성이 되고 하나님이 친히 세우신 대학 캠퍼스는 '진리의 성읍'으로 회복되기를 바라신다. 하나님은 예루살렘이 이방인에게 폐허가 되었을 때 선지자 스가랴를 통해 예루살렘의 회복을 노래하게 하셨다.

"만군의 여호와가 말하노라 내가 시온을 위하여 크게 질투하며 그를 위하여 크게 분노함으로 질투하노라 나 여호와가 말하노라 내가 시온에 돌아왔은즉 내가 예루살렘 가운데 거하리니 예루살렘은 진리의 성읍이라 일컫겠고……"(슥 8:2, 3).

본래 예루살렘은 '진리의 성읍'이었다. 다윗이 통일 이스라엘의 첫 과업으로 삼은 것이 법궤를 예루살렘으로 들여오는 일이었다. 법궤는 하나님의 임재를 상징했고 하나님의 율법을 새긴 돌판을 담고 있었다. 다윗은 하나님의 말씀이 개인과 국가 공동체가 살 길을 알려 주는 절대진리의 말씀이라고 확신했다. 법궤가 있고 장차 성전이 세워질 예루살렘이야말로 선민 이스라엘뿐 아니라, 온 세상 만민이 진리의 말씀을 사모하여 모여들 '진리의 성읍'이었다(사 2:1-3 참조). 그러나 진리의 성읍은 바벨론에게 점령되어 성전은 파괴되었고 법궤도 빼앗기고 말았다. 이제 예루살렘은 '우상의 소굴'이요, '도적의 굴혈'로 화했고, 들짐승의 울음소리 황량한 폐허가 되고 만 것이다. 예루살렘의 현실을 바라보시는 하나님의 심정이 어떠하셨겠는가?

여기서 우리, 대학의 회복을 꿈꾸는 기독인들이 생각해야 할 점이 있다. 오늘날 전 세계 대학의 현실을 보시는 하나님의 마음이 어떠하실까 하는 것이다. 하나님은 거룩한 사랑으로 질투하신다. 예루살렘을 바라보면서 크게 분노함으로 질투하시듯, 타오르는 질투로 대학이 진리의 전당으로 회복되기를 원하신다.

남편은 사랑하는 아내가 다른 남자의 유혹을 받을 때 크게 질투한다. 사랑하는 딸이 성폭행을 당하게 된다면, 아버지는 추한(醜漢)을 죽여 버리려고 할 것이다. 인간의 질투는 선악 양면이 있다. 그러나 하나님의 질투는 언약의 독점적 관계를 보존하려는 거룩한 사랑에서 비롯된 질투이다. 하나님의 사람은 호세아처럼 하나님의 질투를 품고 진리의 품에서 떠난 대학을 회복시킬 책임이 있다.

우리는 하나님이 창조주이시며 진리의 하나님이시므로, "모든 진리는 하나님의 진리"(All truth is God's truth)임을 믿는다. 기독대학인들은 예수 그리스도야말로 길이요 진리라고 고백하는 자들이다. 그러나 과연 대학에 몸담고 있는 하나님의 자녀들인 우리가 하나님의 마음을 가지고 대학을 바라보며, 불타는 분노로 질투하고 있는가. 오늘날 대학에서 절대진리 운운하는 것은 비웃음거리밖에 안 된다. 학문의 영역에서도 절대진리나 초월의 세계는 철저히 배제되고 있다. 대학생들의 세속문화에서 종교를 들먹이는 것도 '쪼다들'이나 하는 짓거리에 불과한 일이 되어 버렸다.

### 세속화하는 대학

노트르담 대학의 마스든(G. M. Marsden) 교수는 〈미국 대학교의 혼〉(*The Soul of the American University*)에서 대학의 세속화 과정을 통찰력 있게 다루고 있다. 이 책의 부제인 '개신교 제도로부터 제도화된 불신앙'(From Protestant Establishment to Established Nonbelief)이 시사하듯, 오늘날 미국의 대학은 반기독교적 합리주의자나 인본주의자들 또는 불가지론자들에게 거의 내준 상태이다. 적어도 미국의 아이비 리그(Ivy League)에 속하는 대학의 인문학 교수 대부분은 동성애자든지 아니면 동성애를 찬동하는 자라는 현실이 하나의 예증이다.

그의 주장이 서구적 대학의 역사가 그리 길지 않은 한국 현실에 그대로 적실성을 가지느냐는 문제는 논의의 여지가 많다. 고려시대의 국자감(國子監)이나 사학 12공도(私學 十二公徒), 조선의 성균관과 서원에서 대학의 뿌리를 찾는 이 땅의 대학이 수도원에서 시작된 것이 아님은 분명하기 때문이다.

그러나 근본적인 면에서는 여전히 설득력을 갖고 있다. 한국의 기독대학인들도 스가랴가 가졌던 비전처럼, 앞날을 내다보는 선견자가 되어야 한다. 대학의 학문 영역에 우리 주님의 진리가 회복되길 소망하며, 상대주의의 거짓 철학에 빼앗긴 인문학에 보편타당한 주님의 진리가 다시 세움을 받는 날을 바라보자. 합리주의와 실용주의의 초등학문에 점령당한 사회과학과, 실증주의와 물질주의로 초자연의 세계를 부인하는 자연과학의 영역에 하나님의 진리가 기초를 이루는 그 날을 소망하자.

관료주의로 굳어진 대학 행정이 정부나 다른 억압 세력으로부터 학문과 양심의 자유를 보호하는 방패가 되며 학생들의 복지를 섬기게 되는 그 날을 그려보자. 표독한 이기주의, 컨닝, 도를 넘는 음주, 성희롱과 음란 비디오방 등의 저질적인 대학생들의 생활문화에 꿈과 낭만, 순결하고 신선한 멋을 안겨 줄 놀이 등 새로운 예수문화가 퍼져 나가는 비전을 보자.

대학을 사랑하는 크리스쳔들은 진리 안에서 하나 되어야 한다. 개인, 개단체, 개교회 활동이 더욱 전략적으로 유리한 경우가 있다. 예컨대 우정전도 같은 경우다. 그러나 우리가 각개 약진하는 가운데 거짓 세력이 캠퍼스를 점령하는 경우도 있다는 사실에 유념하자.

어느 대학의 경우, 복음적인 학생선교단체 회원수를 다 합친 것보다도 JMS(정명석 집단)라는 캠퍼스 이단집단 하나의 회원수와 영향력이 더 크다는 사실을 알고 있는가? 기독대학생의 연합전선에 역사가 있는 학생선교단체가 앞장 서야겠다는 말이 적지 않게 들려 오는 건 이 때문이다.

## 캠퍼스에 부흥의 강물이 흐르게 하라

"……부흥의 불길 타오르게 하소서 / 진리의 말씀 이 땅 새롭게 하소서 / 은혜의 강물 흐르게 하소서……." 청년대학생 집회에서 거의 예외없이 불리는 리바이벌 대회 주제가 '부흥'을 부르는 젊은 눈동자들, 간절한 소원이 어려 있는 그 표정으로 캠퍼스의 기독인들이 연합하여 소속 대학의 복음화를 위해 기도하는 모습을 바라보노라면 언제나 가슴이 뭉클해진다.

얼마 전, 어느 대학의 기독인연합이 주최한 개강예배에서 나는 이렇게 기도했다.

"그렇습니다, 주님. 어디를 봐도 소망이 안 보이는 이 땅에, 젊은 대학생들의 영적 부흥이야말로 우리 시대의 마지막 소망입니다. 우리의 울부짖음을 들으시고 이 캠퍼스에 은혜의 강물이 흐르게 하소서."

그리고 모인 학생들에게 이 말씀을 증거했다.

"대저 내가 갈한 자에게 물을 주며 마른 땅에 시내가 흐르게 하며 나의 신(神)을 네 자손에게, 나의 복을 네 후손에게 내리리니 그들이 풀 가운데서 솟아나기를 시냇가의 버들(poplar trees, NIV) 같이 할 것이라"(사 44:3, 4).

이 본문은 지난 얼마 동안 온전히 나를 사로잡았던 말씀이다. 이 말씀을 받기 전에 몸과 마음이 많이 지친 상태였다. 12년만에 맛보는 한국의 무더위, 여름방학 기간에 집중되는 여러 수양회에서의 말씀 사역으로 내 영혼의 배터리는 '부흥'의 충전이 다급했다.

좀 여유를 찾은 첫 날, 미루어 놓은 책을 집어들었다. 미국 유학생수양회가 있었던 휘튼 대학 서점에서 구한 것이다. 〈불타오르는 캠퍼스〉(CAMPUS AFLAME, A history of Evangelical Awakenings in Collegiate Communities)라는 캠퍼스 부흥의 역사를 다룬 에드윈 오(Edwin Orr)의 책. 편집자의 소개 글은 바로 위에서 언급한 성경 말씀으로 시작하고 있었다.

그 책에 따르면, 지난 1995년 3월 19일 주일 저녁부터 휘튼 대학에 일어난 부흥은 쉬지 않고 목요일 저녁까지 캠퍼스를 뒤흔들었다. 말씀과 기도, 끊임없이 이어지는 학생들의 죄 고백과 간증, 뜨거운 찬양은 거기 참여한 학생들이나 교수들이 성령께서 이루신 부흥의 물결임을 의심할 수 없게 했다. 어느 학생이 회개의 증거로 음란 CD들을 가방에 담아 강대상에 바친 이후, 줄지어 바쳐진 책들, 비디오, 테이프, 술, 담배, CD들이 큰 쓰레기 주머니로 네 자루가 넘었다고 한다.

한국의 대학은 진리를 탐구하고 꿈과 이상을 노래하며, 낭만을 구가하는 '진리의 타운'(슥 8:3)이기를 폐기처분한 지 오래다. 고시와 취업준비 학원으로 황폐해진 '마른 땅'이다. 누가 이 마른 땅에 시내가 흐르게 할 것인가. 학생과 학생 사이, 교수와 학생 사이에 편만한 성희롱, 술, 컨닝 같은 문화 쓰레기를 치워 내고 진리의 시냇물, 은혜의 강수(江水)가 흐르게 하는 것은 전혀 불가능한 꿈일까? 좀더 고상한 쾌락을 위해 "기쁨으로 구원의 우물들에서 물을 길어"(사 12:3) 마시는 캠퍼스 문화 환경의 거듭남은 허망한 생각일까? 캠퍼스에서 들풀이 자라는 데 만족하지 않고 세계사에 공헌할 인재들, 영적인 거목들이 우람하게 자라는 비전을 보는 것은 지나친 정신적 유희요 사치란 말인가.

아니다. 우리가 믿는 하나님은 부활의 능력을 소유한 전능하신 하나님이시다. 마른 뼈들을 말씀과 성령의 생기로 소생시키시는 부흥의 주(主)시다. 지적으로, 도덕적으로 타락한 대학 캠퍼스에서도 부흥을 일으키는 하나님이시다. 찰스 시므온을 통해 부흥이 일어난 케임브리지 대학을 비롯해, 지금도 하나님께서는 대학생들의 영혼을 각성시키시려고 세계의 수많은 캠퍼스에서 부흥을 이루고 계신다.

한국의 대학에 부흥을 달라고 기도하자. 이미 부흥을 주시려는 '늦은 비'가 캠퍼스에 내리고 있지 않은가. 대학의 부흥을 위해서는 캠퍼스의 학생들, 선교단체 간사들과 교회 청년부 사역자들의 심령에 먼저 예수 생명의 샘물이 솟구쳐 올라와야 한다. 그리고 각자 섬기는 동아리들, 선교단체와 교회 청년부의 캠퍼스 모임이 모두 부흥해서 '시냇물'을 흐르게 해야 한다. 시내가 하나로 모여 '생수의 강물'이 영적 황무지 캠퍼스에 흐르게 하자. 캠퍼스마다 부흥의 강이 흐르면, 강물이 모여 바다를 이룬다. 그 날이 오면, 이사야에게 보여 주신 비전이 이루어질 것이다.

"나의 거룩한 산 모든 곳에서 해 됨도 없고 상함도 없을 것이니 이는 물이 바다를 덮음같이 여호와를 아는 지식이 세상에 충만할 것임이니라"(사 11:9).

에드윈 오는 교회 역사를 통해 캠퍼스 부흥이 일어나는 곳엔 공통적인 몇 가지 패턴(pattern)이 있다고 지적한다. 우선 복음주의적인 신앙을 가진 공동체가 있었다. 또 꾸준한 성경공부나 교리공부가 계속 되는 공동체가 있었다. 부흥이 임할 때는 반드시 죄를 깨닫고 고백하는 회개가 일어나며, 개인적으로 '해방된 기쁨'을 누리고 학업과 생활에 거룩한 변화가 온다. 그리고 국내외의 복음 사역에 일생 헌신한다. 부흥이 일어나는 곳에는 무엇보다도 부흥을 위해 꾸준히 기도하는 모임이 있었다.

이제, 이 땅의 청년대학생들도 우리 사회의 물근원인 대학에 진리와 순결, 은혜와 생명수의 맑은 강물이 흐르게 하는 진정한 부흥이 일어나도록 함께 기도하며, 하나님이 주실 부흥을 준비해 나가야 한다.

## 지금이 기회

하나님은 우리에게 기회를 제공하신다. 일할 기회를 만들어 주기도, 거두기도 하신다. 그 기회를 얼마나 잘 살릴 수 있느냐 하는 것은 우리의 책임이다. 파도타기를 잘 하는 사람은 자기가 파도를 만들려고 헛수고를 하지 않는다. 파도가 몰려올 때 타이밍을 잘 맞추어 널(surfboard)과 몸의 각도를 유연하게 조절할 수 있는 순발력을 훈련한다.

지금 이 땅의 캠퍼스에 복음주의 대학생운동을 일으키시려는 성령의 파도가 조금씩 몰려오고 있다. 이런 조짐을 기독학생운동에 참여하고 있는 동지들은 누구나 어렵지 않게 느낄 수 있다. 이런 감지 능력은 성령님의 활동에 예민한 영성의 문제이기도 하지만, 그 상황을 종합적이면서도 예리하게 읽을 수 있는 운동가적 센스에서 나온다.

지금이 기독학생운동의 기회라는 생각은 다음과 같은 몇 가지 근거에서 나온 것이다.

첫째, 현재 한국의 대학 캠퍼스에 영적 기근이 심각한 지경이다. 북녘의 양식 기근이 처절하듯 남쪽 젊은이들의 영적 공허도 비참하다. 한국의 대학 역사 속에서 90년대 대학생들처럼 정신적인 방황과 공허가 극심한 적이 또 있었을까? 신세대 대학생들의 이기주의와 현실주의, 감각적 쾌락주의는 어디서 연유한 것인가? 하나님의 진단은 간명하다. 하나님의 말씀에 허기졌기 때문에 나오는 병리현상일 뿐이라는 것이다. 그러면 이런 영적 기근은 왜, 어떻게 생긴 것인가? 북녘의 기근이 홍수나 가뭄 때문이라면, 그 홍수나 가뭄을 일으킨 분이 누구시겠는가? 이 시대를 사는 남한 대학생들의 영적 기근도 하나님이 우리로 하여금 말씀운동을 일으키라고 보내신 것이라고 해석해야 옳다.

하나님은 아모스 선지자를 통해 말씀하신다.

"주 여호와께서 가라사대 보라 날이 이를찌라 내가 기근을 땅에 보내리니 양식이 없어 주림이 아니며 물이 없어 갈함이 아니요 하나님의 말씀을 듣지 못한 기갈이라"(암 8:11).

둘째, 지금은 한국의 대학 캠퍼스에 이념 운동권이 쇠퇴하면서 복음 운동권이 영향력을 발휘하기 시작하는 시점이다. 물론 아직은 이념 운동권이 몰락했거나 캠퍼스에서 주도권을 완전히 상실한 것은 아니다. 그러나 서서히 심장의 박동이 멎어가는 말기 환자의 모습을 드러내고 있다. 그렇다면 한국의 학생운동은 21세기를 맞으면서 종말을 고할 것인가? 결코 그렇지 않을 것이다. 지난날 민주화운동과 노동운동으로 사회 발전에 큰 역할을 담당했던 대학생들은, 젊음을 불사르고 생명을 바쳐도 아깝지 않은 당대의 민족적 과업을 애타게 찾고 있을 뿐이다.

그런 점에서 지금이 기회다! 기독학생운동은 개인구원과 경건을 강조해야 하겠으나, 동시에 그 동안 소홀했던 민족 공동체의 운명에 대한 선지자적 사명을 회복해야 한다. 속히 대학생들의 가슴을 울리며, 땀과 눈물을 바쳐 매진할 일감을 주어야 한다.

1997년 북한동포돕기 기독청년대학생 모금운동이 전국 320개 대학 캠퍼스에서 일어났다. 그 때 3억5천만 원을 모금해서 옥수수와 라면을 북한 대학생 기숙사에 보낼 수 있었던 것은 복음주의 대학생들이 주도하는 운동이 캠퍼스에 영향을 줄 수 있다는 가능성을 확인시켜 주고도 남는 사건이다.

기독대학생들의 자원은 충분하다. 게다가 하나님의 말씀은 살아 있고 운동력이 있다(히 4:12). 문제는 기독대학생들에게 운동의 방향과 전략을 제공하지 못하는 지도자들의 가려진 시야에 있다. 기독대학생들을 교회와 단체 안에서만 빛이 되도록 양육하는 것은 주님의 뜻이 아니다. 기독대학생들이 삶의 현장을 떠나서는 안 된다. 대학과 국가, 사회에서 빛을 비추는 성육신적이고도 공동체적 책임도 반드시 강조되어야 한다. 이사야 선지자와 함께 대학생 복음운동가들도 한 목소리로 외쳐야 할 것이다.

"일어나라 빛을 발하라 이는 네 빛이 이르렀고 여호와의 영광이 네 위에 임하였음이니라"(사 60:1).

셋째, 기독대학인들 사이에, 그리고 대학생 선교단체 사이에 연합운동의 바람이 서서히 불고 있다. 그리스도인들 사이의 연합은 인간의 의지로 이루어지는 것이 아니다. 성령님께서 친히 이루시는 일이다. 성령은 "하나 되게 하소서" 하시던 예수님의 대제사장 기도를 응답하셔서 하나님의 주권적 섭리를 행사하신다. 우리 편에서는 성령님이 이루어 주시는 일치와 연합을 교만, 허영, 이기심, 거짓 때문에 부수지 말아야 할 책임이 있다.

이에 대해 사도 바울은 이렇게 명한다.

"모든 겸손과 온유로 하고 오래 참음으로 사랑 가운데서 서로 용납하고 평안의 매는 줄로 성령의 하나 되게 하신 것을 힘써 지키라"(엡 4:2, 3).

지난날 한국 교회 지도자들은 그리스도의 한 몸 되신 교회를 찢을 대로 찢어 놓았다. 교단이 나뉘고, 대학생 선교단체까지 분열을 거듭해 왔으며, 지금도 책임을 상대방에게 떠맡기면서 회개할 줄 모른다. 그러나 젊은 세대는 다르다. 개신교회가 불신 사회로부터 존경 받지 못하는 가장 큰 원인을 발견했을 뿐 아니라, 그것을 극복하기 위해서도 몸부림치고 있다.

그들은 어른 세대에게 더 이상 기대하지 않는다. 우리들이라도 연합해 보자고 풀뿌리들의 하나로 엉기기 작전을 펼치고 있다. 아직 그들의 연합은 너무나 허약한 실로 느슨하게 묶여 있는 게 사실이다. 그러나 서울 지역 대학 기독인연합의 조용한 하나됨, 캠퍼스 안에서 간사들의 연합 움직임, 부산과 대구, 대전과 광주, 제주에서의 학원 복음화 운동이 전국적 연대를 가지기 시작한 것은 분명히 성령님께서 친히 이루시는 일이라고 믿는다.

터널의 끝이 보이지 않는 것 같은 한국 사회, 북쪽이나 남쪽이나 국제사회의 조롱거리가 되고 있는 시대를 사는 우리는 솟구치는 눈물로 하나님을 바라보며 간구할 뿐이다.

"우리에게 위기를 주시니 감사합니다. 불가능해 보이는 학원

복음화를 통해, 민족과 세계복음화의 사명을 주시니 감사합니다. 기독학생운동을 교회와 민족의 희망으로 삼으신 주님을 찬양합니다. 부족한 대로 저희를 사용하여 주시옵소서."

# 6
# 기독학생운동과 캠퍼스 복음화

기독학생운동은 대학 캠퍼스의 복음화를 일차적인 운동 목표로 삼는다. 학원을 복음화하지 못한 채 민족과 세계를 복음화한다는 것은 주님이 세우신 선교 원리가 아니다. 주님은 제자들에게 분명하게 지리적 위치를 지적하면서, 세계선교란 자기가 현재 살고 있는 예루살렘으로부터 출발해서 동심원의 파문을 만들며 세계로 퍼져 나가야 한다고 가르치셨다.

"오직 성령이 너희에게 임하시면 너희가 권능을 받고 예루살렘과 온 유대와 사마리아와 땅 끝까지 이르러 내 증인이 되리라 하시니라"(행 1:8).

운동은 구심력과 원심력이 균형을 이루어야 한다. 그러나 근래 이 땅의 기독학생운동이 자기가 속한 예루살렘 즉 학원은 팽개치고 오히려 해외 선교에만 열을 올리는 것은 아닌가 하는 우려를 금할 수 없다. 이것이 과연 바른 운동 방향일까? 기독학생운동에서 구심력은 미약하고 원심력만 강하게 느껴진다. 그런 점에서 우리는 학원 복음화에 대해 바르게 이해하고 바른 방향을 설정하는 지혜를 구해야 할 것이다.

## 복음화란 무엇인가?

'아, 한국의 200만 대학생들과 교수들이 모두 예수 믿고 구원 받았으면…… 그리고 우리의 대학들이 모두 진리와 사랑으로 가득 찬 하나님의 나라가 되었으면…… 더 나아가서 북한의 대학과 전 세계의 대학을 복음화하는 일에 이 땅의 기독대학인들이 앞장서게 되었으면…….'

이것이 기독학생운동을 통한 민족과 세계 복음화의 거룩한 야망을 품고 젊음을 불사르고 있는 기독청년, 교수, 캠퍼스 사역자들의 염원일 것이다. 기독학생운동의 일차적 목표는 대학의 복음화다. 기독학생운동에 참여한 우리는 자나깨나 앉으나서나 학원 복음화를 위해 하나님께 부르짖고 있다.

그런데 우리는 먼저 가장 본질적인 질문을 던져 볼 필요가 있다. '복음화'란 무엇이며, 학원 복음화의 목표가 무엇인가? 복음화란 단어는 영어의 'evangelization'을 번역한 말이다. 그런데 복음 전도를 뜻하는 'evangelism'이란 단어를 '복음화'라고 번역해서 용어상의 혼선이 일어나고 있음을 보게 된다. 예컨대 김명혁 교수가 존 스토트의 〈현대 세계에서의 기독교 선교〉(*Christian Mission in the Modern World*)를 번역한 책에서 이런 혼란을 본다.

또한 선교학자들 가운데도 복음화의 개념을 정의하는 데 일치하지 않음도 주목할 필요가 있을 것이다. 선교학에서는 미전도 종족에게 복음이 전파되어 인구의 5-20%가 개종되면 이미 복음화되었다고 간주한다. 그 종족 자체에서 교회가 서고 현지인 지도자가 세움받아서 복음이 지속적으로 증거될 수 있기 때문이다. 만약에 선교학의 이론을 그대로 한국의 캠퍼스에 적용한다면, 우리 나라의 학원 복음화는 이미 끝난 것이라고 할 수 있다. 그러나 도대체 학원 사역자들 가운데 어느 누가 이 주장에 동조할 수 있겠는가.

학원 복음화를 다음과 같이 정의하는 분이 있다.

"캠퍼스 복음화란 대학에 다니는 모든 학생들이 예수 그리스도를 주(主)로 고백하고 헌신하게 하는 것이라기보다는, 그들이 대학 시절 최소한 한 번 이상 예수 그리스도에 대해 인격적으로 들을 수 있는 기회를 제공하는 것이다."

그런가 하면 다른 분은 복음화가 복음 전도에 머무는 것이 아니라, "기독교 세계관이 대학의 학풍과 학생들의 생활 양식에까지 영향을 미치는 것을 포함해야 한다"고 그 의미를 확대 해석하기도 한다.

'복음화'의 개념이 세계 복음주의권에서 확고히 정립된 것은 1974년의 로잔 언약을 통해서였다. 존 스토트 목사가 위원장이 되고 전 세계 복음주의 교회를 대표하는 신학자와 교회 지도자들이 스위스 로잔에 모여 일치한 견해를 선언한 이 언약은, 그 이후 복음주의권의 방향 정립에 큰 공을 세웠다고 평가되고 있다.

이 로잔 언약에 따르면, 복음화라는 개념 안에는 복음 전도(evangelism)와 사회적 책임(social responsibility)이 마치 결혼한 사이처럼 나눌 수 없는 동반자 관계로 들어 있다. 우리가 성경을 편견 없이 바로 보며, 예수 그리스도의 교훈과 사역을 정직하게 살펴 본다면, 지난날 근본주의자들의 '영혼 구원' 일변도나 자유주의자들의 '사회참여' 일변도가 모두 균형을 상실한 것이었음을 어렵지 않게 간파할 수 있을 것이다.

그런데 복음 전도와 사회적 책임 둘 중에서 어느 것이 우위에 있는 과제일까? 결혼한 사이에도 질서를 위해 남편의 권위를 세워 주듯이, 복음화의 양대 과제에도 우선순위가 있을 것이다. 그런데 바로 그 우선순위와 연계된 신학이나 사역의 강조점이 다르기 때문에 복음주의 진영 안에도 다양한 스펙트럼이 생겨났다.

한국의 복음주의는 비교적 오른편에 기울어져서 '복음 전도'를 사역의 우위에 두고 있음은 어떤 점에서 다행한 일이다. 사실 대학생 한 사람 한 사람의 영혼을 그리스도의 십자가와 부활의 복음으로 구원하는 일보다 더 중요한 일이 어디 있겠는가. 그럼에도 우리가 잊지 말아야 할 점이 있다. 이것은 전 세계 복음주의 교회가 동시에 고통하고 있는 것이겠지만, 한국 교회에 더욱 심각한 문제일 것이다. 즉 사회에 대한 섬김이 없으니까 복음이 전파될 사회적 환경이 기독교 신앙에 적대적으로 바뀌어 버렸다. 그래서 복음이 먹혀 들어가지 않는 영적 분위기가 되고 만 것이다. 토양이 산성으로 바뀌어 있으면 아무리 씨를 뿌려도 농사가 되지 않는다.

그렇다면 '복음 친화적인 환경'을 만들기 위해서 우리가 가장 힘써야 할 부분이 무엇이겠는가? 조건 없고 지속적인 사회 봉사와 불의한 사회구조를 개혁하기 위해 대가를 지불하는 몸짓만이 복음에 대해 냉소하는 사람들의 얼어붙은 가슴을 녹일 수 있다. 따라서 대학 사회를 섬기는 '소금'이 되기 위해 기독대학인들이 공통적으로 힘써야 할 과제를 찾아야 한다. 그것이 컨닝 추방이든 담배꽁초 줍기든, 통일연구모임이든 각 대학의 상황에 대한 진지한 기도와 탐색에서 실천 과제가 나와야 할 것이다. 잠시 반짝하는 것이거나 사람에게 보이기 위한 현시(顯示)적인 것이 아니라, 대학에 주님 나라가 이루어지기 위해 힘써야 할 공동체적 과제를 발견하고 작은 실천의 걸음을 내디뎌야 한다. 대학 사회의 변혁에 무관심한 학원 복음화 운동은 허전한 것이다.

### 누가 주체인가?

"목사님이 활동하던 시대와는 캠퍼스 상황이 너무 달라져 있습니다. 예전에는 불신자 학생들을 전도하는 것이 간사들의 주임무였지만, 요즘은 이미 교회 다니던 학생들, 특히 지방학생들이 서울 와서도 방황하지 않고 교회생활 잘 하도록 돕는 게 중요한 사역이 된 것 같아요."

학원 선교사 파송 예배에서 만난 어느 선교단체 간사의 말이다. 그의 말을 들으며, 복음의 일꾼은 상황 변화에 예민하게 대응할 수 있는 유연성을 가져야 한다는 생각을 했다. 그 동안 캠퍼스의 상황이 얼마나 많이 변화되었는지, 신세대 학생들의 의식과 생활 양식이 어떻게 달라졌는지에 민감하지 않고서는 효과적인 사역이 불가능해진 것이다. 7, 80년대의 대학생과 90년대 말의 대학생, 그리고 한국의 기독학생운동과 영·미의 운동은 시대와 문화공간의 차이 때문에 동일할 수 없다. 오죽 대학문화의 차이가 극심했으면 같은 나라에 있는 캠퍼스 사역자들을 '학원 선교사'라고 부르고 있을까? '복음의 상황화'(contextualization)라는 말이 선교학에서 주요한 쟁점이 된 것은 우연이 아니다.

그러나 세상 만사에는 변치 않는 '원리'가 있다. 응용문제는 다양하나 공식이 하나인 것처럼, 전자제품이 각양각색이나 제조과정에 적용되는 과학적 원리는 변치 않는다. 스포츠나 예술, 놀이에도 나름대로 변치 않는 원리가 숨어 있다. 이런 원리를 터득한 사람을 가리켜 철학이 있다고 표현한다. 목회에 분명한 목회철학이 있어야 교회가 바른 방향으로 발전하듯이, 대학복음화운동에 참여한 사역자들에게도 학생운동가로서의 철학이 분명해야 할 것이다.

아직 검증과 토론 과정이 필요하겠지만, 학원복음화운동에도 몇 가지 원리가 있다. 그 첫째가 바로 학원복음화운동의 주체는 대학인이라는 사실이다. 대학인이란 대학원생과 교수들을 포함하지만, 일차적으로는 대학생들을 가리킨다. 결국 대학 내에서의 복음운동은 학생이 주도해야 한다는 말이다. 초기 복음주의 학생운동의 선배들이 이를 '학생 주도권'(student initiative)라고 이름했다. 학원복음화운동의 주도권을 학생들이 행사한다는 말은 당연하면서도 한편 위험하게 들린다. 대학생들의 미숙함이 먼저 떠오르게 되고, 간사들의 역할이 무엇이냐는 질문이 생기기 때문이다.

간사(staff)나 교회 대학부 사역자는 신학적·영적 지도자로서 기독대학생들의 신앙을 돕고, 운동을 지원하는 역할을 한다. 운동에서 코치의 역할을 하는 것이지, 선수로 뛰는 자가 아니다. 그런데 한국의 학원복음화운동은 영국과 일본의 기독학생운동과 비교할 때 지나치게 대학생들의 자율성이 존중되지 못하는 것 같다. 그러므로 학원복음화운동 사역자들은 빗나가기 쉽고, 엉뚱한 일을 하기 쉬운 대학생들을 어떻게 복음운동의 주체들로 견고하게 세울 것인지, 그 운동 에너지가 지속되도록 어떻게 자신을 조력자로 자리매김할 수 있을 것인지를 끊임없이 모색해야 한다. 또한 기독교수와 대학원생들의 협조를 어떻게 엮어 낼 것인가도 연구할 필요가 있다. 학원복음화운동의 일차적인 책임은 기독대학인 자신들에게 있다.

## 주 무대는 어디인가?

기독대학생들의 활동 중심 영역은 학원(campus)이라야 한다. 교회 건물이나 선교단체의 센터가 예배와 교육 훈련을 위해 쓰임 받는 것은 필요하다. 캠퍼스 안에 방해받지 않고 모일 만한 장소도 마땅치 않은 게 사실이다. 구미의 대학생들처럼 기숙사생활을 하지 못하는 한국의 현실에서 캠퍼스 중심 활동은 쉽지 않다. 그러나 대학 시절 내가 있는 곳이 '거룩한 사명의 장'이라는 자기 인식이 없으면, 졸업 후에도 가정과 직장 중심의 신앙생활은 훈련이 없으므로 기대하기 어렵다. 그러므로 대학복음화운동은 무엇보다 운동의 성격상 캠퍼스에서 이루어져야 한다.

한국의 학생운동은 '현장 감각'을 가져야 한다. 앞서 말한 대로 지리의식을 회복해야 한다는 말이다. 기독교는 신앙의 대상인 하나님이 역사의 신이요 세계의 신이기 때문에, 기독 지성은 역사의식과 지리의식이 균형을 유지할 수 있어야 한다.

사도 바울은 복음의 구원 진리와 윤리규범을 지리적 개념으로 설명하기를 즐겼다. 구원이란, '그리스도 안에'(in Christ), '하늘에'(in the heavenly places) 속한 것으로 표현했다(엡 1:3). 동시에 구원받은 자는 '세상에', '고린도에 있는(고전 1:2)' 성도라고 부르면서, 지리적 표현으로 정의한다. 이것은 모순처럼 들린다. 우리가 어떻게 그리스도 안에 거하면서 동시에 한국의 대학 캠퍼스에 있을 수 있단 말인가. 그러나 이것이야말로 기독교의 역설적 진리이며, 오직 신앙을 통해서만 깨닫게 되는 '믿음의 비밀', 곧 신비에 속하는 것이다.

기독학생의 삶의 현장은 대학 캠퍼스다. 그러므로 현장에서 복음화운동을 일으켜야 한다. 대학에서 불신자 친구들과 어울리면서 그들을 이해하고 섬기며 친구 삼는 법을 배워야 한다. 그래야 전도 기회도 생기고, 졸업 후 사회생활에 적응하는 훈련이 될 것이다. 대학 시절, 캠퍼스에서 주의 일을 해 봐야, 그 연장선상에 있는 직장생활에서도 영향력 있는 그리스도인으로서 당당히 설 수 있을 것이다.

21세기 한국의 대학 캠퍼스에 청년들의 영성을 훈련하는 신앙 공동체가 여기저기 옹달샘처럼 자리잡고 있음은 얼마나 위로와 소망을 주는 하나님의 징표인지 모른다. 더 나아가 자신이 속한 과(科)와 대학 캠퍼스야말로 하나님이 보내신 선교의 땅이라는 공동 인식이 조금씩 퍼져 나가는 것은 얼마나 고무적인 현상인가. 이제 기독교수와 학생들, 선교단체와 교회 동아리의 옹달샘들이 서로 수맥(水脈)이 이어져서 광야 같은 캠퍼스에 은혜와 진리의 시냇물이 흐르기 시작할 것이다. 머잖아 시내와 시내가 만나 생명수 강물을 이룰 날을 꿈꾸며, 영의 눈을 들어 하늘을, 의식의 눈을 떠서 지상을 바라본다. 가까운 미래에 한국 기독지성인의 신앙체계에 지리의식이 든든히 자리잡는 날이 오고야 말 것이다.

## 최우선 과제는 무엇인가?

복음주의는 전도, 제자훈련, 사회참여와 해외 선교를 주요 사명으로 삼는다. 교회나 선교단체마다 해외 선교나 제자훈련 등에 많은 투자를 해 온 것은 귀한 일이다. 그러나 그에 비해 대학생들을 전도하기 위한 집중적이고 연합적인 노력은 부족한 것 같다. 복음 진리에 대해 비교적 열려 있는 200만 대학생들이 있는 학원은 누가 뭐래도 전도의 황금어장임에 틀림없다. 대학 시절, 길, 진리, 생명이신 예수 그리스도의 복음을 바르게 영접하여 거듭난 자는 졸업 후에도 제자로서 꾸준히 성장하고 선교사업에도 적극적으로 참여하게 될 것이다. 예외적 상황도 있을 수 있겠으나, 학원 복음화운동은 이념운동과 달리 복음 전도가 최우선 과제가 되어야 한다.

특히 매년 전국의 60만 대학 신입생들을 대상으로 전개되는 전도활동이야말로 복음화운동의 일차적 사명이다. 90년대 후반부터 한국의 기독인들을 지배하고 있는 전도에 대한 패배의식을 믿음으로 극복하고, 전도운동에 바람을 일으켜서 한국의 대학에서 주님의 이름이 높임 받는 전기(轉機)가 이루어져야 한다. 통신회사들은 거의 모든 학생들에게 핸드폰을 성공적으로 팔고 있는데, 왜 한국 교회는 생명을 살리는 복음을 제대로 전하지 못한단 말인가?

현재 한국의 대학에서 불신자였다가 예수 믿게 되는 학생들은 그 수가 매우 적다. 이런 말을 하면 당장, "우리 교회, 우리 단체는 전도에 정말 힘쓰고 있다!"고 항의하는 이도 있을 것이다. 물론 대학생 사역을 하는 청년 사역자들이 얼마나 헌신적으로 주님을 섬기고 있는지를 의심하지 않는다. 그러나 사실은 사실이다.

한국 기독교는 이해하기 어려운 현상이 적지 않다. 그 중 하나는 자기 교회의 교인수를 부풀려 발표하는 경향이다. 이런 모습은 순수를 내세우는 선교단체도 크게 차이가 나지 않는 것 같다. 예컨대 수양회 참석수가 900명 정도면 1,000명 참석했다고 과장 표현하는 경향이 있는 것이다.

하도 기독교에서 나오는 통계를 믿을 수가 없어서 아예 공신력 있는 여론조사기관에 의뢰하여 한국 교회의 실상을 정확하게 알아보고, 그 사실에 입각해서 우리의 갈 길과 할 일을 찾아보려는 노력도 있었다. 지난해 한국 갤럽에 의뢰하여 조사한 '한국 개신교인의 교회활동 및 신앙의식'에서 전도와 관계된 사항은 가히 충격적이다. 그것은 한국의 개신교인 중에서 최초로 신앙을 가진 시기가 대학 시절인 신자는 겨우 2.5%에 지나지 않는다는 사실이다. (참고로 초등학교 시절에 믿은 사람은 24.7%, 결혼 후에 믿기 시작한 사람들이 30.7%였다.)

적어도 현재의 한국 교회는 일반적으로 전도의 열기가 식어 있고 전도의 책임에 대한 도피의식과 패배주의에 사로잡혀 있다.

에이브러햄(William J. Abraham) 교수는 〈전도의 논리〉(*The Logic of Evangelism*)에서, 지나간 반 세기 동안 세계 신학계에서 전도를 신학적 주제로 깊이 있게 다룬 적이 없었다는 사실을 상기시킨 바 있다. 왜 교회의 가장 중요한 사명에 대해 신학자들이 관심을 기울이지 않는가? 신학교나 교회에 비교한다면, 대학생 선교단체들이나 교회의 대학부들은 상대적으로 전도에 대해 상당한 노력을 기울여 온 것이 사실이다. 그럼에도 불구하고 교회 대학부나 선교단체의 현실은 이미 믿고 있는 신자를 회원으로 받아들여 구원의 확신을 심고 지도자로 양육하는 데 무게 중심이 기울어진 것은 아닐까.

대학에서 전도가 잘 안 되는 데는 여러 가지 원인이 있다. 아마 한국 사회 전체가 개신교에 대해 더 이상 매력을 느끼지 못하는 외적 분위기가 가장 큰 원인일 것이다. 얼마 전, 신동아 그룹 회장 부인의 옷로비 사건이나 JMS, 만민중앙교회 사건 등으로 말미암아 불신자들이 개신교를 보는 시각이 너무 왜곡되어서, 과연 비판의식이 강한 대학생들에게 기독교 복음이 먹혀들어갈까 하는 부정적인 생각이 드는 것은 어쩔 수 없다. 또한 대학 내의 학문 세계가 더 이상 종교, 초월, 절대진리에 관심을 두지 않는 지적 분위기도 심각한 문제이다. 더구나 신세대들의 개인주의, 현실주의, 쾌락주의 성향으로 한 해가 다르게 정신적·도덕적 카오스 상태가 된 이 마당에 무슨 전도냐고 고개를 저을 법하다. 그리하여 '지는 게임에 목을 걸 필요가 없지 않을까' 하는 회의적 반응이 나올 만도 하다. 그러면 앉아서 마냥 하나님의 때를 기다려야 하는 것일까?

전도를 제대로 못하는 것은 외적 환경보다는 우리들의 공동체 안에 있는 신앙자세가 더 문제가 아닐까 싶다. 교회가 그런 대로 차니까 복음 전파의 긴박성이 사라지고 있는 것, 식어 버린 구령의 열정, 전도의 연합전선이 구축되지 않고 각개 약진하면서 중복 투자하는 경향, 70년대식 전도 방법만을 답습하는 전도의 창의성 결핍 등의 문제를 지적할 수 있을 것이다. 그러므로 이제는 신세대를 향한 전도 전략을 다양하게 계발할 때가 왔다고 생각한다.

학생선교단체들이 연합하여 기독대학생들의 전도 역량을 결집해서 대학을 복음으로 바꿔 보자는 간절한 마음이 공감대를 이루기만 한다면, 한국 교회가 군복음화를 위해 노력한 것의 10분의 1만 대학에 쏟아도 놀라운 열매를 기대할 수 있을 것이다.

케빈 포드(Kevin Ford)는 〈신세대를 위한 예수〉(*Jesus for a New Generation*)라는 책에서 매우 통찰력 있는 신세대 전도 전략을 제시하고 있다. 그 중에서 몇 가지만 요약해 본다.

첫째, 복음 제시에 앞서 기독교에 대한 변증적인 내용이 필요하다. 여기에는 이미 프란시스 쉐퍼가 말한 대로, '전전도 단계'(pre-evangelism)를 통해 기독교 복음에 대한 고정관념과 선입견을 부수는 작업이 필요하다. 이런 단계는 기독교 복음에 대한 거부감을 해소하는 데 상당한 도움을 줄 수 있다. 현재 영국 교회에서 출발하여 전 세계적으로 퍼져가고 있는 알파 코스(Alpha Course)라는 전도 및 초신자 양육 프로그램도 복음에 대한 오해를 변증적 접근으로 '프로그램 해제' 하는 데 효과적임이 임상통계를 통해 확인되고 있다.

둘째, 복음의 내용을 감각적인 신세대 언어와 디자인이라는 형식상의 변화를 통해 접근할 필요가 있다. 상품도 디자인으로 경쟁하는 감각시대의 새내기들에게는 복음의 내용이 영원불변하지만, 전달하는 형식에도 창조적 접근이 필요하다. 복음 제시도 교리를 요약하는 전통적인 방법과 함께, 이야기식 전달방법(narrative evangelism)이 효과적이라는 전문가들의 말에도 귀 기울일 시기가 되었다.

셋째, '즉각 반응'을 강조하는 기존의 전도법과 함께, 으정 관계를 통해 긴 과정을 두고 접근하는 '과정 전도'(process evangelism)가 효과적이라는 주장에도 귀 기울일 필요가 있다. 이런 전도운동이 캠퍼스 안에서 기독교수, 선교단체 간사, 기독학생들의 연합을 이루는 데도 작은 역할을 할 것이다.

넷째, 무엇보다도 주님의 전도명령에 대한 적극적 순종과 함께 믿음의 중보기도운동이 있어야 한다. 성령의 역사가 아니고 어찌 거듭나는 영혼이 있을 수 있겠는가?

## 오늘의 대학문화와 학원 복음화

얼마 전 한겨레신문은 '2000, 지금 대학은'이라는 특집 르포에서 00학번의 두드러진 의식 변화를 다음과 같이 지적하고 있다.

'엔(N)세대' 대학생들은 자유분방하고 자기 표현에 솔직하다. 그 어느 시대의 대학생들보다 개성이 강한 것처럼 보인다. 반면 이웃과 공동체, 정치엔 무관심하다. 비판적 지식탐구와 실천을 추구하던 예전 대학생의 모습과는 사뭇 다르다. 도서관의 최고 인기 대출 서적 가운데 하나가 무협지이고, 대학생들이 텔레비전 토크쇼 류의 가벼운 말장난에 익숙해져 간다. 대학은 대규모 취업학원으로 전락했다. 영어와 컴퓨터에 관계된 것이 아니면 수강하는 학생수가 적어서 인문학 과목은 폐강되는 경우가 허다하다. 대학촌의 동거 풍토나 동성애로 나타나는 성개방 분위기나, 수업을 빠지면서 벤처창업 준비와 단타 주식 투자로 돈벌이에 몰두하는 물신숭배의 분위기는 이제 새삼스러운 것이 아니다.

이러한 모습을 좋게 표현해서 대학생들이 개인주의적이고 현실주의적이라고 말하겠지만, 성경적인 표현으로는 "자기를 사랑하며 돈을 사랑하며…… 쾌락을 사랑하기를 하나님 사랑하는 것보다 더"하는, 죄로 타락한 말세적 인간상이라고 할 수 있다(딤후 3:2, 4). 한겨레신문 기자가 간과한 것은 대학문화가 결코 일반사회의 문화와 동떨어진 별개의 것이 아니라는 사실이다.

미국의 칼빈기독학문센터(Calvin Center for Christian Scholarship)의 인문학부 교수 6명이 공동집필한 〈어둠 속에서 춤추기〉(Dancing in the Dark)란 책을 보면, 북미 청년들과 대중문화 및 전자매체의 관계를 치밀한 자료를 토대로 예리하게 분석하고 있다. 그리고 자본주의의 소비문화와 오락·연예산업이 어떤 과정을 거쳐 현대사회를 지배하고 있는지 설득력 있게 증명하고 있다. 사회 일반이 다 그런 형편이니 대학도 마찬가지인데 왜 새삼스럽게 떠드냐고 반문할 사람도 있을 것이다. 그러나 우리는 복음의 문화 변혁 능력을 확신하는 하나님의 사람들이다. 따라서 개인 영혼의 구원을 위해 복음 전도에 힘쓰는 한편, 세속적이고 퇴폐적인 대학문화를 복음 진리로 바꿀 날을 꿈꾸고 있다.

현재 개별 단체나 교회 동아리의 경우, 대학문화에 대한 도전으로 '컨닝 안하기 운동'이나 '순결 서약 운동' 등을 벌이는 것은 복음적인 신앙 공동체가 사회 변혁을 위한 관심을 운동화하는 시도라는 점에서 주목할 만한 일이다. 다만 안타까운 것은 이러한 움직임이 대부분 오래 지속되지 못하고, 개인 차원에 머무른다는 점이다. 한국 교회의 문화에 대한 관심 부족 현상이 캠퍼스의 기독동아리와 크게 다르지 않기 때문에, 대학문화 변혁이라는 큰 그림을 그리면서 연합하여 대학문화를 기독교 가치관에 비추어 비판하고 대안을 제시하려는 창조적이고 지적인 접근이 운동화되지 못하고 있다. (고려대의 경우, 기독인연합에서 펴냈던 신문인 '예수 믿는 고대'를 통한 대학문화 사역은 선구자적인 활동이었다고 여겨진다)

기독교 복음은 그 자체의 동력(dynamics)으로, 물을 포도주로 변화시키듯 세상을 바꾼다. 복음이 심겨진 피선교지는 예외 없이 문화 변혁이 일어난다. 이 땅의 대학을 복음화하고 대학생들을 책임질 사역자들은 복음과 문화의 관계에 대해 깊은 관심을 가져야 한다. 활발한 토론을 비롯하여 대학문화를 기독교적 가치로 바꾸기 위한 공동 작업과 일치된 운동이 절실하게 필요하다. 대학생들이 정신적 허무주의에 빠진 우울한 시대에 대학문화를 바꾸기 위해 복음 신앙을 고백하는 기독학생 운동가들이 무엇을 연합하여 이룰 것인가, 진지하게 연구하고 도전해야 할 때다.

## 운동의 집중력이 문제다

한국의 대학복음화운동에 부름받은 사역자들은 운동 전략에 수정을 가해야 할 시기가 왔다. 수십 년을 대학복음화를 위해 현장에서 사역하신 분에게서 이런 말을 들은 적이 있다.

"대학을 선교지로, 대학생을 선교 대상으로 하는 한국의 대학생선교단체들이 방향을 잘못 잡은 것 같다. 현재 그들의 전략은 대학생들을 전도하고 양육해서 대학 복음화에 힘쓰는 일꾼으로 키우기보다는, 대학에서 사람을 빼내어 자기 단체를 키우는 정책이다."

지금까지 학생선교단체의 학원복음화운동은, 대학생들을 타락한 대학 사회에서 방주 역할을 하는 신앙 공동체로 불러들이는 모델이라고 할 수 있다. 바꾸어 말하면 '파멸할 세상으로부터 불러 낸' 에클레시아, 곧 교회 설립의 모델인 셈이다.

신앙 공동체가 '조직'(organization)이기에 앞서 '유기체'(organism)라면, 그 역사적 성장과정에 따라 선교적 차원으로 나아가는 단계가 온다. '교회로부터 나아가' 세상에서 선교하는 전투적인 공동체가 되는 것이다. 그런데 한국의 학생선교단체들 중 상당수가 해외 선교가 주된 사역이 되고 있지 않나 하는 의구심이 들 때가 있다. 단체로서 여유가 생긴 것이라고 할 수 있겠지만, 뭔가 사역이 집중되지 못하고 분산되고 있지 않는가 하는 우려를 금할 수 없다.

세계 선교는 우리 주님의 지상명령이므로, 신자나 교회 모두 복종해야 할 사명이다. 그러나 하나님 나라가 이 땅에 임하도록 하기 위해서는 지역 교회가 할 일과, 선교단체의 사역이 구분되어야 하며, 학생선교단체는 해외 선교단체와 그 역할이 차별화되어야 한다. 왜 자신들이 모든 것을 다 해야 한다고 생각하는가?

근래 우리 나라의 재벌이 무너지고 있는 가장 큰 이유는 기업 경영이 방만하고 집중력과 전문성이 떨어졌기 때문이다. 영국 UCCF의 총무였던 올리버 바클리 박사는 복음주의 대학생운동의 역사를 다룬 〈예수가(街) 패들에게 무슨 일이 일어났나〉(*Whatever Happened to Jesus Lane Lot?*)라는 책에서, 1차 세계대전 전후 대학생들의 지나친 해외 선교 열풍이 국내 대학생 복음운동의 급격한 쇠퇴를 초래한 사례를 든 적이 있다. 지금 구미의 학생선교단체들은 해외 선교를 해외 선교단체에 위임하고, 본래적인 학원 사역에만 집중하고 있다.

학원복음화운동은 우리에게 주신 모든 자원을 총집결해도 항상 어려운 사역이다. 그 이유는 이렇다. 첫째, 늘 4년을 주기로 바뀌는 선교 대상의 유동성 때문이다. 둘째, 대학생들이 기숙사에서 공동생활하는 것이 아니므로, 기독대학생들의 학원 복음화에 대한 관심도 주말에 섬기는 지역 교회 청년대학부 봉사와 나뉘어 분산된다. 셋째, 대학문화는 지극히 급변하고 다양하기 때문에 전도의 접촉점을 찾거나 기독교적 역문화(counter-culture) 내지 대안문화 제시에 막대한 영적·지적 노력이 요구된다. 마치 첨단벤처기업이 R&D(연구개발)에 총력을 기울이지 않으면 생존이 위협받는 것과 비슷한 이치다. 그러니까 학생선교단체의 지도자들은 세월이 흐를수록 사역이 힘들고 지치니까 학원 복음화에 매달리기보다 다른 데서 돌파구를 찾으려는 시도를 하게 되는 것이다.

그러면 어떻게 할 것인가? 먼저 학원복음화운동에 새로운 헌신자들이 필요하다. 헌신하여 미치지 않고는 가치 있는 일이 이루어지는 경우는 없다. 청년대학생 사역자들이 대체로 단기 사역이나 장기 사역 형태로 섬기는 것을 본다. 그러나 단기나 장기가 아닌 평생 헌신(lifelong commitment)이 필요하다. 그래야 뭔가 보이기 시작할 것이다.

스물여섯 해의 생애를 불사른 영국의 서정시인 존 키이츠(John Keats)는 이런 말을 남겼다.

"나는 바다 속으로 곤두박질하며 뛰어들어갔다. 그제서야 나는 잔디 깔린 해변에 앉아 철없이 피리 불고 차를 마시며 안이하게 설명 듣던 것보다 훨씬 더, 저 깊은 바다의 수심(水深)이라는 것, 그 밑바닥에 있는 유사층(流砂層, quicksands), 그리고 암석이란 게 뭔지를 알게 되었다."

최첨단 무기인 철병거 900대를 소유하고 20년 동안 이스라엘 백성을 잔인하게 짓밟던 가나안의 거대 군사력과 싸워 승리한 후, 여선지 드보라는 이렇게 노래했다.

"이스라엘의 두령이 그를 영솔(領率)하였고 백성이 즐거이 헌신하였으니 여호와를 찬송하라"(삿 5:2).

또한 다윗은 메시아 통치시대에 원수들과 싸울 헌신된 전사(戰士)들이 모여들 비전을 바라보며 찬양했다.

"주의 권능의 날에 주의 백성이 거룩한 옷을 입고 즐거이 헌신하니 새벽이슬 같은 주의 청년들이 주께 나오는도다"(시 110:3).

하나님께 감사하자. 그 동안 이 땅의 대학 복음화를 위해 눈물로 씨를 뿌린 선배들을 통해 캠퍼스에 교두보가 놓였으니, 이젠 기독대학인들이 연합하여 전략을 세우고 집중 공격을 해야 할 시기가 되었다. 선수 개인이 각자 안타를 아무리 많이 때려도, 팀 전체가 집중타를 날리지 않으면 득점할 수 없다. 힘을 분산시키지 말고, 과 기도모임, 대학기독인모임 등으로 연합하여 집중시켜야 운동 에네르기가 상승 효과를 낼 수 있을 것이다.

# 7
## 기독학생운동과 사회참여

    교회의 활동, 즉 예배·교제·증거의 목표는 '세상의 빛과 소금' 역할을 감당하기 위한 것이어야 한다. 그러나 유감스럽게도 한국의 교회, 특히 대학이 집결되어 있는 대도시의 교회들이 사회에 대한 책임과 의무를 소홀히 하고 있음은 안타까운 일이다. 교회활동이 주로 교인 자신의 개인적 종교 향락을 위한 것이라고 한다면 지나친 표현일까? 만약 교회가 사회에 아주 도움을 못 주고 민족사의 흐름에 영향을 끼치지 못하며 인류를 위해 봉사하지 아니한다면, 교회야말로 극단적 이기주의자들의 집단이라고 비난받을 수밖에 없을 것이다.

    세상에 대한 그리스도인들의 입장 중에는, "세상을 사랑하지 말라"는 말씀(요일 2:15, 17; 벧전 2:11)만을 강조하여 재침례파(Anabaptists)와 같이 현실참여에 대해 부정적이고 도피적인 태도가 있다. 또는 극단적으로 세상문화 자체가 복음이라고 주장하는 칼 라너(K. Rahner) 같은 자유주의적 태도도 있다. 복음주의적 입장은 루터나 칼빈과 같이 "하나님이 만드신 세상은 좋은 것"(딤전 4:4, 5; 6:17)이라는 일반 은총의 전제 아래 현실에 참여하는 것이다.

## 사회참여 문제에 관한 갈등

한국적 상황에서 복음주의 대학생운동은 사회참여의 원칙은 분명하나 그 범위와 방법, 시기 등의 문제에서 많은 현실적 갈등을 겪고 있다. 한국의 선교단체들 대부분이 전도 일변도가 아니면 해외 선교 일변도로 흘러서 그 모임에 참여하는 구성원의 신앙 형태가 병적일 만큼 한쪽으로 치우치고 있다.

전도나 해외 선교는 분명히 기독교 신앙의 가장 중요한 목표 중 하나이지만, 유일한 목표는 아니다. 성경의 가르침 중에서 균형을 잃고 한 가지만이 반복 강조될 때 신앙이 균형 있게 성숙할 수 없다. 기독교 신앙의 목표는 예수님과 같은 인격과 삶을 본받는 성숙한 신자가 되어 하나님께 영광 돌리고 이웃을 사랑으로 봉사하는 것이다. 예수님이 전도와 해외 선교를 중요시하셨으나, 이것만을 전부로 여기지 않으셨음은 분명하다.

만약 대학생 복음운동 안에서 훈련받은 졸업생들이 사회에 나가서 '일요일 교인'으로 전락하거나 그 가정과 직장에서 불신자들과 아무 차이 없이 산다면, 지금 우리가 하는 일은 전혀 무가치한 것에 불과하다. 현재와 같이 기독교인들이 천박하고 형식적이어서는, 우리 사회를 하나님이 원하시는 정의와 사랑의 사회로 만드는 데 아무 도움이 못 될 것이다.

충동적인 행동주의가 아닌 구체적인 삶의 변화가 개인적·사회구조적 차원에서 따르지 못하는 회개운동은 모두 공허한 것이다. 따라서 대학생 복음운동은 필연적으로 사회운동으로 발전되어 나가야 한다. 특히 한국 교회가 사회와 단절된 상태에 머물고 있는 상황에서, 학생운동은 학사운동으로 발전하면서 우리 사회에 구체적으로 하나님의 나라가 임하도록 정치, 경제, 교육, 예술 각 분야에 걸친 기독교 문화 창조에 기여해야 한다.

1987년 이후, 복음주의 진영에서는 사회참여에 대한 신학적 입장 차이 때문에 분열의 아픔을 경험한 학생단체가 있었다. 또한 과거 군사독재정권과의 유착 관계 때문에 지도력에 손상을 입는 경우도 있었는가 하면, 근본주의 신학의 입장에서 철저히 정교분리 원칙을 택한 지도자들게 실망하고 신앙 공동체를 떠나는 학생들도 적지 않았다. 이처럼 이 땅의 기독학생운동에서 가장 민감한 부분이 아마 그리스도인의 사회적 책임에 대한 주제가 아니었나 싶다.

이미 살펴본 대로, 해방 이후의 기독학생운동은 한국 교회가 신학적 노선 차이로 분열했던 영향을 여과 없이 그대로 받아들였기 때문에, 진보적 학생운동과 복음적 학생운동이 평행선을 그어 가면서 서로 만난 적이 없었다. 87년 이후 복음주의 진영의 교회가 사회참여에 대해 열린 자세를 갖게 되자, 복음주의 학생운동 역시 사회참여에 대해 소극적이지만 적어도 원칙적인 면에서는 찬동하는 방향으로 입장이 변하게 되었다. 적어도 사회참여에 대해서는 복음주의권의 기독학생운동이 신학자와 교회 지도자들의 방향 제시에 예민했다고 할 수 있다. 그러므로 기독학생운동과 사회참여에 대해 바르게 이해하려면, 먼저 1974년 로잔 대회 이후 세계 복음주의권의 신학적 입장 변화를 근거로 하여, 한국 교회가 사회윤리에 대해 어떤 입장을 지켜 왔으며 어떤 과제를 안고 있는지 정리가 필요하다. 그 다음으로 학생운동이 늘 최우선 과제로 생각해 왔고, 정치 민주화가 실현된 지금도 사회참여의 가장 예민한 부분이라고 할 수 있는 정치참여 문제에 대해 생각해 보고자 한다.

### 사회참여에 대한 한국 교회의 입장

아마 70년대 이후, 세계 복음주의 기독교계에 나타난 가장 두드러진 현상은 사회윤리에 대한 관심이 아닌가 한다. 20세기 전반부에 보수적인 교회의 주된 관심은 복음 전도를 통한 개인 영혼의 구원이었다고 해도 지나친 말이 아닐 것이다. 그러나 1974년 로잔 세계 복음화 대회를 전환점으로 하여 복음주의자들의 관심 영역이 복음 전도와 더불어 그간 소홀히 해 왔던 사회윤리 문제에 이르기까지 확대된 듯한 인상을 받는다. 이것은 예컨대 복음주의 계열의 대표적인 지도자 중 한 사람인 존 스토트의 적극적 저술 활동이나 런던현대기독교연구소(London Institute for Contemporary Christianity)를 통한 그의 활동 대부분이 5, 60년대의 그의 주요 관심사와는 많은 변화를 보여 주는 데서 잘 드러난다고 하겠다.

성경의 진리를 개인의 영혼 구원에만 제한하는 태도에서 이제 삶의 모든 분야, 특히 사회와 국가, 국제 문제에까지 적용시키기 위한 신학적 노력과 구체적 운동은 분명히 놀라운 변화요, 바람직한 방향이라고 생각된다. 그러나 아직도 한국의 대다수 보수적인 교회는 사회윤리 문제에 대한 관심이 빈약한 수준에 머물러 있는 것 같다.

나 역시 어린 시절 경건주의적이고 현실도피적인 경향이 심한 교회의 영향을 받았고, 지독하게 근본주의적인 학생선교단체에서 훈련을 받았기 때문에 "배운 도둑질"이라는 속담 그대로 기독교 진리의 사회적 차원에 대해서는 거의 공부할 수 있는 기회를 가지지 못했다. 비록 짧은 기간, 신학 교육을 했지만 그래도 사회 문제에 대한 무지를 통감하고 있다.

대다수 보수적인 한국 교회가 사회 문제에 관심이 적은 이유를 우리는 먼저 신학적인 측면에서 찾아야 할 것이다. 한국의 보수적인 신학교에서 주로 강조되는 점은 교의학(敎義學, dogmatics)이다. 조직신학, 즉 신론, 인간론, 기독론, 구원론, 교회론 및 종말론 등을 최우선적으로 다루고 있는 것이다.

이러한 교리는 곧바로 우리의 신앙생활과 직결되는 것이기 때문에 신학 연구에서 가장 중요한 부분 중 하나임은 재론의 여지가 없다. 그러나 문제는 이러한 조직신학의 기초가 성경 자체여야 함에도 불구하고, 한국의 보수적 신학교에서는 성경의 권위보다 어떤 점에서 자기 교파에서 금과옥조(金科玉條)처럼 여기는 어느 한 가지 조직신학 교과서만 중요시하는 경향이 있는 듯하다. 이를테면 벌코프의 〈조직신학〉이나 박형룡 박사의 〈조직신학〉 등이 그 예다.

성서신학의 기초가 없이 한두 권의 조직신학책이나 웨스트민

스터 신앙고백서 등에만 관심을 기울여 온 한국의 대다수 목회자들은 개인 영혼의 구원과 전도, 개인의 도덕생활, 교회 봉사 등에 대해서는 강조하지만, 사회 문제에 대해서는 우선 배운 바도 없고 사회윤리적인 주제에 대해서 교인들을 교육시킬 능력도 없는 것이 사실이다. 따라서 성경이 분명히 강조하는 하나님의 창조주 되심, 구속주 되심, 심판주 되심 중에서 구속주 되심은 크게 강조되고 있으나, 다른 부분은 상대적으로 무시되는 경향이 나타난다. 그 결과 이 세상, 곧 사회도 하나님의 통치권 아래 있다는 분명한 사실을 지나쳐 버리고, 세상 일은 하나님의 관심 밖에 있으며 사탄의 지배 아래 있다고만 생각하게 만든다.

그 결과 하나님을 믿는다는 것은, 마치 홍수 심판 때 노아의 방주에 들어가는 것같이 저주받을 세상에서 교회 안으로 들어가는 것이라고 이해하는 듯하다. 또한 심판주로서의 하나님께서 이 땅 위에서 우리가 주린 자를 먹이며 옥에 갇힌 자를 돌아보았느냐에 따라 심판하신다(마 25장)는 진리가 소홀히 다루어지고 있다.

예수님은 단지 '우리를 죄와 죽음에서 건져 주신 구주(Saviour)'시라는 사실만 강조하고 그가 친히 선언하신 대로 '주(Lord)요 선생 또는 모범'이라는 사실은 자유주의자들이 주장하는 것이라고 해서 애써 지나쳐 버리는 경향이 있다. 구원이라는 기독교 복음의 핵심 메시지도, 그것이 '하나님 나라'에 대한 것이라기보다 단지 죽은 후에 천당 가는 것으로만 생각하는 종말론적 이해만이 한국 기독교인들의 의식 세계를 지배하고 있는 것 같다. 이 세상은 저주받은 세상이요 주님 재림하실 때 모두 끝장

나는 것인데, 이 세상 문제에 신경 쓸 여유가 있다면 한 사람의 영혼이라도 전도하여 교회로 인도하는 것이 더 바람직하지 않은가 생각하는 것이다.

특히 칼빈주의의 영향이 너무 지나친 탓인지 모르겠으나, 성경 속에 조화있게 나타나 있는 하나님의 주권과 인간의 책임 간의 관계성 가운데서 하나님의 주권만 지나치게 강조한 나머지 인간의 책임은 소홀히 여겨 버린다. 모든 것을 다 하나님의 뜻으로 돌리는 것을 마치 믿음의 표현인 듯이 인식하는 분위기다. 예를 들어, 하나님의 형상대로 지음 받은 인간의 기본권을 유린하는 군사독재정권도 하나님의 뜻이요, 저임금으로 노동자를 착취하는 기업 경영도 하나님의 뜻이요, 국민의 세금으로 운영되는 국영 TV 프로그램에 술 광고가 나와도 하나님의 뜻이라고 생각할 수도 있다. 물론 하나님은 사람의 범죄까지도 "악을 선으로 바꾸시어" 그 뜻을 이루시는 분이시지만, 개인과 집단의 자유로운 선택을 존중하시고 그 선택에 따른 책임도 물으시는 분이시다. 적어도 성경이 강조하는 인간의 책임조차도 소홀히 하는 것은 분명히 잘못된 사상이다.

우리의 사회 현실에 대해 참 주인의식을 가지고 하나님의 뜻이 이루어지도록 도전하기보다는, "이것도 다 하나님의 뜻이겠지" 하고 미리 포기하는 태도는 아마도 전통적인 한국인의 숙명론과도 연관이 있을 것이다. '개개인이 거듭나 모두 하나님을 믿으면, 결과적으로 세상과 사회가 변화될 것이 아닌가!' 대개 보수 신앙을 가진 기독교인들이 이런 생각을 가지고 있는 듯하다. 그러나 성경의 교훈은 우리가 거듭나기만 하면 아무런 수고가 없어도

'결과적'으로 사회가 개혁되는 것이 아니라고 가르친다. 오히려 개인적으로나 집단적으로 하나님 나라의 시민으로서 바른 윤리적 생활을 살게 하려는 '목적'을 가지고 우리를 거듭나게 하신 것이라는 사실을 강조한다. 이 문제는 뒤에 가서 좀더 다루기로 하자.

두번째는, 한국 기독교인들의 신앙 자세에서 그 원인을 찾아야 할 것이다. 무엇보다도 한국의 기독교인들이 고난과 희생을 당하지 않으려는 비겁하고 위선적인 신앙생활을 하고 있기 때문에 사회적 책임을 외면하고 회피하려는 게 아닌지 자문해 보아야 한다. 무지해서도 사회에 대한 책임을 등한히 하고 있으나, 알면서도 기득권을 놓치기 싫은 탐심 때문에, 그리고 비겁해서 신앙 양심을 속이는 경우가 적지 않다고 본다.

사회란 본질적으로 정치적이며 경제적인 성격을 가지고 있다. 사회참여는 그저 구제사업, 육영사업에만 참여하는 것으로 제한할 수 없고, 필연적으로 정치 체제와 경제 구조 등과 관련된 구조적 죄악 문제를 다룰 수밖에 없다. 그러므로 하나님의 뜻을 부패한 사회 속에 이루고자 할 때 필연적으로 따르는 것이 희생과 고난이다.

한국 교회는 천주교의 200년, 개신교의 100년 역사를 통해 사회참여의 값비싼 대가를 지불해 왔다. 한국 교회의 발자취는 바로 고난의 발자취였다. 그러나 근대 한국의 개신교회는 가톨릭교회와 NCC 진영의 개신교회 일부의 적극적 사회참여를 제외하고 소위 복음주의를 표방하는 보수 교단의 경우, 아예 사회 문제는 관심 밖의 일처럼 되어 버렸다. 오로지 교회 성장과 건축, 목회자의 대우 문제에만 열을 올리고 있는 것 같은 인상이다.

이사야서와 아모스서에 나타난 종교 부패에 대한 하나님의 준엄한 책망과 심판의 메시지가 왜 들리지 않을까? 돈을 사랑하고 인간의 칭찬을 구하는 바리새인들을 향한 그리스도의 책망이 왜 '종교 귀족'이 된 한국의 교회 지도자들에게는 아무런 경고가 되지 않고, 호소력도 없는 것이 되었을까? 그것은 신앙 양심의 마비요, 주님을 위해 손해 보고 고난 당하는 것을 두려워하는 자기 보호 본능의 노예가 되었기 때문이 아닌지 돌아볼 일이다. 가난을 두려워하고, 옥에 가는 것을 두려워하고, "몸과 영혼을 능히 지옥에 멸하시는 분보다 몸은 죽여도 영혼은 능히 죽이지 못하는 자들을 두려워하는"(마 10:28) 타락한 신앙 자세 때문에 사회참여를 기피하는 것은 아닌지 고민해 볼 일이다.

## 사회적 책임 회피의 결과 vs. 9가지 행동지침

공동번역 성경 잠언 14장 34절을 보면, 다음과 같은 말씀이 나와 있다.

"어느 민족이나 정의를 받들면 높아지고 어느 나라나 죄를 지으면 수치를 당한다"(Righteousness exalts a nation, but sin is a disgrace to any people).

이 말씀이 진리임은 세계사에 공헌한 몇몇 국가를 생각만 해도 금방 확인할 수 있을 것이다. 사회정의가 실현되지 못하고 권력이 부패하여 민중을 억압하는 나라의 경우 대부분 혁명이라는 최후의 수단을 통해서라도 정의를 실현하고자 하는 몸부림이 있었다. 프랑스 대혁명이나 러시아 공산 혁명이 그러했다. 그러나 영국의 경우, 18세기의 요한 웨슬리의 부흥 운동과 19세기 윌버포스와 쉐프쯔베리 등 복음주의자들의 사회개혁운동은 피비린내 나는 혁명을 피하고도 '높임 받는' 나라를 이룰 수 있었다.

BC 8세기 이스라엘의 예언자들을 통한 하나님의 메시지는 불의한 이스라엘과 유다에 대한 심판의 경고뿐 아니라, 주변 국가들의 불의에 대한 심판의 메시지를 함께 담고 있었다. 이는 소위 신정국가(神政國家)인 이스라엘에게만 해당되는 말씀이 아니라, 어떠한 국가 체제에도 적용되는 메시지임을 말해 준다.

교회가 하나님의 뜻을 선포하는 '예언자적 사명'(prophetic office of the church)을 행해야 한다는 말은, 윌버포스나 쉐프쯔베리처럼 사회악을 고발하며 그 죄악된 구조를 개혁하는 법적인 투쟁도 감당해야 한다는 뜻일 것이다. 교회가 교회 자체에만 시선이 고착되고 사회에 대한 '섬김'의 책임을 소홀히 할 때 결과적으로 사회의 버림을 받게 될 것이며, 선교의 열매는 점차 메마르게 될 것이다. 지난 20년 간 성장률 면에서 가톨릭이 개신교를 훨씬 앞서기 시작한 이유를 이러한 맥락에서 찾을 수 있다.

만약 지금 한국 교회가 고질적인 체제병을 앓고 있는 한국 사회의 정치, 경제, 노동, 학원 문제 등에 대해 그 책임을 다하지 못한다면, 하나님의 무서운 심판을 면할 수 없을 것이다. 그것이 전쟁이라는 끔찍한 모습으로 나타날는지, 혁명이라는 피비린내 나는 모습으로 나타날지는 알 수 없다. 그러나 하나님은 자신의 뜻을 거역하는 자를 반드시 버리시는 공의의 하나님이심을 잊지 말아야 할 것이다.

그리스도인의 사회참여나 사회적 책임에 대해 막연하게 말은 많이 하면서도, 막상 구체적으로 무엇을 해야 하는지 선명하게 정리해 놓은 글을 만나기는 쉽지 않다. 그래서 보크뮤엘(K. Bockmuehl) 박사가 정리한 〈로잔언약〉 제5항의 아홉 가지 행동 지침을 살펴보는 것이 유익할 것 같다.

장황하게 모두 설명할 필요가 없을 것이므로, 제목과 중심 되는 성경 구절만 살펴보기로 한다. 여기서는 그리스도인의 책임 가운데서 사회적 측면에 관한 개인적 행동을 다루고 있는데, 한국적 사회 현실에 비추어 되새겨 볼 필요가 있다고 본다.

1. 정의에 관한 하나님의 관심에 참여하라
"공의(公義, justice)를 구하며 학대받는 자를 도와 주며"(사 1:17).
"왕은 공의로 나라를 견고케 하나 뇌물을 억지로 내게 하는 자는 나라를 멸망시키느니라"(잠 29:4).

2. 화해를 위한 하나님의 관심에 참여하라
"화평케 하는 자(peace-makers)는 복이 있나니 저희가 하나님의 아들이라 일컬음을 받을 것임이요"(마 5:9).

3. 온갖 종류의 억압으로부터 인간을 해방시키려는 하나님의 관심에 참여하라
"흉악의 결박을 풀어 주며 멍에의 줄을 끌러 주며 압제 당하는 자를 자유케 하며 모든 멍에를 꺾는 것……"(사 58:6).
"이후로는 종과 같이 아니하고 종에서 뛰어난 곧 형제로 둘자라"(몬 1:16).

4. 모든 사람의 존엄성을 존중하라

"하나님이 자기 형상 곧 하나님의 형상대로 사람을 창조하시되 남자와 여자를 창조하시고"(창 1:27).

5. 아무에게서도 착취하지 말라

"너희는 의인을 학대하며 뇌물을 받고 성문에서 궁핍한 자를 억울하게 하는 자로다…… 너는 악을 미워하고 선을 사랑하며 성문에서 공의를 세울지어다"(암 5:12, 14).

6. 모든 사람을 섬기라

"인자가 온 것은 섬김을 받으려 함이 아니라 도리어 섬기려 하고……"(마 20:28).

"너희가 자유를 위하여 부르심을 입었으나 그러나 그 자유로 육체의 기회를 삼지 말고 오직 사랑으로 서로 종노릇하라"(갈 5:13).

7. 악과 불의를 고발하라

"크게 외치라 아끼지 말라 네 목소리를 나팔같이 날려 내 백성에게 그 허물을, 야곱 집에 그 죄를 고하라"(사 58:1).

"화 있을진저 외식하는 서기관들과 바리새인들이여…… 겉으로는 사람에게 옳게 보이되 안으로는 외식과 불법이 가득하도다"(마 23:27, 28).

8. 그리스도의 나라의 의를 드러내기 위해 애쓰라

"이같이 너희 빛을 사람 앞에 비취게 하여 저희로 너희 착한 행실로 보고 하늘에 계신 너희 아버지께 영광을 돌리게 하라"(마 5:16).

"너희가 이방인 중에서 행실을 선하게 가져 너희를 악행한다고 비방하는 자들로 하여금 너희 선한 일을 보고 권고하시는 날에 하나님께 영광을 돌리게 하려 함이라"(벧전 2:12).
9. 그리스도의 나라의 의를 확장하기 위해 힘쓰라
"그러므로 너희는 가서 모든 족속으로 제자를 삼아……"(마 28:19).
"예수께서 가라사대 네 마음을 다하고 목숨을 다하고 뜻을 다하여 주 너의 하나님을 사랑하라…… 네 이웃을 네 몸과 같이 사랑하라"(마 22:37, 39).

## 한국 교회의 과제

한국의 기독교인들이 사회참여와 관계된 현실적 관계를 고려할 때, 개인적·집단적인 과제와, 장기적·단기적인 과제로 나누어 생각해야 할 것이다. 예를 들어서 개인이 월급의 몇 퍼센트를 구제사업에만 쓰겠다는 결심과, 교회 공동체가 전체 헌금에서 십일조를 사회에 환원하여 구제사업에 쓰겠다는 정책은 서로 구분하여 말할 필요가 있을 것이다. 또한 당장에 교회가 위치한 지역의 가난한 사람을 구제해야겠다는 계획과, 장기적으로 구제기관을 설립하여 일하려는 계획 역시 동시에 해야 할 일이지만 구별해서 말할 수 있을 것이다.

여기서는 주로 보수주의적 한국 교회가 공동체적으로 해야 할 과제를 중심으로 몇 가지 정리해 보기로 한다.

첫째는, 복음주의적 사회윤리(evangelical social ethics)에 대한 신학적 연구가 집중적으로 이루어져야 한다. 대부분 보수 진영의 신학계에서는 '칭의'와 연계된 믿음과 윤리, 즉 '행함이 있는 믿음'이 일치되지 못하고 있다. 이것은 본래 마틴 루터가 주장한 '믿음'과는 달리 후세에 와서 지나치게 관념화된 것이다. 이러한 조직신학적인 접근 방법을 치유할 수 있는 길은 성서신학의 중요성을 새롭게 인식하고, 신학자들과 목회자들이 성경연구에 힘쓰는 것이다. 그 외에 다른 방법이 없을 것이다. 어찌 신학이 성서 위에 있을 수 있겠는가? 성서의 바른 해석을 위한 신학이어야지 교파 신학의 틀 속에 성서를 구겨 넣으려는 태도는 마땅히 배격되어야 한다.

성서신학이 강조되면 결과적으로 신학교 과정에서도 윤리학의 중요성이 새롭게 인식될 것이며, 개인의 도덕생활만이 아닌 사회윤리적 차원의 주제를 다루게 될 것이다. 이를 테면, 노사 문제가 심각한 사회 문제로 부각되고 있을 때, 교회가 노동조합운동에 대한 성경적·신학적 방향 정립을 해 주어야 할 것이 아닌가? 거짓말과 뇌물 공세가 아니고서는 도저히 직장생활이나 기업 활동을 할 수 없는 사회 현실 속에서 교회가 이러한 문제에 대해 바른 기준을 가르쳐 주어야 하지 않겠는가? 임신 중절이나 안락사 등 의료윤리에 대해서는 왜 교회가 아무 말도 않는가? 정치 권력이 부패하여 있을 때 그리스도인은 기도만 해야 하는가, 아니면 시민 불복종(civil disobedience)운동에 참여해야 하는가? 이런 여러 이슈들에 대하여 한국의 기독교인들은 성경의 가르침을 알고 싶어한다. 이러한 주제들에 대해 성경의 권위를 무시하고 세속 사상의 체계에만 의존하는 자유주의 신학자들에게만 일임해서는 안 된다.

하나님의 구원 역사는 구원 그 자체가 목적이 아니라, 거듭난 이후의 새 생활, 즉 선한 일을 살아나가는 것이 목적임을 분명히 기억해야 한다. 기독교의 교리, 즉 교의학 자체로 끝나서는 안 되고 그 지평선이 삶, 곧 윤리학으로 펼쳐져 나가야 하는 것이다. 기독교의 선교와 전도는 단순히 믿음을 일깨워 천당의 소망을 갖게 하거나, 교회 성장만 목적으로 삼아서는 안 된다. 기독교 선교의 목적은 더욱더 많은 사람이 거듭나서 '하나님의 뜻을 행하는' 데 두어야 한다. 이것이 성경의 가르침이다.

"우리는 그의 만드신 바라 그리스도 예수 안에서 선한 일을 위하여 지으심을 받은 자니 이 일은 하나님이 전에 예비하사 우리로 그 가운데서 행하게 하려 하심이니라"(엡 2:10).

"그가 우리를 대신하여 자신을 주심은 모든 불법에서 우리를 구속하시고 우리를 깨끗하게 하사 선한 일에 열심하는 친 백성이 되게 하려 하심이니라"(딛 2:14).

우리는 이 말씀에서 하나님의 구원의 목적이 우리로 하여금 '선한 일을 행하는', '선한 일에 열심하는' 하나님의 백성이 되게 하려는 것임을 기억해야 한다. 윤리적으로 바른 삶을 살게 하는, 다시 말해 행동하는 그리스도인이 되게 하려는 목적임을 알아야 한다.

윤리적인 바른 행동은 구원의 결과로 그냥 오는 것이 아니다. 우리 말 번역에 '하려 하심'이라는 말은 희랍어 원문의 '히나'(hina)라는 접속사를 번역한 것인데, 이것은 영어 성경에는 의도·목적을 나타내는 절(節)을 수반하는 'that' 또는 'in order that'로 번역되어 있다. 물론 우리의 바른 윤리적 생활을 목표로 삼아 우리를 구속하시고 깨끗케 하신 이는 하나님 자신이다. 말하자면 바른 삶을 살 수 있는 힘의 원천은 하나님에게서 비롯되는 것이며, 칼 마르크스의 계급 투쟁과 같은 인간의 혁명적 수단에 의한 것이 아니다.

우리는 루터가 자신의 '이신득의'(以信得義, justification by faith) 교리에 거침돌이 된다는 이유로 "성경 속의 지푸라기"로 푸대접한 야고보서의 "행함이 없는 믿음은 죽은 것"이라는 진리를, 예수님의 산상수훈의 권위 아래서 재인식해야 할 것이다. 루터의 권위가 어찌 그리스도의 권위를 앞설 수 있겠는가. 이러한 맥락에서 빌리 그레이엄이 로잔 대회의 개회 메시지에서 "선행이야말로 신앙의 증거다"(Good works are the evidence, the proof of faith)라고 한 말을 음미해 볼 필요가 있다.

한국의 보수주의 신학교 과정은 반드시 재검토되어야 하며, 보수주의 교회의 목회자들은 사회윤리에 대한 중요성을 깊이 인식하고 "읽고 배우고 가르치는 일에 착념해야 할" 것이다(딤전 4:13). 또한 자유주의 신학자들의 말이라고 해서 무조건 배척하는 완고함을 버리고 비판적인 태도를 잃지 않되, 그들에게서 배울 점은 배워야 한다. 이것이 진리에 대한 겸허하고 열린 마음의 태도일 것이다.

둘째는 한국 사회에 대한 사회과학적인 분석과 해석을 위한 학문적 연구와 토론이 축적되어야 한다는 것이다. 하나님의 주권과 뜻이 구체적으로 실현되어야 할 '삶의 현장'에 대한 연구가 있어야 한다는 말이다.

신학적 연구가 성경 본문(text)에 대한 바른 이해를 위한 것이라면, 사회 현실에 대한 연구는 상황(context)에 대한 바른 이해를 위한 것이다. 그 사회와 역사에 대한 객관적 분석과 이해가 없이 '오직 믿음과 열성으로만' 현실에 참여하는 것은 의외의 결과를 초래할 수도 있다. 예를 들어, 가난한 자를 구제할 때 무턱대고 돈뭉치나 쌀 가마니를 무상 원조하는 것이 지혜 있는 일인지, 아니면 그가 정당하게 일할 자리를 마련해 주는 것이 더 바람직한 것인지를 생각해 볼 필요가 있다.

캐서우드 경은 〈산업 사회와 크리스챤〉(*The Christians in Industrial Society*)에서 이러한 사회과학적 연구 없이 제3세계의 빈곤 문제를 돕고자 했던 영국의 구제기관들의 실패 경험을 제시하면서, 사회과학적인 "세심한 분석"의 필요성을 주장하고 있다.

우리 한국의 보수적 교회는 몸뚱이만 거대하고 머리가 왜소한 기형적인 모습을 하고 있다. 인재를 양성하고 학문을 귀히 여기는 풍토가 없다. 관심 있는 사람들이 이용할 수 있는 도서관 하나, 연구실 하나를 제대로 갖추지 못했다.

자료 센터(resource center)나 연구소(research center) 같은 곳에 투자할 줄 아는 의식 있는 기독 실업가들이 절실히 요청된다. 복음주의 대학생 선교단체도 일시적인 회원 확장과 전도에만 힘쓸 것이 아니라, 장기적인 투자와 아울러 기독교 세계관의 전제와 학문을 일치시키는 작업도 병행되어야 할 것이다. 또한 우리의 국가 사회뿐 아니라 국제 사회 문제에 대해서까지 기독교적인 접근 노력이 있어야 한다.

셋째로, 구체적인 행동을 위해 교회가 바른 사회의 모델을 제시하고, 더 나아가 단체 조직과 초교파적인 협조가 있어야 하겠다. 사회참여에서 개인의 언행으로 표현되는 증거도 중요하나,

교회를 통한 집단적 증거(collective witness)가 무엇보다 중요하다. 이를 위해 복음주의적인 사회참여를 위한 초교파적인 단체 조직도 있어야 할 것이다. 이것은 뜻을 같이 하는 신앙 동역자들의 겨자씨 같은 모임에서 출발할 것이며, 이들의 의견이 문서화되고 여론화되는 과정도 필요한 것이다. 19세기 영국 복음주의자들의 클래팜 동역자회(Clapham Sect)가 그러한 성격의 모임이었다.

우리는 본래 '함께 일하는' 데 도무지 소망이 없는 것처럼 보이는 백성이다. 그러한 모습은 한국 개신교에 무려 120여 개의 교단이 난립하고 있는 현실이 보여 준다. 그러나 믿음은 '바랄 수 없는 중에 바라고 믿는 것'이다. 그리스도 안에서 다양성을 존중하면서도 하나님의 뜻을 이루기 위해 공동의 사역 목표 안에서 하나되어 일할 줄 아는 운동이 한국 기독교인 사이에서도 반드시 이루어질 것이다. 만나서 싸우는 모임이 아니라, 일하기 위해, 이 시대 우리 사회에 하나님의 뜻을 이루기 위해, 그리고 행동하기 위해 모일 수 있어야 한다.

덧붙여 말해야 할 것은, 복음 전도와 사회 봉사의 구체적 활동에서 반드시 한 사람이 모든 것을 동시에 감당해야 한다는 뜻은 아니라는 것이다. 개인적인 은사와 관심이 동일한 것이 아니다. 개인 전도에만 힘쓰고 공장의 저임금 근로자들을 위해 구체적 활동을 못 한다고 해서, 또는 가난한 자 구제에만 힘쓰는 나머지 복음 전도에 전념하지 못한다고 해서 서로 비판해서는 안 된다.

특히 일반성을 가진 교회와 달리, 특수 목적을 위한 선교단체의 활동에 대해 비판해서도 안 될 것이다. 로날드 사이더(R.

Sider)와 존 스토트의 토론 중에 제시되었듯이, '양극화'는 극복되어야 하나 '전문화'(specialization)는 인정되어야 한다. 이것은 사도행전 6장의 원칙에도 합치된다.

마지막으로, 사회정의를 이루기 위해 우리는 기도해야 한다. 간하배(H. Conn) 박사가 주장한 바와 같이, 바로 이 점에서 복음주의적 사회참여와 자유주의자들의 태도가 갈라진다. 자유주의자들은 학문적 노력과 실천적 용기는 있으나 기도하지 않는다. 기도하지 않는 일은 결국 인본주의적인 범주를 벗어날 수 없을 것이다. 우리는 기도 없이 바른 성경 해석이 불가능하며, 기도 없이 이 세대의 구조적 죄악에 대해 바른 이해와 접근 방법을 얻을 수 없으며, 기도 없이 사회적 책임을 감당할 구체적 지혜와 능력을 얻을 수 없다고 믿는다. 이러한 기도는 개인적 차원뿐 아니라, 부르심 받은 몇 명의 동역자들이 합심하여 감당해야 할 것이다. 세상을 뒤집어엎는 복음의 역사는 베드로 한 사람을 통해서가 아니라, 열두 사도를 비롯하여 살아계신 하나님, 우리의 기도를 응답하시는 하나님을 믿는 '그룹'을 통해 이루어졌다.

결론적으로 우리는 기독교의 두 강령, 하나님 사랑과 이웃 사랑의 의미를 되새겨야 한다. 한국 교회는 "이웃을 내 몸과 같이 사랑하라"는 그리스도의 명령을 순종해야 한다. 교회("내 몸")를 사랑하듯이 사회("이웃")를 사랑해야 한다. 먼저 한국 사회에 "정의가 강물처럼" 흐르며(암 5:24), 나아가서 국제 사회에 하나님의 정의가 실현되도록 하기 위해 그리스도의 고난에 참여하는 한국 교회가 되어야 한다.

## 기독학생운동과 정치참여

이제 끝으로, 기독학생운동의 사회참여와 관련하여 가장 예민한 문제인 정치참여에 대해 살펴보자. 지난 90년대 말 전국 대학의 기독인연합에서는 기독인의 총학생회 진출이 화두가 된 적이 있다. 몇 해 전 연세대에서 기독인이 총학생회를 '장악'하게 된 여파로 여러 캠퍼스에서 이런 움직임이 현실화되었던 것이다.

한편 1997년 대선에 H선교회의 대표가 출마했다는 사실이 대학생 복음운동에 참여하는 사역자들에게는 무척 곤혹스럽기도 했다. 그분의 대통령 자격에 대한 개인 인물 평가도 문제겠지만, 그보다는 기독학생운동을 기성 정치 기반으로 삼아 교회를 정치세력화하려는 의도가 위험한 것이었기 때문이다.

사실 그 무렵 이념 운동권이 대학에서 쇠약해지는 상황에서 기독대학인들은 '학내에서 가장 조직적인 동원력을 가진 집단'으로 부상하고 있었다. 그러기에 기독인들이 힘을 합쳐 기독인 총학생회장을 세우는 것은 상당히 가능성이 있는 일이었다. 그런데 이런 논리를 확대시키면, 인구의 20%를 상회하는 기독교인이 그 막대한 인원 동원력, 각 동네와 아파트의 구역 조직, 교회의 엄청난 잠재적 자금 동원력을 모아 장로보다 한 단계 높여 목사 대통령을 만드는 일이 결코 불가능하지도 않을 것이다. 그래서 대권 후보들은 종교의 환심을 사고자 속이 훤히 들여다 보이는 '표 구걸'을 하는 것이리라.

정치참여는 기독인의 매우 중요한 사회적 책임 가운데 하나이다. 특히 기독교 신앙의 사유화(私有化) 현상으로 인해 세상의 빛으로서의 역할을 소홀히 한 결과 사회의식과 역사의식이 빈곤해진 한국 교회의 일반적 신앙 행태에 비추어 볼 때, 이는 적극 권장되어야 할 일이다. 한국 교회가 내세운 신앙의 이원론에 기초한 정교분리론(政敎分離論)이 주로 독재정권을 옹호하는 교리로 악용되었던 아픈 경험을 가지고 있기에 더욱 그러하다. 기독교 신앙은 개인적 차원에서의 회개와 성화뿐 아니라, 구조적 차원에서의 사회악을 척결하는 세상의 소금으로서 사회 변혁 능력이 있다.

정치가 사회의 다른 부문에 비해 수치스러운 후진성을 면치 못해 정치적 냉소주의가 편만한 우리 현실에서, 기독교인과 교회가 국가 운명과 밀접하게 연루되어 있는 정치 지도자 선출에 적극 관심을 갖는 것은 지당한 일이다. 그러므로 기독교인의 정치참여는 그리스도의 교훈에 기초한 의무일 뿐 아니라, 창조신학과 종말론에 근거한 하나님의 경륜에 따른 것이기도 하다.

〈정치에 있어서의 성경〉(The Bible in Politics)을 쓴 신학자 보컴(R. Bauckham)에 따르면, 정치적으로 보수적 경향의 신학자들은 대개 창조신학에 근거하여, 진보적 성향의 신학자들은 종말론에 근거하여 정치참여의 동기를 유발한다고 한다. 전자의 경우, 하나님께서 창조하신 선과 질서를 보존 유지하기 위해서는 현실개혁적인 정치참여가 필요하다는 입장이다. 후자는 종말에 완성될 하나님 나라의 정의와 사랑이 현실화되려면 혁명적이고 급진적인 사회 변혁이 있어야 한다고 주장한다.

기독인의 정치참여 의무에 대한 신학의 원론적인 입장 정리는 전 세계 복음주의권에서 이미 논의가 종결된 상태이다. 그럼에도 불구하고 정치 문제에 관하여 성경에 각론적이고 구체적인 명시는 없다. 그래서 좀 답답하다. 우리가 성경에서 발견할 수 있는 것은 일반적 원리와 방향이며, 신정주의(神政主義)적 정치 형태를 띠었던 이스라엘 국가 공동체의 역사에 나타난 패러다임 정도이다. 그러므로 치열한 문제 의식을 가지고 역사적 상황에 따른 수많은 변수와 더불어 지적 논구(論究)와 토론의 과정 없이 어떤 열광주의적 동기로 정치에 참여하는 것은 자제해야 할 것이다. 하나님은 섭리 가운데 현실 정치 문제에 대해서 상당히 많은 부분을 유연하고 여유있게 각 시대 상황에 따라 대처할 수 있도록 인간에게 선택권을 부여하셨다. 따라서 성경이 분명히 말하지 않은 부분은 역사를 통해 교훈을 얻고 지침을 발견하는 지혜가 필요하다.

나는 결코 총학생회장으로 출마했던 기독학생이나 대통령 후보로 나섰던 학생선교단체 대표 목사가 현실 정치에 뛰어들려는 동기가 불순했다고 보고 싶지는 않다. 총학생회장으로서 대학의 복음화를 위해 고지를 점령하려는 동기였을 수 있다. 목사 대통령 후보는 한국을 기독교 국가로 만들어 하나님 나라가 하늘에서 이룬 것같이 한국 땅에도 이루어지기를 소망함으로 출마했을 것이다.

그런데 겉보기에 선한 동기가 왜 우리에게 깊은 우려를 자아내었던 것일까? 그것은 김세윤 교수가 〈하나님 나라와 그리스도인들의 정치〉에서 주장했듯이, 예수께서는 '정치라는 것 자체에 사탄적 요소가 있다'고 보셨기 때문이요, 초대 교회 이래 토마스 뮌쩌(Thomas Münzer)를 위시한 많은 열광주의자들이 성령 체험을 앞세워 역사 속에서 하나님 나라를 실현하려 했으나 그러한 메시아적 유토피아주의는 예외없이 실패했기 때문이다.

이처럼 기독인의 정치참여 문제는 먼저 그 당위성과 위험성을 동시에 살펴본 후, 하나님의 역설을 이해하고 정치 문제에 대한 개인적이고 신앙 공동체적인 입장을 천명해야 할 것이다. 특히 교회와 국가에 대한 역할과 기능의 차이에 대해 신학적 입장을 분명히 밝혀야 한다. 그리하여 신학의 정치화, 교회의 정치세력화(politicization)는 앞장서서 막아야 한다. 그 이유는 다음과 같이 정리할 수 있다.

첫째, 기독학생운동이나 교회가 정치세력화할 때, 복음운동의 순수성을 잃고 노동조합과 같이 또 하나의 특수이익집단으로 전락할 것이 분명하기 때문이다.

한때 닉슨 대통령의 보좌관으로 미국 정치 권력의 최상부에 있다가 거듭난 후 교도소선교회(Prison Fellowship)를 세워 회장으로 섬기는 콜슨(Charles Colson)은, 교회가 권력과 타협하여 본래적 사명이 변질되고 부패하는 많은 예를 들면서 이 사상적 시험을 경고하고 있다. 따라서 현실 정치에 나서려면, 학생선교단체의 대표직이나 교회 목사직을 떠나서 정당에 가입하거나 창당하여 정치 활동을 하는 것이 옳다. 선을 분명히 그어 기독학생운동의 순수성을 훼손하지 말아야 하는 것이다.

둘째, 정치가로서 전문성을 갖추어 국정 운영 능력이 객관적으로 검증되지 않고 준비되지 않은 학생신앙운동가가 어느 날 국가최고 지도자가 되겠다고 나설 때, 사회에서 기독교 전체의 공신력을 떨어뜨릴 뿐 아니라 기독학생운동에도 걸림돌이 될 것이기 때문이다.

하나님의 계시나 예언을 받았다는 주관적 확신에도 불구하고 국회의원 한 번 거치지 않은 복음 전도자가 대통령 후보 등록을 할 때, 그 포스터만 보고서도 국민들은 "아, 이단종파 교주가 또 나서는가 보다"고 비아냥거리지 않을까? 그 정도의 비난은 마땅히 지불해야 할 고난의 대가라고 하기엔 석연치 않은 점이 많다. 기독교 사회운동가와 시민운동가를 거쳐 목사직을 사임하고 국회의원에 출마했다가 낙선한 적이 있는 어느 목회자의 경우와는 또 사정이 다르다.

현실 정치는 오랜 배움과 경험을 통한 전문성을 요구한다. 자가용 승용차도 몰지 못하면서 자동차 경주 챔피언이 될 수 없는 이치와 같다. 44세의 나이로 영국 수상이 된 토니 블레어(Tony Blair)도 옥스퍼드 대학에서 법학을 전공하고, 변호사, 노동당 입당(22세), 국회의원(30세), 10년 간 '그림자 내각'의 장관을 거쳐서 수상에 이르렀다. 36세로 영국 보수당 당수가 된 헤이그(William Hague)의 경우는 어떤가. 그도 16세 때 보수당 대회에서 연설했고, 옥스퍼드 대학에서 정치인의 필수과정인 P.P.E., 즉 철학(philosophy)·정치학(politics)·경제학(economics) 과정을 마치고, 대학의 보수당 회장(20세), 국회의원(27세), 내각 각료(29세)로 훈련받은 정치인이다. 다윗의 정치가적 지도력도 "마음의 성실함"뿐 아니라 "그 손의 공교함"(skilful hands), 즉 정치 기술이 축적돼 있었기에 가능했다(시 78:72).

그렇다면 정치참여와 관련하여 현 단계에서 대학생 복음운동과 교회가 어떻게 방향을 잡아야 할 것인가? 먼저 장기적 안목을 가지고 기독인 정치가를 키우는 일부터 해야 할 것이다. 마치 19세기 초 존 벤(John Venn)을 중심으로 한 영국의 복음주의적 목회자 그룹이 자기들이 직접 정치에 뛰어들지 않고, 윌버포스 같은 복음적인 정치가 그룹을 키우고 후원해서 노예해방운동을 비롯한 엄청난 변혁운동을 영국 사회에 일으켰던 지혜를 배울 필요가 있다. 그런 점에서 최근 복음주의 진영의 평신도 교수들과 목회자 등 기독교 지도자들이 연합하여 출발한 '공의정치포럼'에 거는 기대가 크다. 한국 정치를 하나님의 뜻에 합당한 공의정치로 바꿀 정치 활동가와 후원가들이 배출될 수 있어야겠다.

학생선교단체에서는 정치에 뜻을 둔 은사 있는 형제 자매들이 정치문제연구모임 같은 동아리를 만들어 꿈을 키우는 것도 바람직할 것이다. 그러나 개별 단체는 본질적 사명, 즉 복음 전도에 힘써야 한다. 정치 권력을 장악하여 휘두르는 것보다 섬기는 종의 자세가 사람을 움직이는 그리스도의 원리임을 잊어서는 안 되기 때문이다(막 10:45).

# 8
## 학생선교단체와 교회

기독학생운동은 운동의 효과적인 수행을 위해 단체를 구성할 필요가 있다. 한국의 캠퍼스에서 지난 40여 년 간 활동해 온 선교단체들 가운데는 상당한 규모로 성장한 단체가 적지 않다. 그러나 대부분의 선교단체들은 엄청난 규모의 자원이 있는 지역 교회에 비해서 재정적으로 매우 열악한 형편에서 일하고 있다. 후배들에게 새 생명 주는 복음을 전하기 위해 '선교사'가 되는 심정으로 헌신한 간사들의 눈물겨운 순교정신이 그나마 이 땅에 학원복음화운동의 명맥을 이어 왔다고 할 수 있을 것이다.

### 실리인가, 진리인가?

학생선교단체를 후원하여 지역 교회가 다 담당하지 못하는 캠퍼스 선교를 돕고자 의식 있는 교회 지도자들이 교회와 단체의 다리를 놓은 것이 1989년 창립된 학원복음화협의회의 설립이었다. 그간 교회 지도자들은 학생선교단체들이 혹시 이단은 아닌가, 아니면 교회 청년들을 빼앗아 가는 건 아닌가 하고 의구심을 버리기 어려웠다. 그러나 학원복음화협의회가 생기면서 교회와 단체, 단체와 단체끼리 서로 인정하고 협조하는 분위기가 형성된 것은 얼마나 감사한 일인지 모른다.

그리하여 교회는 선교단체 간사들을 상징적으로 한국 교회가 보내는 '학원 선교사'로 인정하여 캠퍼스에 파송하는 예배를 드리고 있으며, 캠퍼스 입양운동이나 간사들의 연합훈련, 해외 여행과 연수 후원, 신입생 전도를 위한 재정후원 등을 통해 선교단체를 도울 방법을 찾고 있다. 적어도 지난 수년 간 약 10억 원 정도의 재정이 교회에서 모금되어 선교단체를 돕는 일에 쓰여진 것은 고마운 일이나, 아직 교회와 단체 간의 연합과 협조는 미미한 수준에 머무르고 있다고 할 수밖에 없다.

서울의 어느 대형 교회 지도자들에게 학원복음화협의회가 벌이는 '캠퍼스 입양운동'에 대한 취지를 설명하는 자리에서 있었던 일이다. 교회가 지역적으로 가까이 있는 대학교를 입양하여, 그 대학에서 사역하는 학생선교단체 간사들을 위해 기도하고 매달 일정액을 후원해서 대학을 복음화하는 일에 참여해 달라고 설명을 드렸다.

그런데 그 자리에 함께 참석한 평신도 지도자들은 모두 한국 교회 전체를 위해 귀한 일이라고 수긍하는 분위기였으나, 담당 목사는 "조건 없이 돕는 데는 문제가 있다"고 했다. "교회는 명분과 실리가 없는 일을 하지 않는다"는 평소의 지론을 펴는 것이었다. 대화가 차츰 진행되면서 무엇이 명분과 실리를 위한 것인지 알게 되었는데, 선교단체를 후원할 경우 실제로 자기 교회 청년 대학부에 간사들과 대학생들이 얼마나 참가하여 교회 성장을 도울 수 있는지 확인하고 싶었던 것이었다.

나는 한국 교회와 학생단체의 연합운동을 섬기는 종으로서 교회 지도자들의 입장도 충분히 고려해 드려야 함에도 불구하고, 속에서 치미는 불편한 심기를 어찌하기 힘들었다. 나는 그분에게 이렇게 말했다.

"대학을 복음화하는 일이 하나님의 뜻이라고 확신하시고, 선교단체를 돕는 일이 한국 교회와 사회의 미래를 위해 선교전략적인 면에서 중요하다고 생각하시면 도와 주십시오. 그러나 이 교회 자체의 실리를 위해서라면 이 일에 참여하지 않으셔도 좋습니다."

고맙게도 나중에 그 교회는 선교단체 간사들을 재정적으로 후원하는 일을 시작하기는 했지만, 나는 그 날 "실리"라는 말을 주의 종에게서 들었을 때의 충격이 아직도 가시지 않고 있다. 왜냐하면 주님이 가르치신 제자도의 원리는 주님과 공동체를 위한 '자기 희생'이지, 결코 자기 이익이라고 생각하지 않기 때문이다.

## 갈등에서 협력으로

이 땅의 교회 지도자들은 학생선교단체를 어떤 시각으로 보고 있을까? 또한 선교단체를 섬기는 지도자들은 과연 지역 교회 지도자들에 대해 어떤 태도를 가지고 있을까? 나는 이 자리에서 결코 특정 목회자나 선교단체 지도자를 지칭해서 말하고자 하지 않으려 한다. 단지 일반적으로 한국 교회 지도자들이 선교단체에 대해 어떤 생각을 갖고 있을까를 화두로 하여, 주님의 나라를 이루는 데 지역 교회와 선교단체가 어떻게 역할 분담을 잘 할 수 있을까를 같이 고민해 보고 싶을 따름이다. 캠퍼스 복음화 사역에 참여하는 동역자들은, 교회나 단체가 조직의 '실리'(實利)보다는 하나님이 원하시는 성경적 '진리'(眞理)를 함께 따르면서 대학의 복음화를 통한 성서한국과 세계복음화를 소망하며 하나되어 아름답게 동역하는 꿈을 꾸는 비전의 사람들(visionaries)이다.

하나님은 당신의 나라를 이루는 '주 대행자'(main agent)로 지역 교회를 세우셨다. 이것은 신약 성경이 증거하는 진리임을 부인할 수 없다. 동시에 주님의 나라를 이루는 데는, 선교단체가 필요하다는 사실도 신약에서 쉽게 찾을 수 있다.

OMF의 데니스 레인(D. Lane) 선교사는 선교단체의 성경적 근거로, 안디옥 교회가 바울과 바나바 일행을 해외 선교팀으로 따로 세운 사실을 제시한다. 교회의 주인이신 그리스도께서는 성령을 통해 지역 교회가 다 감당하기 어려운 일, 예컨대 교파성이나 지역성의 제한을 극복하기 힘든 특수 분야의 선교를 위해 전문적인 은사와 훈련을 받은 개인이나 그룹, 단체를 세워 일하신다는 사실을 알 수 있다.

사실 60년대 이후의 선교단체를 통한 기독학생운동 없이 지역 교회만으로 교회가 자랐다고 가정한다면, 오늘날 한국 교회는 질적·양적으로 현재 수준의 성장을 이루지는 못했을 것이다. 하나님께서는 분명히 한국의 학생선교단체를 귀하게 사용하셨다. 이 사실을 사실대로 인정해 주고 선교단체에서 일하는 간사들을 동역자로 인정해야 한다.

학생선교단체 사역자들의 입장에서 보면, 교회가 선교단체를 마땅히 동역자로 인정해 주고 세워 주어야 하는데 응분의 대접을 못 받는다는 사실에 섭섭한 마음을 버릴 수 없을 것이다. 그러므로 교회가 단체를 재정 후원해 주는 것보다 더 중요한 것은 단체를 무시하지 말고 인정해 주는 것이다. 왜 아직도 극소수를 제외한 교회 지도자들은 학생선교단체를 귀하게 여기지 않는 것일까? 이 자리에서 다시 한 번 교회와 선교단체가 서로를 인정하고 하나되기 위해 각자 어떤 태도를 가져야 할지 생각해 보고자 한다.

교회와 선교단체의 관계는 설명하는 사람에 따라 무게 중심이 달라지는 경향이 있다. 미국의 선교학자인 랄프 윈터(R. Winter) 박사는 수레는 두 바퀴가 있듯이 하나님 나라는 지역 교회와 선교단체 둘 다 있어야 굴러간다고 지적하면서, 교회와 단체를 대등한 관계로 설명했다.

미국 교회에서는 오랜 기간 선교단체를 가리켜 "교회병행단체"(para-church organizations)라고 불렀다. 아마 미국의 기독교 역사상 유럽의 비국교도들을 중심으로 해서 출발한 교회가 대부분이었고, 동시에 지역과 인구가 워낙 광대하여 개교회주의가 더 발전하고 선교단체에 대해 더 너그러운 분위기가 형성된 때문이리라고 추측할 수 있다. 그러나 미국 트리니티 신학교의 조직신학 교수인 그루뎀(W. A. Grudem) 박사가 지적한 바와 같이, 이 표현은 마치 선교단체가 교회와 "병행"(beside)하므로, 교회 "밖에 있는"(outside of) 것이어서 서로 별 상관 없음을 의미할 수 있기 때문에 바른 명칭이 아니다.

결코 잊지 말아야 할 것은, 선교단체 역시 오직 하나인 그리스도의 교회, 보편적인 교회의 한 부분일 뿐이다. 비교적 교회나 단체의 연합운동이 성숙한 영국 교회에서는 교회를 중심축으로 해서 선교단체를 이해하려고 애쓴 노력이 담긴 표현이 있다. 영국 교계에서는, 선교단체가 교회 즉 그리스도의 몸에서 "전도의 팔"(evangelistic arms) 노릇을 한다고 이해하고 있다. 이것은 영국 UCCF의 공식 문서에서 주로 사용되는 표현으로서, 신학적 논구를 거친 적절한 지칭이라고 생각한다.

학생선교단체는 지역과 교파의 한계를 넘는 특수 사회에서 생활하는 대학생들을 전도하기 위해 그리스도께서 친히 세우신 "교회의 전도하는 팔"이라고 이해한다면, 학생단체와 지역 교회의 경쟁 관계나 갈등 구조를 극복할 수 있을 것이다. 사실 세계 대부분의 나라에서는 교회가 지원하는 학생선교단체가 대학의 복음화를 위한 주도 세력으로 사역하고 있고, 학생들은 대학에 적을 두고 있는 동안 선교단체의 회원으로서 주로 활동한 후, 졸업하고 나서는 지역 교회를 평생 섬기고 있다.

## 서로의 존재를 인정해야

우리 나라의 경우, 기숙사 생활하는 학생보다는 집에서 다니는 학생 인구가 대다수를 차지하기 때문에 구미 대학의 현실과 동일시하는 것은 선교 정책적인 측면에서 차이가 있다. 그래서 현실적으로는 캠퍼스 내의 사역(on-campus ministry)은 선교단체가, 캠퍼스 밖의 사역(off-campus ministry)은 지역 교회 청년대학부가 담당하고 있다. 여기서 대학생들은 어느 공동체에 더 충성해야 하는가 하는 '헌신의 우선순위' 문제로 갈등하게 된다. 결론부터 말하자면, 지역 교회는 장기적인 안목으로 대학생들이 캠퍼스에서 선교단체에 가입하여 활동하는 것을 장려해야 한다고 본다. 지역 교회가 대학생 전도를 위해서는 전문적 학생선교단체에 위탁하는 것이 한국 교회 전체를 위해 바람직한 방향일 것이다.

학원 복음화를 위해서는 학생선교단체가 주도적으로 정책을 세우고 연합하여 일할 수 있도록 교회가 후원하는 것이 옳다고 믿는다. 왜냐하면 앞서 언급한 대로 한국의 복음주의 학생선교단체들은 지난 40여 년의 역사를 통해 상당한 전문성과 사역의 열매를 확인받았다고 평가할 수 있기 때문이다. 교회의 지도자들이 학생선교단체 지도자들을 믿고 후원해 주어도 그리 위험하지 않은 수준까지 단체가 자랐다고 말할 수 있다. 현재는 학생선교단체 최고 지도자들이 정규 신학 공부를 했으며, 목사 안수를 받은 분들이 대다수를 차지한다. 이는 하도 한국 교회가 학생단체 지도자들을 인정하지 않았기 때문에 생긴 현상일 수도 있을 것이다.

그러나 교회 지도자들 중에는 아직도 선교단체가 만족할 만한 수준에 이르지 못했다고 평가하는 사람들도 적지 않음을 알고 있다. 그렇다면 지역 교회는 과연 만족할 만한 수준에 올랐다는 말인가? 학생단체 지도자들은 개별 단체가 한국 교회와 사회를 섬기기 위해 존재하고 있지, 결코 교회와 경쟁 관계에 있다고 생각하지 않는다. 물론 개인적인 야심이야 없을 수 없겠지만, 적어도 공적 입장에서 단체는 교회를 섬긴다는 존재 목적이 분명하다.

아직은 지역 교회 지도자들에 비해 학생단체 지도자들이 더 '실리'보다 '진리'를 사랑하며 순수하다고 말할 수 있다. 오해하는 분이 없기를 바란다. 이는 다만 한국 교회가 이제 학생선교단체를 믿고 밀어 줄 때가 되었다는 사실을 강조하고 싶을 따름이다.

교회의 신임을 받는 학생선교단체는 책임이 더 무거워진다. 학생선교단체는 "우리는 대학생들을 전도하는 한국 교회의 팔이다"는 자기 정체성이 분명해야 한다. 결코 지역 교회를 경쟁구조로 생각하는 우(愚)를 범해서는 안 된다. 어느 학생선교단체 간사에게서 이런 말을 들은 적이 있다.

"아무리 교회 대학부 회원수가 많아도 전국적으로는 선교단체의 회원수가 더 많다."

은근히 규모를 가지고 비교 우위를 주장하는 듯한 말을 듣고 몹시 슬픈 마음이 들었다. 도대체 선교단체는 그 회원을 어디서 얻은 것일까? 교회에서 온 학생들이 아니라, 모두 대학에서 전도한 회원이란 말인가? 입학시 학생선교단체에 새로 가입한 회원 중 기신자(既信者) 회원이 80%가 넘는 것이 현실이 아닌가? 지역 교회 없이 현재의 학생선교단체가 존립이라도 할 수 있단 말인가?

우리는 정직해져야 한다. 우리 안에 있는 허위의식과 단체 이기주의를 찢어 내지 않고서 진리를 사랑하는 주의 종이요, 대학생들의 신앙 지도자라고 말할 수 있을까? 대학생선교단체는 '대학생'을 '선교'하는 단체가 되어야 한다. 불신자 대학생을 전도하지 않는 단체는 존재 의미를 상실한 채 조직 유지와 확장만을 목표로 하는 단체라고 평가받을 수밖에 없다. 그러므로 해외 선교 이전에 대학생 선교를 위해 총력을 기울여야 한다. 양육과 훈련의 목표도 전도를 위한 것이어야 한다. 지역 교회가 하는 사역을 선교단체가 백화점식으로 다 하기보다, 대학의 복음화를 위해 더욱 전문적이고 집중적인 사역을 이루기 위해 선교단체에도 구조 조정이 필요한 시기가 왔다.

**전환과 모색이 필요한 시기**

교회 지도자들이나 기독교수들의 시각으로 보자면, 학생선교단체가 캠퍼스에서 연합운동을 펴지 않고 각개 약진을 하는 한 "대학 복음화를 목표로 하는 단체"라기보다는 "15개 이상의 단체가 난립하고 있고 신자들을 회원으로 확보하기 위해 서로 경쟁"하면서 "단체를 세우는 목표를 위해 대학을 이용하는 세력"으로 보인다는 사실을 기억할 필요가 있다. 나는 이런 평가를 캠퍼스 상황을 누구보다 잘 아는 기독교수들과 교회 지도자들에게서 적지 않게 들었다.

그러나 더 중요한 것은 불신자들의 눈에 비치는 학생선교단체들의 경쟁 모습이다. 신입생 회원 모집을 위한 캠페인이 벌어질 때면, '설문지'를 가지고 달려드는 선배들을 피하느라고 곤욕을 치뤄야 한다는 말까지 나오는 현실이라는 것이다. 그보다 더 깊이 고려할 사항이 있다. 과연 하나님께서는 이 땅의 대학에서 따로따로 각개 약진하는 학생단체들을 어떻게 바라보실까?

학생선교단체는 마음을 넓혀야 한다. 지금은 캠퍼스 복음화를 위해 일하는 다른 세력을 인정하고 포용하는, 이른바 포용정책을 택해야 할 시기다. 기독학생운동에 헌신한 주의 일꾼들은 좋은 의미의 '메시아 콤플렉스'를 가진 자들이다. "우리가 아니면 누가 이 땅의 죽어가는 대학생들의 영혼을 살려 낼 수 있단 말인가? 주여, 나를 보내소서"하는 심정으로 각자가 속한 선교단체에 충성하고 있다. 그러나 단체에 대한 충성이 그리스도를 향한 사랑보다 우선될 수는 없다.

성령께서는 이미 학원 선교를 위해서 학생선교단체뿐 아니라 또 다른 신앙 공동체를 일으키셔서 사용하고 계심을 받아들여야 할 것이다. 학생선교단체가 캠퍼스 선교를 위한 하나님의 일에 전매특허를 누릴 수는 없다. '대학촌교회'와 같이 서울대학교의 복음화를 위한 특수 목적 교회도 있고, '경북대학교 기독센터'와 같이 기독교수와 동문들이 연합하여 특정 대학교의 복음화만을 위해 전임 목사를 세워 사역하는 곳도 생겼다. 광운대학교 역시 '광운선교회'라는 우산 아래 전임 목사를 세워, 기독교수회(약 40명), 기독직원회(약 13명), 기독대학원생회(약 50명), 기독학생회(각 선교단체의 연합), 기독동문회, 그리고 지역에 있는 장석교회 등이 함께 연합하여 캠퍼스 선교의 새로운 장을 열고 있다.

이는 성령께서 이루고 계시는 의미 있는 움직임이라고 아니할 수 없다. 대학의 복음화는 학생들을 전도하는 것이 최우선 과제이지만, 교수와 교직원, 대학원생들의 복음화도 무시할 수 없는 선교 영역이다. 따라서 한국 교회의 캠퍼스 선교 영역에서 전문성과 많은 경험이 축적된 학생선교단체가 다른 세력들을 품고 설득하면서 앞장 서서 치고 나가는 '스트라이커' 역할을 감당해야 할 것이다. 이것이 한국 교회가 학생선교단체에 거는 기대일 것이다.

고마운 일은 이러한 현실에 문제의식을 가진 학생선교단체 지도자들이 연합과 협력을 위해 동역하고 있다는 사실이다. 격주로 모이는 학원복음화협의회 단체실행위원들이 연합을 위해 바치는 시간과 정성을 하나님께서 얼마나 귀하게 여기실까를 생각해 본다. 단체 대표들이 한 달에 한 번씩 교제 중심의 모임을 가지다가, 점차 캠퍼스에서 기독학생운동의 목표와 프로그램 계발을 위한 사역 중심의 모임으로 바꾸어가려는 움직임이 있음도 얼마나 소망찬 일인지 모른다.

학생단체들이 각 단체를 충실히 섬기는 것은 기본이다. 그러나 대학 캠퍼스 안에서만큼은 대학을 복음화하기 위해 연합하는 공동 사역이 있어야 한다. 나라와 겨레를 위한 기독학생운동으로서의 운동성을 회복해야 한다. 지금의 모습으로는 결코 만족할 수도 없거니와, 교회의 신임도 기대하기 어렵지 않을까 하는 우려를 떨치기 힘들다. 감사한 것은, 캠퍼스 안에서 '북한동포돕기 모금운동'(1997년)과 '신입생 전도캠페인'(2000년)을 벌임으로써, 부족한 점이 있었으나 단체가 연합하여 공동의 목표를 설정하여 일한다면 충분한 운동성을 발휘할 수 있다는 가능성을 확인한 일이다. 이제 한국 교회는 학생선교단체를 적극적으로 밀어 주어야 할 때이며, 학생선교단체는 '교회의 전도하는 팔'로서 대학을 복음화하는 공동 목표를 위해 연합하여 일해야 할 때이다.

## 9
## 청년대학생이 따르는 지도자

최근 '청년 목회'에 대한 관심이 급증하고 있다. 예장 통합측은 99년을 '청년의 해'로 정하고 교회를 떠났던 청년들을 다시 불러들이기 위해 힘을 기울였다. 얼마 전 학원복음화협의회는 장로교신학대학 기독교교육연구원과 공동주최로 청년 목회 세미나를 가졌고, 며칠 전에는 대표적 평신도 잡지에서 '청년이 살아야 교회가 산다'라는 특집 좌담회를 가졌다. 청년 대상의 목회자들에게는 고무적인 현상이 아닐 수 없다.

이런 현상이 왜 최근에 더 두드러지는 걸까? 아무래도 한국 교회의 지도자들이 지속적인 교회 성장을 위해서는 청년대학생들을 전도하고 양육하지 않고서는 대안이 없다는 사실에 공감하는 듯하다. 현재 한국의 인구 구성은 2, 30대가 전체 인구의 57%를 차지한다고 한다. 따라서 이들을 전도할 수 있다면 성공하는 목회가 될 것이다.

## 청년대학부와 청년 목회

사업을 하는 사람이나 정치인들은 이미 이 세대의 중요성을 간파하고 그들의 마음을 사로잡는 마케팅 전략을 계발했는데 왜 교회만 뒤처지는 걸까? 나 자신은 탐탁치 않게 여기는 견해지만, 소위 교회성장학파들은 "'동질집단'(homogeneous unit)을 대상으로 하는 교회가 빨리 성장할 수 있다"며 그 근거를 제시하기도 한다.

얼마 전 교회를 정하지 않고 떠돌아 다니는 청년들이 전국적으로 줄잡아 20만을 헤아린다고 추정하는 통계가 나온 적이 있다. 선교단체에서 예수 믿고 양육받았지만 지역 교회에 정착하지 못하는 젊은이를 포함한다면 이 수치는 가능할 것이다. 그러므로 수평 이동하는 청년들을 교회에 붙잡아 놓을 만한 매력 있는 교회가 급성장하고 있는 게 현실이다. 수적인 증가뿐 아니라, 청년부만 활성화되면 평신도 리더십이 강화되어 교회 사역자 양성의 공급원이 된다. 한 세대 후의 집사, 장로들을 준비시키는 미래 목회가 될 뿐 아니라, 교회학교 교사들을 확보할 수 있기 때문이다.

교회의 허리가 되는 젊은이들을 바르게 키운다면 교회는 지속적 개혁이 가능한 체질 변화를 기대할 수 있다. 교회 역사는 불변의 복음 진리를 변화하는 시대에 어떻게 접목하느냐는 과제를 안고 씨름한 몸부림의 과정이라고 할 수 있다. 따라서 칼 바르트(K. Barth)가 말한 대로, 교회는 '네 부모를 공경하라'는 명령에 순종하는 차원에서 전통을 존중할 의무가 있다. 동시에 종교개혁자 칼빈(J. Calvin)의 주장대로, 전통을 성경 말씀으로 상대화시켜

취할 것을 취하고 버릴 것을 사정없이 버리는 개혁을 줄기차게 행해야 한다. 사회에서 가장 보수적 성향을 가진 교회에서 이러한 갱신과 개혁 작업은 쉽지 않다. 그러나 청년들을 존중하는 목회 현장에서는 비교적 전통 존중과 변화 추구의 균형을 이룰 가능성이 높은 '열린 교회'를 이룰 수 있을 것이다. 한국 교회의 살 길은 청년 목회에 있다.

그런데 과연 청년 목회는 어떤 성격을 가진 목회일까? 지면관계상 도식화하는 위험을 무릅쓴다면, 대강 다음의 몇 가지로 정리할 수 있을 것이다.

첫째, 청년 목회는 거두는 목회가 아니라 뿌리는 목회다. 둘째, 건물(하드웨어)이나 프로그램(소프트웨어)보다 사람(휴먼웨어)을 키우는 데 집중하는 목회다. 셋째, 모험과 실험, 개척정신을 존중하는 벤처 목회다. 넷째, 성서한국, 통일한국, 선교한국을 이루려는 환상에 사로잡힌 사명인을 양성하는 비전 목회라고 할 수 있다.

이러한 일들은 안정추구형의 전통적 일반 목회 스타일로는 불가능하다. 형식보다 내용을 존중하고, 절차나 과정보다는 의미를 중요시할 줄 아는 열린 목회자라야 가능할 것이다. 결국 청년 목회의 열쇠는 담당 사역자에게 달려 있다.

그런데 교회가 청년 목회를 어떻게 후원할까? 교회는 청년전문 사역자를 세우는 일에 과감해야 한다. 담임목회자와 당회는 청년 사역자의 위상을 높여 주어야 하며, 늘 청년들에게 먹을 것을 사 주어야 하는 사역자들의 활동비를 선교비 지급 차원에서 제공해야 한다. 아울러 단기간에 수적 증가만을 요구하지 말아야 한다. 예수님도 제자훈련에 3년 이상 필요했음을 기억하고, 전임 사역 기간을 최소 3년 이상 보장해 주어야 한다.

청년부의 정책 결정은 청년 자발성을 존중하는 차원에서 이루어지도록 세심하게 신경을 써야 할 필요가 있다. 청년은 자발적이면 200%, 타율적이면 50%의 효과가 난다. 또한 청년부를 교회 교육이나 행사를 위한 봉사자로 활용하는 데도 지혜와 절제가 필요하다. 오히려 청년부 행사에 교회, 특히 당회원이나 집사, 여선교회 등이 적극적으로 돕는 분위기를 만들어야 한다.

특히 중소 교회의 경우, 학원복음화협의회의 연합 훈련 프로그램에 참여하면 많은 도움을 받을 수 있다. 청년 사역자 세미나, 청년대학부 지도자훈련학교(LTS, Leadership Training School), 중견지도자 및 간사훈련학교(STS, Staff Training School), 중소교회 연합훈련의 장인 에클레시아 수련회, 기독청년대학생의 영적대각성 큰모임인 STEP 대회(STudents Empowered Pioneers)와 지역 연합 등은 그 동안 일궈 낸 사역의 열매가 입증하고 있다.

청년 목회자의 모델은 주 예수님이시다. 예수님은 12명, 70명의 제자들을 키워 하나님 나라를 이루는 비전을 역사화하셨다.

## 청년대학생이 따르는 지도자의 특징

나는 '진리의 말씀'과 '사랑'만 있으면 대학생들을 섬길 수 있다고 굳게 믿는다. 말씀에서 비전이 나오며, 사랑이 있으면 그들을 위해 기도하게 되고 기쁨으로 사랑의 수고를 하게 된다. 그래서 청년대학생들을 섬기는 사역자들은 무엇보다도 말씀과 사랑의 은사를 구해야 할 것이다. 학생들은 말씀이 있고 사랑이 있는 공동체, 말씀과 사랑으로 준비된 영적 지도자를 찾는다. 그렇다면 과연 청년대학생들이 좋아하고 따르는 영적 지도자—교회 청년대학부 사역자, 선교단체의 간사, 캠퍼스에서 학생들을 지도하는 기독교수 등—는 어떤 모습일까?

첫째, 멋있는 지도자다. 옥스퍼드 대학교에서 삼 년에 한 번씩 갖는 대학생 전도대회(Mission)에 참석했을 때였다. 대학생들의 전도 연극이 끝나면서, 주강사 데이빗 왓슨(David Watson) 목사가 강단에 나왔다. 말씀의 내용이나 능력도 인상적이었으나, 말씀 증거하는 그분의 모습 전체가 "야, 참 멋있다"는 찬사를 불러일으키기에 충분했다.

멋이란 '태도나 차림새 등에서 풍기는 세련된 기품', 또는 '격에 어울리게 운치 있는 맛' 등으로 국어사전이 풀어 놓았다. 말하자면 타고난 육체적 조건 때문에 멋있는 것이 아니라, 멋을 내야 멋이 생기는 것이다. 옷차림, 걸음새, 표정, 말솜씨, 매너 등 대학생들이 거부감 갖지 않도록 자기를 가다듬어야 한다. 이는 주님의 종이 기본적으로 갖는 '성육신'의 자세이기 때문이다.

이러한 멋은 균형과 조화의 아름다움에서 나온다. 우리의 전통가옥이나 고려청자의 멋을 보라. 지도자는 무엇보다 지성과 감성이 풍성하고 균형을 유지해야 한다. 마틴 루터 킹(M. L. King, Jr.) 목사는 우리 예수님이야말로 차디찬 지성과 뜨거운 감성이 완벽한 조화를 이룬 모델이라고 제시한 적이 있다. 공부하는 것과 노는 것, 머리 쓰는 것과 마음 쓰는 것, 생각하는 것과 행동하는 것, 꿈꾸는 것과 현실 감각, 참신한 아이디어와 섬세한 방법 제시, 웃음과 눈물, 바다 같은 관용과 거룩한 분노 등이 균형을 이루어야 지도자는 멋이 생긴다.

둘째, 맛있는 지도자다. 지도자는 대학생들이 같이 있고 싶어 하는 '그 무엇'(something)이 있어야 한다. 마치 생명의 떡이신 예수님께로 사람들이 끌렸듯이, 그분에게 가면 뭔가 재미있고 얻는 것이 있다는 생각이 들게 해야 한다.

"그 사람 인간미가 있다", "세련미가 있다"고 표현할 때 모두 '맛'(味)이라는 단어를 사용하는 것을 보면 옛 사람들의 혜지가 번뜩인다. 예수께서 제자들을 부르신 목적은 '일'을 시키기 전에, 먼저 '자기와 함께 있게 하시려는 것'이었다. 함께 있으면서 예수님의 말씀을 듣고 삶을 관찰하고 나누면서 인격적인 감화를 받게 하신 것이었다.

지도자는 대학생들에게 늘 맛있는 것을 제공해야 한다. 생명의 양식인 하나님의 말씀이 풍성해야 하고, 맛이 있어야 한다. 그들의 영혼이 얼마나 허기져 있는가를 바라보며, 먹을 것을 채워 줄 수 있어야 한다. 그들이 애타게 찾고 있는 인생과 세계에 대한 '정직한 질문에 정직한 대답'을 말씀 속에서 찾아서 줄 수 있는 '성경 선생', 곧 '말씀의 종'이어야 한다.

객관적인 진리의 말씀을 주는 것만으로는 부족하다. 학생들은 신앙 지도자에게서 그 말씀을 주체적으로 생활에 옮기는 모습을 맛보고 싶어한다. 그래서 말씀대로 사는 것이 개인적으로나 가정적으로나 얼마나 행복하고 풍성한 것인가를 삶을 통해 나타내 보여 주는 지도자를 좋아한다.

셋째, 힘있는 지도자다. 요즘 신세대 대학생들은 어수룩하지 않다. 머리도 잘 돌아 가고 주관이 뚜렷한 개성파가 많다. 도대체 무슨 수로 그들을 예수 믿게 할까? 또한 그들을 주께 헌신한 제자로 훈련시키며, 공동체의 지체의식을 가지게 하고, 장차 교회와 사회의 지도자로 세울 수 있을까? 바울은 자기의 사도직을 "복음의 제사장 직무를 하게 하사 이방인을 제물로 드리는" 것이라고 이해했다(롬 15:16). 저 영악스런 학생들로 하여금 자신을 주님께 제물로 바치게 하다니! 대학생 복음운동가는 대학생들이 회개하고 복음을 믿어 구원받게 하는 데서 사명이 끝나는 게 아니다. 캠퍼스복음화운동에 헌신할 일꾼들, 지역 교회를 세우기 위해 헌신하는 일꾼들을 키우고 있는 것이다.

힘있는 지도자만이 학생들을 바꾼다. '파워 리더'만이 교회 청년 공동체를 활성화할 수 있고, 캠퍼스를 뒤집어 놓을 수 있다. 우리 사역자는 비록 질그릇 같으나, 보배이신 예수 그리스도를 소유한 자다. 이 땅의 믿지 않는 청년대학생들이 "능력의 심히 큰 것이 하나님께 있고 우리에게 있지 아니함을 알게 해야 할"(고후 4:7) 책임이 있다.

영적 지도자는 결국 영력(靈力)으로 승부한다. 지도자들이 어떤 일을 이루기 위한 하드웨어와 소프트웨어에 관심 갖는 것도 중요하다. 그러나 더 중요한 일이 있다. 파워(power)! 초자연적이고 초월적인 영력이 있어야 한다. 그러나 기도 없이 성령의 권능이 임하지 않는다. 교회와 대학과 잃어버린 영혼을 향한 뜨거운 눈물의 기도, 타오르는 열정이 있을 때 대학생들은 설득되고 감화받고 변화된다.

청년 사역자들은 끊임없는 행사와 프로그램, 청년들과의 상담 등으로 늘 감격과 피곤을 동시에 느끼며 영적 무력감에 빠져들기 쉽다. 일에 매달리다 보면 어느새 몇 년이 휙 지나간다. 그러므로 하나님이 원하시고 대학생들이 따르는 리더십을 위해 자기 자신을 어떻게 가꾸어야 할 것인지, 생각할 여유도 만들어 나가야 한다.

넷째, 시대를 읽는 지도자다. 청년 사역자는 시대 감각(time sense)이 있어야 한다. 시대정신과 동시대 문화의 흐름을 읽는 눈이 있어야 한다. 동시에 타이밍을 잘 맞추어서 청년들의 영적·정서적 필요에 민감해서, "때를 따라 양식을 나누어 주는, 지혜 있고 진실한 청지기"(눅 12:42)가 되어야 한다.

하나님의 일꾼은 불변하는 복음 진리를 지키는 한편, 급변하는 시대에 민첩하게 대응해야 한다. 그래서 늘 창조적 긴장상태를 유지해야 한다. 말씀의 종은 한쪽 귀로 영원한 하나님의 말씀을 듣고, 다른 귀로는 시대의 음성을 들을 수 있어야 한다. 그러기 위해서 깊이 있는 성경 연구와 함께, 시대정신을 파악하기 위해 동시대인의 생각과 행동을 유심히 관찰하며 분석하고 비판하는 능력을 길러야 할 것이다. 그 후에야 복음적 대안 제시가 가능하기 때문이다.

청년 사역자들은 심지어 "쌍둥이도 세대 차를 느낀다"는 청년들의 언어와 의식의 흐름에 민감하고, 청년문화와 캠퍼스 상황에 효과적으로 대처할 수 있는 지식과 정보를 가지고 있어야 한다. 하지만 소유한 정보의 양보다는 센스가 더 중요하다. 정보의 홍수 시대에 사는 우리에겐, 더 이상의 정보수집이나 분석이 불필요하게 느껴지기도 한다. 오히려 앨 고어(A. Gore) 미국 부통령이 지적한 대로, 수많은 정보가 많은 사람들에게 제대로 전달되지 않는, 이른바 '엑스포메이션'(ex-formation) 문제가 더 심각할는지 모른다.

인터넷 활용에 익숙한 사역자들이 오히려 정보 자체의 무게에 짓눌려 무력감에 빠질 위험도 있다. 따라서 지도자는 가장 먼저 하나님의 말씀을 붙잡고, 그 다음에 동시대를 이해하기 위한 노력을 기울이는 우선순위가 분명해야 한다. 그제서야 우리는 예언자적 통찰력을 가지고 시대를 분석하고 시대 문제를 복음으로 조명하면서, 시대가 주는 중압감에 짓눌려 답답해 하는 청년들을 위해 길을 찾아 주는 목자적 삶을 살 수 있을 것이다.

예수께서는, 개인 경건과 자기들이 속한 종교집단에는 충성했지만 역사 의식이나 시대 감각이 마비된 종교 지도자들을 향해 통렬하게 책망하셨다.

"너희가 천기(天氣)는 분별할 줄 알면서 시대의 표적은 분별할 수 없느냐"(마 16:3).

시대의 파수꾼인 청년대학생 사역자들이야말로 역사의 파수대에 올라가 어둠 속에 원수들이 쳐들어온다고 나팔을 불어야 할 책임이 있다. 아직까지도 복음주의권이나 심지어 진보주의권의 기독대학생단체까지도 70년대의 전도방식이나 운동 논리에 묶여 있는 것은 아닌지 되물어야 한다. 시대를 바르게 파악하고 대학생들을 향한 복음 전도의 접촉점을 발견해야 한다. 동시대의 청년문화와 21세기 대학문화에 대한 바른 이해와 복음적 대안을 제시하는 사역자들을 학생들은 존경하며 따를 것이다.

## 열매 맺는 지도자의 조건

20세기 하반기, 구미의 청년들에게 가장 크게 영향을 끼친 영적 지도자 중의 한 분은 라브리(L'Abri)를 설립한 프란시스 쉐퍼(Francis Schaeffer) 박사일 것이다. 그분에게 왜 끊임없이 젊은이들이 모여들었을까? 그분이야말로 멋있고, 맛있고, 힘있으며, 시대를 읽는 지도자였기 때문이리라. 그분은 학생들의 질문에 대답해 줄 수 있는 지적인 깊이, 당신 자신은 식탁에 앉아 식사를 거르면서도 학생들 한 사람 한 사람의 질문에 정성껏 대답해 주며 따뜻한 사랑으로 품어 주는 인격의 넓이, 동시대 청년들의 영혼을 갉아먹는 죄악된 사상에 대한 거룩한 분노, 오직 "참 진리"(The true Truth)이신 하나님의 뜻만 이루어지길 간구하는 높이, 그리고 무엇보다 간절하고 뜨거운 기도의 깊이가 느껴지는 영적 능력의 소유자였다.

그렇다면 어떤 사역자가 열매 맺는 청년 목회자가 될 수 있을까? 청년 목회는 특별한 은사 받은 사람만이 하는 사역은 아니다. 거듭 말하거니와 하나님과 청년에 대한 사랑이 있으면 가능하다. 오히려 장년 목회보다 쉬운 점도 있다. 청년들을 사랑하는 목자의 심정과 그들의 영적 요구를 충족시켜 줄 수 있는 말씀과 영력이 있다면 누구나 할 수 있다. 청년들을 향한 애정이 있으면, 청년들의 언어와 감각으로 복음의 접촉점을 찾아 의사소통할 수 있게 된다. 그런 점에서 나는 프란시스 쉐퍼와의 개인 대화시간에 들었던 말을 늘 새롭게 되새기게 된다.

1982년 여름, 우리 가족은 스위스 라브리(L'Abri)에서 한 달을 지냈다. 쉐퍼 박사는 당시 암치료를 받으며 투병중에 있었다. 그러나 나같이 보잘것없는 한국의 대학생 사역자에게 무려 세 시간 이상 개인 면담시간을 내어, 내가 오랫동안 가슴에 담아 놓았던 수많은 질문에 열정과 사랑을 가지고 대답해 주시는 것이었다. 지금도 그 시간을 회상하면 가슴 뜨거워지는 감동을 느낀다.

대화중에 나는 이런 멍청한 질문을 한 적이 있다.

"박사님은 어떻게 그 많은 공부를 하며 책을 저술하실 수 있었습니까?"

그분의 대답은 간단했다.

"사랑 때문입니다"(Out of love).

2차 세계대전 후 무신론적 상대주의가 휩쓴 유럽의 정신세계에서 방황하는 젊은이들의 '정직한 질문'을 이해하고 대답해 주기 위해 공부하셨다는 말씀이었다. 그가 발견한 대답은 철학적으로 그리 대단한 것은 못 된다. "하나님은 살아 계시다. 하나님은 성경을 통해 지금도 말씀하신다. 하나님의 말씀은 철학이 제시한 존재론, 인식론, 도덕론적 질문에 대해 절대적인 해답이 된다"는 것이 대부분 반복되는 질문에 대한 반복되는 해답이다. 그러나 "정직한 질문에 정직하게 대답해 주겠다"는 사랑이 그를 공부하게 했고 우리 시대 젊은이들의 목자가 되게 한 것이었다. 그는 기독교 진리가 관념적인 것이 아니라 구체적인 것임을 확인시키기 위해 가정을 개방하여 희생적인 사랑의 삶으로서 진리를 확인시켜 주는 사역을 감당했던 것이다.

선교단체에서 학생 복음운동가로 섬기든지, 교회 청년부에서 사역하든지, 청년 사역자는 반드시 주님으로부터 받은 사명의 본질을 꿰뚫고 있어야 한다. 그래야 하나님께서 영적 · 도덕적 · 사회적으로 황무해진 조국을 다시 세우는 역사를 위해 한국의 젊은 이 사역자들을 에스라와 느헤미야처럼 귀히 쓰실 것이다.

에스라는 황무해진 예루살렘 성전과 성벽을 중건하기에 앞서 위대한 결심을 했다.

"에스라가 여호와의 율법을 연구하여 준행하며 율례와 규례를 이스라엘에게 가르치기로 결심하였었더라"(스 7:10).

에스라는 역사 진행의 현단계에서 최우선 과업이 무엇인가를 정확히 짚었다. 그는 무너진 예루살렘을 중건하려면, 경제를 살려야 하거나 정치개혁이 우선된다고 생각하지 않았다. 사람의 영혼이 살아나야 한다고 믿었다. 영적 부흥이 먼저 일어난 후에야 도덕적 · 정신적 · 경제적 재건이 가능하다고 확신한 것이다. 이러한 영적 부흥은 어떻게 가능한가? 성령께서는 말씀을 통하여 부흥을 일으키신다. 이것이 성경과 교회 역사의 증거이다. 하나님은 기도와 말씀의 종들을 쓰신다. 그래서 사도들은 "오로지 기도하는 일과 말씀 사역에 힘쓰리라"고 선언했다(행 6:4 · 개역개정판).

하나님의 나라가 확장되는 것은 "하나님의 말씀이 흥왕하여 세력을 얻는" 역사이다. 그러므로 청년 사역자들은 무엇보다 말씀의 종이 되어야 한다. 직접 말씀을 받았던 구약 예언자들과 달리, 오늘날 말씀의 종은 성경연구가요, 성경을 순종하는 사람이며, 성경을 잘 가르치고 설교하는 사람이다.

개인성경연구는 복음주의 교회의 가장 뚜렷한 전통이다. 이것은 '경건의 시간'(QT)과는 구별되는 깊이 있는 공부를 말한다. 사역자들이 사역에 바빠서 성경을 연구할 시간을 확보하기 어렵다고 말하는 것은 어처구니없는 아이러니지만, 현실인 경우가 많다. 특히 젊은이 사역자들은 젊은이들과 삶을 나누지 않고는 사역이 불가능하기 때문에, 사람들의 말을 듣느라고 하나님의 말씀을 들을 시간이 부족하기 십상이다. 따라서 하루의 오전 3시간을 성경연구에 집중할 수 있도록 교회나 단체 차원에서 배려해 줄 필요가 있다.

사역자가 개인성경연구를 못하면 얼마 안 가서 영적으로 소진될 수밖에 없다. 그러므로 순교정신만 외칠 것이 아니라, 현실적인 접근과 개인적인 노력이 필요하다. 로이드 존스의 선임자였던 금세기 초 최고의 말씀의 종 캠벨 모건(C. Morgan)은 성경연구에 방해받지 않기 위해 오후 1시 전에는 신문을 펴보지 않는 습관을 길렀다고 한다. 또한 읽기 쉬운 경건서적 40권보다는 학적 깊이가 있는 한 권의 주석을 선호했다고 한다. 그는 로이드 존스와 마찬가지로 신학교 문턱에도 간 적이 없는 평신도 출신이었다.

말씀의 종은 다른 사람을 가르치기 전에 자기 자신이 먼저 말씀에 순종함으로써, 그 삶 자체가 메시지가 되어야 한다. 말씀으로 꾸준히 신앙 인격이 성장하며, 말씀에 따르는 삶의 풍성함을 모든 사람 앞에 드러내야 한다.

포스트모더니즘 시대를 맞은 서구 교회에서는, 요즘 현대문화에 발빠르게 적응하지 않으면 교회도 공룡처럼 사라질지 모르는 일이기에 새로운 선교의 패러다임이 필요하다며 치열한 논쟁이 붙고 있다. 설교보다는 찬양이 예배의 중심이 되어야 하고, 복음 전파를 중심으로 한 선교보다는 영적 전쟁이 중요하다고 주장한다. 오늘날과 같은 이미지시대와 감성시대에 강해설교같이 논리적 설교는 매력이 없으니, 새 시대에 맞게 이야기 설교와 미디어를 이용한 이미지 전달형의 감성설교가 계발되어야 한다고 소리를 높인다. 우리가 귀 기울여야 할 면이 많은 주장이다. 그러나 감성과 이미지가 보완되고 주관적 요소가 존중되는 것은 바람직하지만, 결코 객관적 진리인 하나님의 말씀과 논리적 빠대를 갖춘 설교를 대체할 성질의 것은 아니다. 더욱이 한국적 현실에서는 우리가 과연 엄격한 의미에서 모더니즘을 경험한 적이 있느냐는 사실 자체가 의문인데 너무 포스트모더니즘 운운 하는 것도 문제가 된다.

시대는 변하지만, 하나님의 말씀은 변하지 않는다. 사람의 본성과 그의 실존적 필요 역시 변하지 않는다. 하나님은 말씀하시는 하나님이시다. 하나님의 말씀은 논리적인 체계로 전달된다. 오히려 21세기는 과학 정보와 지식의 시대이기 때문에 사람들은 지성 계발에 힘쓰는 시대가 될 것이다. 그래서 오히려 성경 중심의 사역은 더욱 저력을 발휘할 것이다. 우리는 우리 시대의 예언자 쟈끄 엘룰(J. Ellul)의 의미심장한 말에 귀 기울일 필요가 있다.

"오늘날 인류를 구원하기 원하는 사람이라면 누구나 먼저 말씀을 구원해야 할 것이다"(Anyone wishing to save humanity today must first of all save the word).

# 2 지성사회 복음화를 꿈꾼다

왜 '기독학사운동'인가?
성경 속에 나타난 기독학사운동
기독학사운동의 전통과 현주소
기독학사운동의 목표와 방향
기독학사운동의 전략
기독학사운동과 지역 교회
기독학사운동과 진로 문제
대학원생운동과 유학생운동

10
## 왜 '기독학사운동'인가?

앞서 우리는 기독학생운동의 중요성과 그 가치에 대해 생각해 보았다. 대학생 시절이라는 특수 환경에서 복음운동을 펼치는 것은 의미 있는 일이다. 그러나 졸업 후 뿔뿔이 흩어진 학사들 사이에도 지속적인 복음운동이 필요할까? 그리고 그것이 가능할까? 기독학사운동의 의미를 다음 몇 가지로 나누어 살펴 보기로 하자. ('기독학사'라는 말은 학생선교단체에서 졸업 동문들을 가리켜 부르는 호칭이다. 여기서는 학생선교단체나 교회 청년대학부에서 훈련받은 졸업생들을 가리킨다.)

### 기독학생운동의 후원 세력

기독학생운동이 이 시대에 꼭 필요한 일이라면, 이 운동을 후원해 줄 수 있는 후원 세력이 있어야 한다. 학생운동은 자립적으로 일하기에 힘든 점이 많다. 우선 활동 연한이 짧다. 실제로 복음을 영접하고 다른 학생에게 복음을 증거하는 단계에 이르기까지는 짧은 기간밖에는 없다. 또한 기독학생운동은 결코 일반 교회처럼 한꺼번에 수십 명, 수백 명을 교육시킬 수 없다. 개인적으로 섬기며 훈련시켜야 한다. 마치 예수님께서 제자들을 몇명 집중 훈련시키신 방법과 같은 것이다.

또한 학생운동의 전문성, 효율성, 지속성을 위해서는 선교단체를 조직해서 섬길 필요가 있다. 그리고 선배들 가운데서 전임 간사를 세워 후배들을 신앙적으로 지도해 주는 전략이 필요하다. 그런데 이러한 훈련 받은 간사들을 세우는 데 필요한 재정적·정신적 후원이 어디서 오겠는가? 유일한 후원이 대학 시절 대학생 복음운동으로 새 생명을 얻고 훈련을 받아 학생운동의 존재 가치를 온 몸으로 알고 있는 학사들밖에는 없다.

더구나 조용한 분위기 안에서 성경공부하고 기도할 수 있는 공간을 찾기 힘든 우리의 대학 현실 때문에 모일 장소가 필요하다. 바울이 에베소에서 행했듯이, 두란노서원 같은 장소와 환경이 필요한 것이다. 그러므로 우리 나라의 기독학생운동은 더 많은 재정 부담을 안고 있다. 재정면에서뿐 아니라, 학생운동을 위해 구체적으로 관심을 기울이고 감독해 주는 후원세력으로서 학사운동이 반드시 필요한 실정이다.

## 학사들의 성숙을 돕는 신앙 공동체

선교단체 출신의 대다수 기독학사들 중에는, 대학 시절 거듭나서 복음운동에 참여해 온 이들이 많다. 철저한 성경공부 중심의 신앙 훈련과 깊이 있는 사귐 등 내용 있는 신앙생활을 경험해 왔다. 그런데 대학생으로서 비교적 자유롭고 이상주의적인 분위기에서 사명감 있고 힘찬 신앙생활을 하다가, 갑자기 학사로서 사회에 나갈 때 현실은 너무나 가혹한 것을 체험하게 된다. 우선 주님을 섬길 만한 여유조차 찾기 힘들어진다. 학생 시절같이 단순한 '믿음'으로만 모든 것이 해결되는 것이 아니라, 이제는 진리의 '적용' 문제가 중요하게 대두되는 '지혜있고 성숙한 믿음'이 요구된다.

어떤 점에서 기독학사들은 대학 시절에 성경 말씀을 실제 생활에 적용하는 훈련(QT 등)과 성경 가르치는 훈련은 받았으나, 사회에 나가 신자로서 어떻게 살아야 할 것인가에 대해서는 구체적인 교육이 부족한 상태에서 사회에 진출했다고 할 수 있다. 또한 학생 시절, 지역 교회를 섬기는 데 소극적이었거나 부정적이었던 이들의 경우, 졸업 후 지역적으로 흩어질 때 지역 교회의 예배와 교제에 익숙치 못해 고충을 느끼는 경우가 많다. 특히 학생운동과 같은 내용 있는 교육과 열렬한 헌신이 부족한 지역 교회에서 늘 불만스럽고 형식적인 신앙생활을 하는 이들이 적지 않다. 그러나 설사 지역 교회에 부족한 점이 많더라도 기독학사들은 목회자와 성도들을 사랑하고 겸손하게 섬기며 적극적으로 어울릴 수 있어야 한다. 주 안에서 형제 자매 된 새로운 성도의 교제에 애써 참여해야 한다.

그럼에도 우리의 연약함을 전혀 숨길 필요가 없다. 우리의 인간적인 면을 감추는 것을 신앙적이라고 오해해서도 안 된다. 우리는 같은 문제를 안고 갈등하는 또래 친구들과 고민을 나누며 서로 위로하고 격려하는 성도의 교제가 필요함을 부인할 수 없다. 학사회는 어떤 점에서 영적 고향과 같다. 학생 시절, 같은 복음 역사에서 주님을 섬기던 신앙의 친구들과 선후배들이 서로의 체험을 통한 지혜를 나누며, 학생 시절의 신선하고 뜨거웠던 주님께 향한 '처음 사랑'을 새롭게 하는 모임을 주님은 분명히 기뻐하실 것이다. 말씀 중심의 바른 신앙을 유지하고, 서로의 신앙과 인격을 성숙케 하는 성도의 사귐, 곧 '코이노니아'(koinonia, fellowship)가 필요한 것이다.

물론 학사회는 일반 사회의 동창회와 같은 성격도 있다. 그러나 성서적 입장에서 볼 때 학사회는 주님을 함께 섬기는 동역자의 모임, 사도들의 사귐과 같다. 이러한 교제를 통해 우리 각자는 비전을 새롭게 하며 세상에 나가 그리스도의 참 제자로서 생활할 수 있는 용기를 얻게 된다. 그래서 학사회의 사귐은 사도적 신앙 공동체의 구실을 감당하는 것이다.

### 교회 개혁의 주체 세력

기독학사운동은 한국 교회의 현실을 고려할 때 반드시 필요하다. 대부분의 한국 기독교인은 '유형 교회' 자체를 절대시하는 경향이 있다. 이런 의식은 성경 지식의 빈곤과 교회사에 대한 이해 빈곤에서 비롯된다. 심지어 종교 개혁 이전의 가톨릭 교회와 같이, 교회가 구원을 주는 곳인 양 주장하기도 한다.

교회는 건물이 아니라, 구원받은 성도들의 유기적인 조직체이다. 교회는 "그리스도의 몸"(엡 1:23; 고전 12:27) 또는 "성령의 전"

(고전 3:16) 등으로 표현되었으나, 지상의 유형 교회는 늘 교회를 이루는 구성원의 죄악성 때문에 언제든지 잘못될 가능성이 많다. 그러므로 성경 말씀만을 절대 권위로 신봉하는 프로테스탄트들은 말씀으로 지상 교회를 상대화시킴으로써 '항상' 교회를 개혁해 나가야 하는 것이다.

현재 한국의 교회에 대하여 자타가 모두 개혁의 시급성을 인정하고 있다. 그 개혁은 한국 교회가 성경이 가르치고 있는 교회로, 모든 그리스도인들이 성경이 가르치는 그리스도인으로 회개하고 돌아가는 운동을 뜻한다. 혼합 종교적 성향이 짙은 한국 교회에 성경에 근거한 바른 복음주의 신앙이 회복되어야 한다. 세속적 가치관에 매도된 우리 기독교인들의 잘못된 도덕생활을 벗어 버리고 성경 말씀대로 생활하는 올바른 신자의 삶으로 변화되어야 한다.

그런데 이 개혁운동의 주체는 누구일까? 먼저 이 땅의 기독지성인들로부터 비롯되어야 함은 자명한 이치이다. 어느 국가에서든지 종교 개혁은 성경을 사랑하는 대학인이 그 중심 세력이었다. 먼저 성경연구에 힘쓰고, 성경대로 생활하려고 애쓰며, 성경을 남에게 가르치는 사람들이 하나의 세력을 형성해야 할 것이다. 이 세력이 보이지 않는 가운데 교회에 영향을 줄 수 있어야 한다.

지난 수년 간, 한국 교회를 개혁하기 위해 의식 있는 목회자와 신학자들을 중심으로 한 모임이 적지 않게 활성화되고 있다. 그러나 이런 개혁운동은 태생적 한계를 극복하기 힘들다. 우선 목회자들이나 장로들의 경우, 자신들이 현재 누리는 기득권을 포기

할 준비가 되어 있다고 볼 수 없다.

경제적인 측면을 생각해 보자. 현재 교인 수 300명 정도의 교회 담임목사의 대우는 장관급보다도 더 높고, 교인 수가 만 명이 넘는 초대형 교회의 경우 재벌급에 해당된다고 보고 있다. 물론 검소하게 사는 분들도 계시지만, 일반적으로 대형 교회 지도자들은 지나친 재정적 대우를 받는다.

목사·장로 임기제, 원로목사제 폐지 등을 포함해서 한국 교회에는 교회 정치체제에서 개혁해야 할 분야가 많다. 그러나 이런 문제는 문제의 본질을 다루는 것은 아니라고 본다. 개혁은 먼저 성경으로 돌아가, 성도 개인과 교회가 성경대로 바뀌는 것이어야 한다. 교회의 개혁은 의식 있고 성령 충만한 평신도 장로, 집사, 교사들이 주체가 되어 목회자들에게 영향을 주어야 실현 가능하다. 그러나 마치 지난날 이념 운동권이 행하듯이, 과격한 행동이나 일시적인 구호로 행하면 교회를 상처 입히게 된다. 그러기에 기독학사들이 개혁주의자들의 주장대로 "항상 개혁되는 교회"를 바르게 섬기는 개혁 세력이 되어야 우리 교회는 진리의 기둥과 터가 될 수 있을 것이다.

한국 교회는 물량주의화되어 많은 비난을 받아 온 점이 있으나, 동시에 긍정적인 현상도 보여 주고 있다. 특히 성경공부의 열심과 제자 훈련 및 해외 선교에 대한 관심도에서 큰 진전을 보여 주었다. 이것은 주로 대학생 선교단체가 한국 교회에 끼친 가장 아름다운 영향이라고 할 수 있을 것이다. 쓸데없는 걱정이겠으나 오해를 막기 위해 해 두어야 할 말이 있다. 그것은 기독학사운동이 결코 지역 교회 위에 군림하거나 경쟁하는 위치에 있는 것이 아니라 오직 바르게 교회를 섬기기 위한 운동이라는 것이다.

## 복음주의적 사회운동의 개척

성경의 표현을 빌리자면, 우리 사회는 "음란하고 죄 많은 세상"이요 "부패한 세상"이다. 정의를 강물처럼 흐르게 하라는 성경 말씀에 비추어 볼 때, 우리는 우리 사회가 얼마나 부패해 있으며 죄악된 사회인가를 느끼게 된다. 만약 이 시대의 그리스도인들이 사회 변혁의 사명을 외면한 채 교회를 '영적인 게토(ghetto)'로만 삼는다면, 하나님과 민족의 역사 앞에서 므서운 심판을 피할 수 없을 것이다.

그런데 슬프게도, 한국의 대다수 교회는 성경이 명백히 명령하고 있는 사회참여의 책임을 저버리고 있다. 이러한 현상은 학생선교단체의 경우도 예외가 아니다. 그간 학생선교단체는 역사의 발전과정에서 가장 중요한 부분인 학생운동 개척의 후원자로서 쓰임 받은 사실은 기뻐해야 할 것이나, 학사들의 삶의 현장에 대한 관심이 부족했음을 안타깝게 생각해야 한다.

고마운 현상은 지난 10여 년 동안에 복음주의권의 사회참여운동이 괄목할 만한 발전을 해 왔다는 사실이다. 특히 '기독교윤리실천운동'을 비롯하여, 기독교의 이름을 내걸지 않은 수많은 시민운동에 기독학사들이 참여하여 지도력을 발휘하고 있음은 크게 고무적인 일이다. 그러나 아직 우리 사회는 기독학사들이 공동체적으로 나서서 변혁운동을 하지 않으면 안 될 분야가 무궁무진하다. 할 일이 많다는 것은 얼마나 즐거운 도전인가.

학생운동의 주 활동 무대가 캠퍼스 선교단체라면, 학사운동은 가정과 직장, 지역 교회가 주 활동 무대이다. 학생운동은 4-6년의 제한된 기간에 활동하는 반면, 학사운동은 일생 동안 이루어 나가야 할 일이다. 어떤 점에서 학생운동은 학사운동에 참여하기 위한 준비라고도 할 수 있을 것이다.

우리는 복음을 통한 개인 구원과 그 인격의 변화, 그리고 죄악된 사회 구조를 개혁해 나가는 작업이 동시에 이루어져야 함을 믿는 복음주의적 그리스도인들이다. 그러므로 하나님이 주시는 지혜로 우선 실현 가능한 작은 일부터 시작하면서 '복음주의적 사회운동'의 가능성을 꿈꾸어야 할 것이다. 하나님 나라는 겨자씨와 같다는 주님의 비유를 기억하면서……

**11**
## 성경 속에 나타난 기독학사운동

하나님의 백성은 무슨 일을 하든지 먼저 성경 속에서 그 본보기를 찾고자 애써야 한다. 시대와 장소의 차이에도 불구하고, 성경은 변치 않는 하나님의 원칙과 지혜를 제공하기 때문이다.

기독학사운동은 무엇보다도 우선 복음 사역으로서의 보편성을 갖는다. 우리가 복음을 전파하고 그리스도의 제자를 양성하는 기본적인 사명을 제쳐 놓고 다른 일부터 할 수는 없다. 그러나 동시에 기독학사운동은 그 목표가 일반 지역 교회와는 달라야 한다. 결코 지역 교회의 역할을 대행해서는 안 된다. 따라서 우리는 학사운동으로서의 특수성에 부합하는 성경적 모델을 찾아 볼 필요가 있다.

기독학사운동이 포함해야 할 요소로, 첫째, 사회생활을 하면서도 기본적인 신앙의 중심을 잘 지킨 모범, 둘째, 교회 및 사회의 개혁운동을 일으킨 사례, 셋째, 해외 선교운동을 일으킨 본보기 등을 들 수 있겠다. 이 세 경우를 성경 속에서 찾아 보기로 하자.

## 바벨론의 고급 공무원 다니엘과 그의 친구들

송건호의 〈한국 현대 인물사론〉을 보면, 독립선언문을 쓴 두 인물이 나이 30세에 변절하고 일본 제국주의의 앞잡이가 되고 만 민족사의 비극이 나온다. 배신하고 변절(變節)하는 것처럼 가슴아픈 일이 어디 있을까?

기독학사운동은 무엇보다도 대학 시절 신앙을 가진 젊은이들이 사회에 나가서도 신앙의 지조와 절개를 지키고, 지적·윤리적으로 더욱 성숙한 그리스도인이 되도록 격려하고 깨우치는 운동이어야 한다. 기독학사운동은 아무리 사회 현실이 험악하다 해도 타협하지 않는 신앙인, 주위의 모든 사람이 부정을 행해도 자신은 부정을 행치 않는 진실한 신자, 모두 돈과 쾌락에 빠진다 해도 서로 신앙의 순결을 지키도록 붙잡아 세워 주는 운동이어야 한다.

다니엘과 그의 친구들, 즉 사드락, 메삭, 아벳느고가 그러한 젊은이들이었다. 그들은 모두 유대의 청년으로 당시 최고 문명국인 바벨론 장학생으로 선발되어 유학 갔다. 그들은 하나님의 선민으로서 신앙을 지키기 위해 왕의 진미와 포도주를 거절하고 채식만 했다. 후에 느부갓네살 왕의 꿈 해석으로 다니엘은 바벨론 행정부의 요직에 오르게 되었다. 대개 이 정도 출세하면 적당히 현실과 타협하려는 유혹에 빠지는 시기일 것이다.

그러나 그들은 나이가 들고 사회적 성공을 얻었다고 해서 학생 시절 왕의 진미와 포도주를 거절하던 그 순수한 신앙의 지조를 저버리지는 않았다. 그 증거를 보여 주는 두 가지 사실을 우리는 익히 알고 있다.

첫째는, 다니엘의 세 친구가 금 신상(金神像)에 절하지 않았기 때문에 "극렬히 타는 풀무"에 던진 바 되었으나, 하나님의 보호로 살아났고 오히려 이 일을 통해 하나님의 영광이 이방 세계에 크게 선포된 일이다(단 3:28-30).

둘째는, 다니엘이 정치적 음모에 휘말려 자기 지위에 위험이 있음을 알면서도, 황제 숭배를 어기고 전에 행하던 대로 세 번씩 무릎을 꿇고 예루살렘을 향해 감사 기도를 드린 사건이다. 이 일로 다니엘은 체포되어 사자굴에 던져졌으나, 역시 살아 계신 하나님의 보호로 살아나게 되었고, 온 바벨론에 하나님의 영광을 드러내게 되었다(단 6:25-28).

우리의 사회적 현실 속에서 기독학사들이 믿음을 지키기 위해서는 용광로에도, 사자굴에도 던짐을 당하게 될 것이다. 그러나 "이제 죽었구나"하는 그 때에 살아 계신 하나님의 돌보심을 받은 다니엘과 그의 친구들의 신앙 중심을 본받는 일 이상 귀중한 일은 없을 것이다.

우리 학사들이 사회에서 성공하여 큰 명예도 얻고 부자가 되는 것은 좋은 일이다. 그러나 비록 가난하고 출세 못해도 "깨끗한 양심에 믿음의 비밀을 가진 자"(딤전 3:9)로서 '금 신상'에 무릎 꿇지 않는 자가 오히려 이 시대의 순교자가 아닐까 한다. 우리 주위에도 돈과 명예 때문에 신앙 양심을 버린 이들이 얼마나 많은가! 신앙 때문에 오는 핍박과 조롱을 감당할 수 있었던 다니엘과 그의 친구들이야말로 기독학사의 모범이라 아니할 수 없다.

이러한 신앙은 학생 시절 철저히 훈련받은 개인 경건생활과,

말씀을 실생활에 적용하는 삶을 통해서 가능할 것이다. 하나님께 무릎 꿇는 자만이 이 세상 무엇에도 무릎을 꿇지 않는 용기를 소유하게 된다. 무엇보다 기도생활의 질과 양에 따라 신앙생활의 힘과 비전도 비례하는 것이다. 한국의 기독학사들은 먼저 다니엘과 그의 친구들을 본받아야 할 것이다.

**학사 에스라와 총독 느헤미야**

학사 에스라와 총독 느헤미야의 예루살렘 성전 및 성벽 재건과 이스라엘 민족의 신앙 및 생활 개혁운동은 우리에게 감동적인 모델을 제시해 주고 있다. 그들은 하나님의 선민 이스라엘의 역사상 위기 중 하나인 바벨론 포로기의 인물들이다. 이들은 페르시아가 지중해 세계를 지배하던 때에, 포로였던 유대인을 이끌고 조국에 돌아가 선민으로서의 민족적 동질성(identity)을 깨우쳐 민족을 다시 살리는 과업을 이루었다.

이 과정에서 에스라는 성경 학자로, 느헤미야는 유대의 총독, 곧 정치 지도자로서 함께 운동을 주도했다. 그럼 여기서 에스라와 느헤미야가 구체적으로 전개한 운동이 무엇이었나를 간단히 정리해 보자.

첫째, 에스라를 통한 성전 예배의 회복과 율법에 기초한 새로운 사회 건설의 역사이다(스 7장; 느 8장).

둘째는, 개인적·민족적 회개운동이다(스 8:21하, 9-10장; 느 8-9장). 그것은 하나님의 말씀을 배반하고 이방 문화에 얼마나 깊이 병들었는가를 깨닫고, 하나님의 선민답게 율법대로 살겠다는 회개였다.

셋째는, 신앙적인 가정 질서 회복운동이다(스 9-10장; 느 13:23 하). 이 운동은 이방인과의 결혼 때문에 가정이 붕괴되고 있던 것을 하나님의 법도대로 바로잡기 위한 것이었다.

넷째는, 사회정화운동이다(느 13:1하). 암몬, 모압 등 주변 이방 국가의 영향으로 말미암은 물질과 육신 중심의 세속 문화를 하나님의 율법대로 바로잡기 위한 투쟁이었다. 소위 도덕 재무장운동을 벌인 셈이었다.

다섯째는, 종교개혁운동이다(느 13장). 당시 백성들의 영적 부패는 교역자와 평신도 모두에게 만연해 있었다. 제사장직은 정치권력과의 제휴로 타락해 있었고, 성전 봉사의 사명을 받은 레위인들은 모두 생활인으로 전락해 있었다. 이 때 에스라와 느헤미야는 목회자들부터 바르게 하나님을 예배하고 섬기도록 도전했다. 또한 안식일에도 술틀을 밟으며 돈벌이에 바쁜 평신도들을 경계하여 안식일을 거룩히 지키도록 하였다. 이들이 전개한 종교개혁·사회변혁운동은 '성서이스라엘'을 이루시려는 하나님에 대한 충성에서 비롯된 것이다. 그리고 그 일은 최고의 교육을 받은 학사들의 지도력으로 이루어졌다.

한국에서의 기독학사운동은 '성서한국'의 소망을 이루려는 목회자 및 평신도 지성인들을 통해 이루어져야 한다. 이것은 에스라 7장 10절 곧 "에스라가 여호와의 율법을 연구하여 준행하며 율례와 규례를 이스라엘에게 가르치기로 결심하였더라"(스 7:10)는 에스라의 결단이 우리 기독학사 개개인에게 있어야만 가능한 일이다. 그리고 먼저 내가 있는 곳을 하나님의 말씀으로 바로 잡는 운동을 가정, 직장, 교회에서 일으켜 나가야 할 것이다.

**최초의 선교사 바울과 바나바**

교회의 선교운동이 일어난 것이 당대의 최고 지성인인 바울과 바나바, 그리고 그들의 신앙 공동체인 안디옥 교회에서 출발한 사실은 결코 놀라운 일이 아니다. 왜냐하면, 해외 선교의 일선에서 복음 전파에 힘쓰는 선교사는 하나님께 대한 충성, 피선교지의 백성에 대한 타는 듯한 사랑 외에 뛰어난 지성의 소유자가 아니면 안 된다. 언어의 습득, 피선교지의 역사와 문화에 대한 이해 등 지적 훈련을 닦지 않은 사람은 자칫 오도된 교회를 심기 쉽다. 그러므로 기독학사들이 일선 선교사로 자원하는 '나가는 그룹'(going group)과, 선교사를 파송하고 기도와 재정으로 후원하는 '보내는 그룹'(sending group)의 중심 세력이 되어야 마땅하다.

근래 한국의 중형 규모 이상의 큰 교회 중에는 교회 재정에 여유가 생겨 해외에 선교사를 파송하려고 애쓰는 곳이 적지 않다. 그러나 이 때 부딪치는 문제는 바른 훈련을 받아 온 선교사 지망생을 찾기 힘들다는 점이다. 신학교에는 수천 명의 목사 지망생들이 몰려오나, 모두 존경받는 목사가 되길 원하지 해외에 선교사로 가려는 사람 가운데 잘 훈련된 선교사 후보를 찾기 어렵다는 것이다.

안디옥 교회는 여러 가지로 특색 있는 교회였다. 예루살렘 교회와 같이 사도들의 권위 아래 조직이 잘 갖춰진 교회가 아니라,

선교단체 같은 성격이 더 강한 교회였다. 이 곳에서 바울과 바나바가 동역하며 제자들을 훈련시켰고, 금식기도하는 중 선교사를 보내라는 명령을 받아, 바울과 바나바를 선교사로 파송하였다. 그리고 후에 선교운동의 센터 구실을 잘 감당하는 교회가 되었다.

모든 선교운동은 훌륭한 개인 한 사람만으로 이루어질 수는 없다. 그것은 조직화된 협력사역(teamwork)으로 이루어지는 운동이다. 따라서 성령님의 지시를 민감하게 듣고 순종할 수 있는 팀이 있어야 한다. 이런 점에서 우리 기독학사들은 주님의 부르심이 있을 때 "주여, 내가 여기 있나이다"라고 응답하고 선교사로 나갈 기본 신앙을 소유할 수 있어야겠다.

그리고 현실적으로 학사들의 공동체는 아무리 연약하고 재정이 빈곤하다 하더라도, 그리스도의 지상 명령에 순종하는 믿음을 안디옥 교회의 모범을 통해 배워야 한다. 형식적이고 타산적인 거짓 신자가 아니라, 안디옥 교인들에게 붙여진 이름 그대로 "그리스도께 속한 사람"으로서의 '그리스도인'(행 11:26)이 되어야 하며, 그리스도의 정예 군사들의 모임다운 분위기가 있어야 하겠다. 주를 섬겨 금식하던 안디옥 교회의 동역자들처럼 주님의 일은 취미 삼아 할 수 있는 것이 아니라 참으로 진지하게 감당해야 할 일이기 때문이다.

## 12
## 기독학사운동의 전통과 현주소

기독학사운동의 모델을 성경 속에서 찾아보고자 시도한 우리에게, 그 다음 찾아오는 의문은 혹시 2천 년 교회 역사 속에서 기독학사운동과 관련한 전통을 찾을 수 있지 않을까 하는 것이다. 그러나 이것은 너무 엄청난 과제이므로, 우리의 주제에 필요한 한두 가지 사례 연구(case study) 정도로 제한시켜 살펴봄이 바람직할 것이다.

**영국 기독학사운동의 전통**

광범위하게 포함시키자면, 어떤 점에서 영국 교회와 사회는 모두 기독학사들의 주도 아래 형성되었다고 해도 지나친 말이 아니다. 왜냐하면 이미 12세기 말에서 13세기 초에 걸쳐 시작된 옥스퍼드와 케임브리지 대학의 졸업생들이 영국을 주도해 왔기 때문이다. 그러나 여기서 우리가 말하는 기독학사운동을 복음주의적 기독학사운동으로, 또한 이 운동이 앞서 말한 학사들의 개인 신앙성숙, 학생운동 후원체, 교회 개혁과 사회변혁운동, 해외 선교 운동들의 성격을 내포한 것으로 제한해서 본다면, 우선 다음 몇 가지 예를 들 수 있을 것이다.

첫째는, 존 웨슬리 형제를 중심으로 한 옥스퍼드 학사들의 부흥운동이다. 한국에 와서 60년대 후반부터 80년대 초까지 의사로 일했던 케임브리지 출신의 한 영국 선교사는 한국 사회가 18세기 산업혁명시대의 영국 사회와 많은 유사점이 있다고 말한 적이 있다. 산업혁명으로 인한 급격한 사회 변화, 프랑스 혁명으로 조성되었던 정치적 불안, 이러한 급격한 사회 변화에 능동적으로 대처하지 못하고 오히려 세속화된 당시의 교회를 배경으로 하여 웨슬리의 부흥운동은 일어났던 것이다. 교회사가 무어맨(J. R. H. Moorman)은 산업혁명의 시대상을 요약한 후, 웨슬리 부흥운동의 배경을 이렇게 말하고 있다.

"주교들과 고위 성직자들의 자기 만족과 세속화, 자기들의 지위 향상과 가족들에 대해서만 갖는 관심, 그리고 자기들의 특권과 명예에 대해서만 예민했던 자세는 진정한 지도력이 절실히 필요했던 그 시대에 교회 지도력의 공백을 가져오고 말았다. 결국 교회는 교회 자체에서 나온 지도자들을 통해 구원받은 것이 아니라 자기 자신과 자기가 소유한 모든 것을 사회의 구원을 위해 바친 소수의 개인들을 통해 구출되었다. 그 중에서 가장 위대한 인물이 요한 웨슬리였다."

대학 시절, 웨슬리와 그의 동역자들은 스스로에게 철저한 신앙 훈련을 부과해서 규칙적으로 함께 성경 읽고 기도하고 엄격한 생활을 한다고 해서 친구들이 'Methodists'(형식을 존중하는 사람들이라는 뜻)라고 불렀다. 이들은 그후 학사가 되어 1738년 웨슬리의 유명한 회심 체험 후, 조직화된 성공회의 지역교구제도에서 벗어나 "세계가 나의 교구다"라는 구호를 외치며, 온 영국을 말 타고 다니면서 하루 서너 차례 설교하는 등 전도의 사역을 이루어 갔다. 동시에 미국을 중심으로 한 해외 선교운동도 펴나갔다.

그러나 우리가 명심할 것은 웨슬리의 부흥운동이 한국의 부흥회 등과는 그 성격이 판이하게 다르다는 사실이다. 한국의 부흥사들 중에는 수백만 원의 강사료를 받으면서 주로 "믿으면 복 받는다", "담임목사를 잘 모셔라", "교회 건축에 헌신하라"는 류의 설교를 많이 한다. 너무 극단적인 예를 들었는지 모르나, 어쨌든 그들의 공통점은 사회 현실에 무관심하다는 것이다.

웨슬리의 부흥운동은 순수한 복음 증거와 동시에 광부들의 금주운동을 비롯한 도덕 혁명, 임신부나 아이들의 노동 제한, 그리고 공장 지대의 복지 시설과 학교 설립 등 사회운동으로서의 성격도 있었다. 비록 그 과정에서 나중에 하나의 교단(감리교)이 생긴 것은 사실이나, 웨슬리 자신은 죽기까지 기존 영국 교회(성공회) 안에서 이 복음운동이 계속되길 원했다는 사실은 기억해야 할 것이다.

둘째는, 윌버포스를 중심으로 한 케임브리지 학사들의 사회운동이다. 웨슬리 이후 영국 사회와 교회는 복음주의가 많은 영향을 주고 있었다. 그 중에서도 18세기 말과 19세기 초에 활약한 소위 '클래팜 동역자들'은 후에 '빅토리아주의'(Victorianism)라고 불리는 사회 변혁을 일으키는 데 큰 영향을 끼친 기독학사들의 운동이다.

이들은 런던에서 3마일 정도 떨어져 있는 클래팜이라는 동네의 지역 교회를 중심으로 그 구성원은 주로 복음에 확신을 가진 복음주의적 목회자와 평신도 지도자들이었다. 교구 목사이던 존 벤, 은행가이던 손튼(H. Thornton), 동인도회사 사장인 간트(C. Gant), 전 인도총독이었던 틴머스(Teignmouth), 스티븐(J. Stephen)이라는 변호사, 무어(H. More)라는 작가 등 많은 지성인들이 가족같이 늘 모여 기도하고 의논하면서 동역했다. 이들과 가까이 교제하던 교회 지도자 중에는 영국의 복음주의 대학생 복음운동의 개척자로 인정되는 케임브리지의 찰스 시므온도 있다.

그들 중 대표적 인물로는 윌리엄 윌버포스를 들 수 있다. 그는 21세에 국회의원으로 활동하기 시작하여, 가난한 자들에 대한 특권층의 의무를 복음적 입장에서 깨우치는 책(《*A Practical View of the Prevailing Religions System of Professed Christians in the Higher and Middle Classes in this Country Contrasted with Real Christian*》)을 써서 큰 각성을 일으켰다. 영국 사회에 이 책만큼 큰 영향을 끼친 책이 많지 않다고 한다. 또한 그가 주도한 노예해방운동은 많은 투쟁 끝에 1807년 법안을 통과시키는 데 성공했다. 1863년 미국 대통령 링컨의 노예해방도 모두 이 영향을 받은 것이다.

이뿐 아니라 클래팜의 동지들은 갖가지 사회개혁운동, 교육사업, 해외 선교회(Church Missionary Society) 창립(1799), 대영 해외 성서공회(British and Foreign Bible Society) 창립(1804), 신앙소책자협회(Religious Tract Society)를 통한 문서운동 등 그리스도의 주권이 개인, 가정, 교회, 국가, 세계의 전 영역에 걸쳐 이루어지도록 애썼다.

이들은 개인의 회심을 강조하는 복음신앙과 사회참여의 동반자적 관계를 실제로 잘 보여 주었다. 이들의 영향을 마이클 헤널(Michael Hennel)은 다음과 같이 말하고 있다.

"사실 (복음주의자들의 영향으로) 19세기의 첫 20년 동안에 영국의 사회적 관습에는 완전한 변화가 일어났다."

물론 이 말이 '클래팜 동역자'들만을 가리키는 것은 아니다. 그러나 주로 복음주의적 신앙을 가진 기독학사들의 사회운동으로 이루어진 것만은 확실하다.

셋째는, UCCF의 학사회와 직업별 모임의 활동이다. UCCF는 1877년 케임브리지 대학생들이 중심이 되어 일어난 복음주의 학생운동이 1928년 전 영국의 대학에 퍼져 있는 복음적인 대학생들과 연합하여 조직된 단체이다. 15년 간 주로 학생운동에만 전념하던 UCCF는 1941년에 학사회를 창립하고 본격적인 기독학사운동을 시작했다.

UCCF 50년사를 보면, 학사회 조직의 목적이 광범위한 것을 알 수 있다. 먼저 대학생운동의 기도 및 재정 지원과, 졸업생들 중 당시 2차대전에 참여하던 학사들을 신앙적으로 돕기 위한 것이었다. 공식 목표를 밝히는 글에는 다음과 같은 대목도 나온다.

"이 시대의 그리스도인들이 당면하고 있는 시사성 있는 과제들을 해결해 나가기 위해…… 또한 한층 더 적절하고 학문적인 복음주의적 문서를 출판해 나갈 수 있는 방법을 모색하고 협조하기 위하여."

21세기를 사는 한국의 기독 지성인들에게도 이 말은 아직 호소력을 발휘한다. 왜냐하면, 아직 한국의 교계 지도자들은 신도들이 실제 부딪치는 많은 현실의 문제를 성경적으로 학적 수준을 갖추고 다루어 주는 일이 거의 없기 때문이다. 외국의 기독교 서적들이 번역되어 쏟아져 나오고 있으나, 우리 자신의 문제와 질문에 해답을 주는 우리 자신의 연구가 거의 없기 때문이다. 대부분 기독교서적은 일반서적에 비해 그 수준이 심각하게 뒤져 있는 것이 사실이다.

### 영국 기독학사운동의 현황

40년대 초 영국의 경우, 위의 목표는 상당히 새로운 것이었고 아주 의욕적인 것이라 할 수 있었다. 왜냐하면 당시 교회가 거의 자유주의화되어 있었는데, 자유주의자들의 관심은 온통 사회 문제에만 쏠리고 있었다. 복음 전도나 개인의 영적 성장 같은 것은 전혀 관심 밖의 영역이었다.

반면에, 보수주의적 복음주의자들은 오직 전도와 성경 읽고 기도하는 개인 경건생활에만 몰두했고, 사회 문제나 기타 기독교 진리의 현실 적용 문제에 대한 연구 자체를 위험시하는 풍토였다. 그런데 UCCF 학사운동의 개척자들은 복음주의 신앙을 확고히 지키는 한편, 사회적 문제들을 성경의 원리에 비추어 연구하고 도전하여 해결하려고 나섰던 것이다. 그들은 성경이 개인의 경건생활뿐 아니라, 삶의 전 분야에 적용되어야 한다고 확신했다.

그들의 입장이 자유주의자들과 다른 점은, 다루는 주제가 아니라 주제에 접근하는 출발점, 즉 전제가 되는 세계관이었다. 예를 들어, 자유주의자들의 의료윤리(medical ethics)는 인도주의에 기초하고 있었으나, UCCF 학사들은 오직 성경적인 의료윤리를 추구했던 것이다. 또한 사변적이고 공리적(空理的)이 아니라, 사람들이 당하는 실제 문제를 다루려는 것이었다.

이러한 목표 추구의 자연적인 열매로서, 학사들의 직업에 따라 단체가 조직되기 시작했다. 예를 들어 기독의료인회(Christian Medical Fellowship), 기독교육자회(Christian Education Fellowship. 나중에 Association of Christian Teachers로 명칭 변경) 등의 모임이 생기게 되었다. 그 외에 기독농업인회(Agricultural Christian Fellowship), 기독과학자회(Research Scientists' Christian Fellowship), 기독사회사업가모임(Social Workers' Christian Fellowship), 신학자들의 연구 모임인 틴데일 펠로우십 등이 있는데, 이러한 모임들은 연구 모임(study group)을 만들어 정기적인 연구와 토의를 하고 그 연구 결과를 문서화해서 출판해 왔다.

또한 매년 수양회를 따로 가지면서 신앙과 생활을 일치시키는 학문적·영적 노력과 함께 동역자들 사이의 교제를 게을리하지 않고 있다. 현재도 이러한 전문 분야별 학사회가 활동하고 있는데, 기독의료인회(CMF)나 기독교사회(ACT)같은 모임은 UCCF 학사회와는 행정 기구를 달리하여 활동한다. 그만큼 규모가 커졌고 영향력도 자란 셈이다.

문서출판의 대표적인 예로, 기업 경영에 참여하던 약 10여 명의 학사들이 중심이 되어 연구하고 토론한 결과로 〈산업사회와 크리스챤〉이란 책을 냈는데, 1964년 출간 직후 3만 부 이상 나갔으며 그 영향이 적지 않다. 연구 결과의 편집 책임자인 캐서우드 경은 영국경영인협회장을 역임했고 지금은 유럽의회 의원으로 정치적 영향력을 발휘하고 있다.

그는 케임브리지 대학 시절 기독학생연합회(CICCU)의 부회장으로 철저히 복음 신앙으로 훈련받은 분이다. 그 바쁜 분이 지금도 학생회와 학사회 수양회가 있으면, 부부가 손님 접대하는 주인 노릇을 하며 어린 학생과 학사들을 섬긴다. 교회 집사로 봉사할 뿐 아니라, 자기 집 응접실에서 매주 1회 성경공부모임을 인도하며, 해외 학생복음운동을 지원하는 IFES의 명예 회계로서 재정 문제에 대해 책임을 맡고 있다.

〈산업사회와 크리스챤〉이란 책이 나오기 전까지만 해도, 구미의 복음주의 기독교는 경제 문제, 노동 조합, 대기업, 구역관계, 고용주로서의 경영, 증권거래 문제 등을 성경적 입장에서 접근하는 일이 없었다. 따라서 이것은 기독 지성인들의 성경연구와 실제 문제에 대한 연구가 얼마나 사회에 영향을 끼칠 수 있는가를 보여 주는 좋은 예일 것이다. 물론 학사회는 전문 직업별 모임에 앞서서, 중앙 행정을 맡은 간사들, 'Christian Graduate'라는 월간잡지를 발행하는 편집 간사들이 있으나, 주로 학생운동이 학생들의 자율적 지도력으로 운영되듯이, 학사운동도 학사들의 지도력으로 이루어진다.

나는 매년 크리스마스 이후 갖는 전국 학사 수양회를 아내와 함께 참석한 적이 있다. 주제는 당시 실직자 문제가 영국 사회의 가장 심각한 문제였으므로, '노동과 실직'을 다루고 있었다. 같은 주제를 학사 출신의 신학자와 사회학 교수가 다루고, 분반 대화, 토론회도 있었다. 접근 태도가 철저히 성경적이며 동시에 실제적이었다. 참석자는 백발이 성성한 노인부터 갓 졸업한 어린 학사까지 다양했고, 안식년을 이용해 귀국한 선교사들도 상당수 참석하고 있었다.

이와 같은 전국 수양회 이외에 지역별 학사모임도 있다. 이 모임은 대개 1년에 한 번 정도 사귐을 중심으로 하는 모임이다. 물론 이 모임에 나오는 분들은 지역 교회를 잘 섬기는 학사들이다.

기독학생운동의 연장으로서의 학사운동은 영국 교회에 적지 않은 영향을 주었다. 특히, 학사회는 학생운동에 대해 재정 지원의 약 70%를 담당하고 있고, 문서운동과 해외 선교운동의 충실한 후원자 역할을 한다. 크리스마스 때면, 자기 가정을 개방해서 해외에서 유학 온 아시아, 아프리카인을 비롯한 세계 각국의 학생들을 초대하여 그들에게 그리스도의 사랑을 증거하기도 한다. 또한 학생운동의 기도 제목을 가지고 부부가 합심해서 중보기도하기도 한다. 말이 쉽지, 이러한 일이 얼마나 힘든 일인지 독자들은 이해할 것이다.

지금까지 영국 기독학사운동의 세 가지 실례를 살펴보았다. 그 의도는 우리가 그것을 그대로 흉내내자는 것이 아니라, 다만 성경의 원칙에 따라 한국적 상황에 맞는 학사운동을 시작하는 데 기준으로 삼기 위한 것이라는 점을 덧붙이고 싶다. 모든 발전적인 일에는 모방, 개선, 독창성의 단계가 필요하기 때문이다.

## 한국 기독학사운동의 전통과 현주소

교회나 대학의 역사가 아직 짧은 한국에서 기독학사운동의 전통을 찾으려는 시도는 무리한 일일는지 모른다. 특히 이 땅에 기독교 복음이 들어올 때 주로 서민층과 하류 계급을 대상으로 퍼진 사실은 잘 알려져 있다. 그러나 기독학사운동의 성격을 가진 그룹이 전혀 없었던 것은 아니다. 아마 대표적인 예가 이승만, 이상재, 남궁억 등 감옥 동지들의 운동과 김교신, 함석헌 등 '성서조선' 동지들의 운동일 것이다.

이승만, 이상재, 남궁억 등은 독립 협회 및 만민 공동회 사건으로 투옥이 되었다. 이 때 이승만이 배재학당 시절 아펜젤러가 전해 주던 복음의 메시지를 되새겨 깊은 복음 신앙을 갖게 되었다고 한다. 그는 선교사들이 차입한 성경과 〈천로역정〉, 무디의 책들을 읽으며 신앙의 깊이를 더해 갔다.

오래지 않아 그의 감옥 방은 교회가 되었고 새로 투옥된 이상재, 남궁억이 이승만의 전도에 복음을 받아들이고 동역자가 되었다. 초대 선교사 게일(J. S, Gail)은 이 감옥이 "한국 최초의 신학교" 구실을 했다고 기록했다. 그 외에도 유성준 등 6, 7명의 동역자들이 약 2년 이상의 투옥 생활 후 세상에 나왔을 때, 이들은 모두 "한국 교회 최초의 지식인 계급, 상류층의 교인"으로 등장한 것이다. 그들은 후에 중앙기독청년회(현 YMCA, 이상재·윤치호), 연동교회(이원긍), 안국동교회(유성준) 등으로 흩어져 복음 사업과 개화운동을 펼쳤다.

김교신, 함석헌 등의 성서조선운동이야말로 성서적이고 민족적인 지성인 운동이라는 점에서 우리의 관심을 끈다. 이들은 동경 고등사범학교 출신으로 요즘 사범대학이나 교육대학원 정도의 수준에 해당하는 당대 최고의 지성인들이었다. 다만 이들이 무교회주의자였다는 점이, 우리가 지향하는 성경적 교회관과 다르기 때문에 여기에 소개하는 데 유일한 거리낌이 된다.

이 모임의 지도자인 김교신의 생애는 생명을 바쳐 하나님을 사랑하고 민족을 사랑한다는 것이 무엇인가를 보여 준다. 그는 동경 유학 시절, 노방 전도를 받고 기독교를 믿기로 결심하고 어느 성결 교회에 입교했다. 그러나 너무나 세속적이고 내분이 많은 그 교회가 목사 축출 소동을 벌이자 교회 다니기를 중단했다. 그 후 무교회주의의 창시자인 우찌무라 간조(內村鑑三)의 성경 강의를 듣기 시작하여 참 복음을 영접했다. 그는 함석헌 등 동경 유학생 5명과 함께 '조선성서연구회'를 만들어 성경연구를 했고, 이들은 귀국하여 성경을 통해 한국 민족의 영혼을 구원하는 사업을 이루자고 굳게 약속했다.

김교신은 귀국 후 1927년 '성서조선'이라는 40쪽 정도의 동인지를 월간으로 발행하면서 말씀으로 민족혼을 깨우는 운동을 펼쳐나갔다. "아무리 한대도 너는 조선이다"로 시작한 창간사가 "야, 전멸은 면했나보다!"라는 말로 폐간되기까지, 이 잡지는 12년 간 계속되면서 "조선을 성서 위에 세우라"는 창간 이념을 고수했다. 이 잡지는 함석헌의 〈성서적 입장에서 본 조선 역사〉 등 고귀한 정신적 유산을 이 땅에 남기는 작업을 성취하기도 했다.

김교신은 매년 겨울 1주간씩 모이는 동계 집회와 문서 등을 통한 신앙운동 외에 평신도 복음의 일꾼이 살아야 할 모범을 보여 주었다. 그의 양정고보 등에서의 교사생활은 제자들에게 큰 인격적 감화를 주었고, 그의 제자들 가운데는 해방 후 한국 사회에 이바지한 분들이 많다. 어린이운동의 개척자 윤석중, 농촌운동의 개척자 유달영, 체육인 손기정 등이 모두 그의 눈물과 사랑 안에서 빚어진 인격적 열매들이다.

김교신이 '성서조선' 사건으로 일본 경찰에 붙잡혔을 때 담당자는 이렇게 말했다고 한다.

"성서조선의 일당이야말로, 팔딱팔딱하며 결사(結社)나 꾸미는 민족주의자나 공산주의자 이상 더욱 조선 민족의 백 년 아니 5백 년 후를 계획하는 최악질이다."

그는 함석헌, 유달영, 송두영 등의 동지들과 1년 간 옥고를 치른 후 전도생활을 계속해 오다가 흥남 질소비료 공장에 들어갔다. 이 무렵 한국의 노무자 5천여 명이 징용으로 끌려가 처참한 생활을 하고 있다는 소식을 듣고 단신으로 뛰어들어간 것이다. 그는 노무자들의 복지 후생을 위해 숙사에 들어가 교육, 의료, 주택, 처우 등의 개선과 민족적 각성에 힘쓰다가 발진티프스에 감염되어 며칠 만에 세상을 떠났다. 나이 45세로, 그렇게 기다리던 해방을 넉 달 앞두고 횡사한 것이다.

우리는 이 땅에 이러한 훌륭한 신앙의 선배들이 있었음을 감사해야 할 것이다. 다만 아무리 문제가 많은 한국 교회라고 하더라도 좀더 적극적으로 지역 교회를 섬김으로써 한국의 기독교인 전체에 영향을 줄 수 있었으면 얼마나 좋았을까 하는 아쉬움이 남는다.

이상에서 잠깐 언급한 두 가지 운동도 엄격한 의미의 기독학사운동이라고 부르기는 어렵다. 한국에서의 기독학사운동은 전쟁 후 비교적 사회가 안정되어 가던 60년대에 이르러서야 조금씩 산발적인 직업인 모임과 학생단체의 학사회를 통해 태동하기 시작했다고 보아야 할 것이다.

예를 들어 이 무렵 직업인 모임으로서 기독의사회, 기독실업인회 등이 활동하기 시작했다. 그러나 대부분의 경우, 학생시절 충분한 훈련을 받지 못한 교회 장로님들이 지도력의 중심이 되었는데, 교회와 사회에 끼친 영향은 거의 찾기 힘들다고 할 수밖에 없다.

학생선교단체의 학사회 활동도 지금까지 거의 찾아보기 힘들다. 사실 대학생 복음단체들도 외국 선교단체의 직접적 지원을 받아 1960년대에 와서야 시작되었다. CCC, IVF, UBF가 그 대표적인 것이다.

그러나 지금까지 한국에서는 대학생 복음단체들도 학사운동에는 크게 관심을 기울이지 못한 실정이라고 보아야 할 것이다. 다만 고무적인 것은 80년 이후 학생선교단체 출신들이 한국누가회(CMF)와 기독교사회(TCF)를 조직하여 활동하기 시작한 것이다. 또한 90년 이후 기독학사들의 직업별 모임이 활성화될 가능성이 보인 것이다.

한국의 기독학사운동은 아직 출발선에 서 있는 형편이다. 따라서 앞으로 역사를 시작하고 전통을 만들어야 할 시점이다. 특히 기독 지성 계발, 직장 복음화 등 일반 지역 교회가 담당하지 못하는 분야에서 기독 학사들을 중심으로 한 복음운동이 요청되고 있다. 하나님은 새 역사를 시작하라고 우리를 부르시고 모아 주셨다. 모든 시작은 쉽지 않다. 그러나 하나님을 바라보고, 또한 뒤에 오는 후손들을 생각하면서 우리는 아브라함과 같은 믿음으로 기독학사운동의 개척 역사에 동참해야 할 것이다.

# 13
## 기독학사운동의 목표와 방향

우리는 지금까지는 기독학사운동이 왜 필요한지, 성경과 교회 역사에서 찾을 수 있는 모델이 어떠한 것인지를 살펴보았다. 이러한 과정에서 단편적으로 우리가 지향해야 할 방향을 모색해 보기도 했다.

복음운동에서 균형 잡힌 방향 정립의 중요성은 아무리 강조해도 지나침이 없다. 방향을 잘못 정한 경우, 그 운동이 성장할수록, 그 모임이 열렬한 청년들의 모임일수록 위험해지고 교회와 사회에 역기능을 더하게 된다. 우리 국민의 충동적 저돌성으로 힘찬 추진력을 기대할 수는 있겠으나, 충분한 연구와 성령의 인도하심이 없을 때 과오를 범할 위험이 있다. 따라서 기독학사운동이 아무리 이 시대에 중요하고 귀한 일이라고 하더라도, 먼저 그 방향에 대한 충분한 토의 및 신학적 검토가 있어야 할 것이다.

기독학사운동의 방향 문제를 다룰 때 검토해야 할 점은, 첫째

신학적 입장, 둘째 학생운동과의 관계, 셋째 사회와의 관계, 넷째 교회와의 관계일 것이다. 이러한 주제를 잠시 살펴보고자 한다.

## 신학적 입장 : 복음주의운동

한국의 복음운동 진영이 지향하는 기독학사운동은 그 신학적 입장이 복음주의(evangelicalism)이다. 성경대로 믿고, 성경대로 행동하는 입장인 것이다. 아무리 사회참여가 중요하다고 해도 먼저 성경이 가르치는 복음 전도가 빠진 것은 무의미하다. 다른 모든 것을 양보한다 하더라도 한 가지 버릴 수 없는 것이 바로 복음 신앙이다.

우리는 성경 말씀이 가르치는 대로 인간이 타락한 죄인이며, 하나님의 아들 예수 그리스도의 피로써만 구원받는다는 복음의 핵심을 믿는다. 그리고 복음을 믿어 새 사람 되고, 복음을 증거하여 인류를 죄와 사망에서 구원하는 일이 무엇보다 우선되는 일임을 믿는다.

또한 기독교 신앙에는 인간 이성의 한계를 넘는 초자연적 요소가 있음을 성경이 증거하는 대로 믿는다. 동시에 우리는 성경 말씀이 가르치는 대로 이 세상에서 빛과 소금으로서의 역할을 감당해야 할 의무를 맡고 있다. 따라서 "믿고 축복받는" 식의 기복 신앙이 참된 복음 신앙이라고 믿지 않으며, 복음 전파와 사회 봉사는 반드시 함께 감당해야 할 동반자 관계로 믿는다.

이러한 복음 신앙을 저버리고 우리 주위에서 흔히 볼 수 있는 기독교 단체들같이 개인이나 단체의 바벨탑을 쌓고자 변질될 바에는 차라리 해산하는 것이 옳을 것이다.

## 대학생 복음운동의 후원체

기독학사운동은 후배 양성의 역사 계승에 최우선적인 관심을 기울여야 할 것이다. 어느 잡지의 광고에서 주물 기술을 한국인에게 가르치러 온 외국인 기술자의 말을 읽은 적이 있다. 그가 경주에 가서 에밀레 종을 보고 나서 이렇게 말했다는 것이다.

"1200년 전 이미 그토록 찬란한 금속 주조 기술을 가졌던 당신네가 왜 다시 외국 기술자를 초빙해서 주조 기술을 배워야 합니까?"

세계 최초의 금속 활자, 고려 청자기, 거북선을 만든 우리에게 왜 지금은 아무것도 계승된 것이 없을까? 우리는 후배 양성의 전통이 부족한 민족사에 대해 심각한 반성의 시기에 살고 있다. 서강대 김열규 교수는 〈한국·한국인을 분석한다〉에서 우리의 민간사고(民間思考)의 밑바탕이 "점(點)의 논리"라고 분석했다.

"'점의 논리'는 확연(擴延)이 없는 논리다. ……그것은 앞과 뒤를 내다보지 않고 더 많이 이해 관계가 얽힌 한 점에 집착한다. ……논리가 선상(線上)으로 발전하지 못하기에 근시안적이고 충동적인 행위가 유발된다."

사실 우리 문화에는 선으로서의 연속성이 부족하다. 정신사적으로 볼 때, 학문이나 과학 기술 등 여러 분야에서 발전적 계승이 무척 아쉬운 역사이다. 정치계, 학계, 종교계 어디를 보아도 아직 후배를 아끼고 인재를 양성해서 후대를 준비하는 선배를 찾아보기 힘들다. 어떤 맥이 선으로 이어져오기보다 점으로서 그치고 만다.

그러나 학사운동 개척자들은 후배들을 위해 정신적으로, 재정적으로 후원해 주는 일을 첫째 과업으로 삼아야 한다. 만약에 가정에 대한 책임만 없다면, 아예 간사로 뛰어들어 후배들을 신앙적으로 섬기고 싶어하는 분들이 적지 않은 줄 알고 있다. 그러면 과연 전임 간사가 되는 길만이 학생운동을 후원하는 길일까? 여기에 평신도 학사들이 학생운동을 도울 수 있는 구체적인 길을 몇 가지 제시해 보고자 한다.

첫째는 후배들이 본받고 존경할 만한 신앙의 모범을 보여 주는 일이다. 이것은 참 부담스러운 것이다. 나도 ROTC 장교로 근무하던 학사 시절에 신앙생활을 잘못함으로써, 휴가중이었을 때 차마 후배들 앞에 나서지 못하고 괴로워한 경험이 있다. 반드시 사회적인 지위가 중요한 것은 아니다. 주님을 사랑하고 이웃을 사랑하는 참 신자의 향기를 지닌 선배가 되는 것이 중요한 것이다.

둘째는 각자에게 주신 하나님의 은사를 활용하여 일대일 성경 가르치기, 모임에서의 강의, 상담, 글쓰기, 심방이나 초대, 같이 놀아 주기, 가끔 아이스크림이나 군고구마 사주기 등 봉사 활동을 직접 행하는 일이다. 특히 상담자의 역할이 매우 중요하다. 이런 선배를 가진 후배들은 얼마나 행복할까!

셋째는 헌금으로 후원하는 일이다. 만약에 학사들 10명이 십일조를 학생복음운동에 바친다면 한 사람의 전임 간사를 지원할 수 있다. 학사들 1,000명이면 100명의 전임 간사를 지원할 수 있다. 그래도 200만 한국 대학생 인구에서 겨우 2만 명에 1명의 전임 간사를 캠퍼스에 파송하는 정도밖에 안 된다.

  현재 대학생 복음운동은 폭발적으로 성장할 가능성을 보여 주고 있다. 이에 따라 학생 운동가들이 많이 필요한 형편이며, 좀더 적극적인 재정 모금이 요청되고 있다. 일단 흩어져 지역 교회를 섬기는 학사들은 어디에, 어느 정도 헌금하느냐로 고민하기도 한다. 이것은 각자 기도중에 결정할 일이다. 다만 대학생 복음운동을 통해 복음을 영접한 학사들은 학생운동이 얼마나 중요한가, 그 중요성에 비해 얼마나 재정적으로 힘든가, 지역 교회 목회자들에 비해 학생운동하는 주의 일꾼들이 얼마나 가난하게 주님을 섬기고 있는가를 기억해서 사람에게 보이려는 헌금이 아니라, 하나님을 기쁘시게 하는 헌금을 드릴 수 있었으면 한다.

  무엇보다도 중요한 것은 기도의 지원이다. 성도들의 기도 없이 이루어지는 모든 일은 하나님의 일이 아니다. 우리는 사도행전의 역사에서 성도들의 숨은 기도, 합심 기도가 얼마나 놀라운 역사를 일으키는가를 알고 있다. 알면서 행치 못하는 이유는 사탄의 집중적 방해 때문이다.

  대개 지식인들의 모임은 성경공부는 열심이나 기도의 영역이 허약하다. 학사들이 구체적으로 학생운동의 기도 제목을 알고 개인적으로, 부부가, 또는 모임에서 합심 기도할 때 반드시 성령님의 강력한 역사가 한국의 대학가를 휩쓸 것이다. 하루속히 한국의 대학, 각 학과, 각 학년마다 성경공부 그룹이 생기도록 기도하자. 나아가 우리가 아시아, 아프리카의 대학생 복음운동을 구체적으로 도울 수 있도록 기도하자. 의인의 기도는 역사하는 힘이 많다.

## 복음주의적 사회운동

만약 한국의 교회가 더 이상 사회에 대해 방관하고 무책임한 자세를 고수한다면 앞으로 20년이 못 되어 민족사에서 버림받는 종교가 될는지도 모른다. 현대 교회가 비난받는 가장 큰 이유가 세상의 소금 역할을 못하기 때문일 것이다. 우리는 성경에 명시된 하나님의 성품과 명령, 예수님의 모범과 가르침을 복종하기 위해 한국 사회의 부패를 막는 복음주의적 사회운동을 시작해야 할 것이다.

그러면 무엇부터 시작할까? 사회운동, 혹은 사회참여라는 말의 어감이 우선 어마어마하게 들리는 것이 사실이다. 사회운동이라면, 먼저 떠오르는 생각이 민족통일, 정치체제 개혁, 빈부격차 해소 등 굵직굵직한 과제들이다. 이러한 것들이 매우 시급하고 중차대한 문제들인 것은 사실이다. 사람들은 이러한 일에 참여해야 영웅적인 일을 한다고 생각한다. 그러나 남이 뭐라고 비난하든 상관없이 우리가 감당할 수 없는 큰 문제들은 하나님께 기도하고 맡기기로 하고, 우선 내 주변의 가까운 문제부터 시작하는 것이 중요하다고 본다.

### 건강한 가정 세우기

사회운동은 사회의 기본 단위인 가정에서부터 출발해야 한다. 하나님께서 친히 세우신 사회 제도는 세 가지가 있다. 가정, 국가, 교회이다. 이 중에서도 가정은 최소 기초 단위이면서 동시에 가장 중요한 사회 조직이다. 교회 봉사나 사회 활동보다 중요한 것이 신앙적인 가정을 세우는 일이다.

기독학사운동은 학사들이 세속적인 이성교제, 세속적인 결혼, 세속적인 부부생활, 세속적인 자녀교육에서 벗어나 하나님이 가르치신 성경적 가정생활을 하도록 교육시키고 격려하는 운동이 되어야 할 것이다. 그렇지 못할 때 우리 학사들은 성경을 배웠으나 구체적 상황에서 성경의 원리를 적용시키는 지혜가 부족하여 TV나 여성 잡지가 주는 영향권으로 빠져들 위험이 있다.

앞서 우리는 에스라와 느헤미야의 사회개혁운동이 신앙적인 가정 회복을 얼마나 중요시했는가 살펴보았다. 로마사회나 현대사회의 혼란과 붕괴의 일차적인 원인이 가정의 파괴에 있음은 사회학자들의 말을 빌리지 않더라도 우리 주위에서 피부로 느끼고들 있다.

그렇다면 바른 가정을 세우기 위해서는 무엇을 해야 할까? 먼저 가정에서 하나님이 원하시는 사랑과 질서를 부부관계, 부모와 자녀관계에서부터 회복하는 일을 시작하자. 각 가정 단위에서 머물지 말고 운동의 성격을 가지고 협력하여 일해 보기로 하자. 불신자들이 우리 기독학사들의 가정을 보고서, "야, 정말 아름답고도 행복한 가정이구나" 하고 탄성을 올릴 수 있게 가정을 가꾸어 보자.

**TV 적게 보기**

우리의 가정과 사회, 특히 자라나는 세대를 위해 전개해야 할 일 중의 하나가 'TV 적게 보기 운동'이다. 미국의 경우 성인이 하루에 TV 앞에서 보내는 시간이 평균 6-7시간이며, 한국은 평균 3-4시간은 될 것이다. TV가 얼마나 국민의 정신생활에 해를 끼치고 있는지, 특히 어린이의 사고 능력을 마비시키고 있는지를 심각하게 생각할 수 있어야 한다.

한 세대 후 세계의 문화 수준은 현재의 어린 세대가 TV 대신 창조적 사고 능력을 기르는 독서와 토론에 얼마나 시간을 바쳤는가로 결정될 것이다. TV 때문에 얼마나 가족의 대화가 빈곤해지고 인격적 관계성이 소홀해지고 있는가? TV를 없애는 운동은 곤란하지만(TV가 가진 좋은 점들이 있으므로), 우선 기독학사의 가정에서부터 '하루에 30분 이상 TV 보지 않기 운동'을 벌여야 한다. 그 대신 하루에 30분씩만 부모가 자녀에게 책을 읽어 주는 운동을 대안으로 실천해 나가야 한다.

영국의 가정에서는 아이가 책을 읽을 수 있는 나이가 되기 전까지는 엄마가 책을 읽어 주지 않으면 아예 잠자리에 들 생각도 않는다. 한국의 가정마다 엄마가 책 읽어 주는 낭랑한 목소리가 TV 방송을 대신하게 하자. 가정이야말로 가장 중요한 선교의 장(場)이다.

### 단순하게 생활하기

한국의 기독학사들이 소비 수준을 지금의 반으로 줄여서 살아 나갈 운동을 일으킬 수는 없을까. 예를 들어 아파트 단지에서 새 물건을 경쟁적으로 사오는 분위기부터 좀 바꾸어 나가면 좋겠다. 우리는 결코 부자 나라가 아니기 때문이다. 한국 사회의 빈부 차이는 먼저 대학 출신들이 절약하여 공장에서, 농촌에서 고생하는 동포들을 돕는 데서 해소되어야 한다. 세계 어느 나라도 한국처럼 대학 출신이 하나의 신분적 특권층을 이루어 지나치게 이기적인 삶을 사는 나라는 드물 것이다. 따라서 무엇보다 기독학사들부터 돈 쓰는 것을 하나님의 청지기답게 진실하고 지혜롭게 해야 할 것이다.

이 글을 읽는 형제 학사들은 행여라도 룸살롱, 퇴폐 이발관 등 향락소비업소를 출입하는 일이 없어야 한다. 오히려 그런 곳이 있으면 고발하는 운동을 펼쳐야 하겠다. 우리 사회가 더러워지고 "음풍(淫風)이 전국에 퍼져 죄악이 가득한"(레 19:29) 사회가 된 데 대한 책임감을 느껴야 한다.

### 낙태금지운동

우리가 시급하게 전개할 것은 '생명보호운동'이다. 이에 따라 임신중절을 금하는 운동을 펴 나가야 한다. 성경은 인간의 생명이 어머니의 태에서 출발함을 명백히 가르친다(사 44:2; 렘 1:5; 시 139:13).

그러나 인간이 하나님의 형상대로 지음 받은 고귀한 존재요 생명이 하나님께로부터 나온 것을 부인하고, 진화론을 따르는 현대인들은 마음대로 생명을 죽이는 끔찍스러운 일을 행하고 있다. 우리들부터 시작해서 이 무서운 살인 행위에서 떠나는 운동이 일어나야 한다. 이것은 참으로 심각하게 생각해야 할 문제이다.

### 직장복음화운동

기독학사들은 대부분 학생 시절에, 내가 처한 장소가 바로 하나님이 계시는 "거룩한 땅"이요, "사명의 땅"이라는 훈련을 받은 줄 안다. 학생 시절에는 주로 캠퍼스에 있었으므로, 캠퍼스에서 친구들과 후배들에게 복음을 증거하기 위해 애썼을 것이다. 성경 공부 모임을 이루고 동역자를 얻기 위해 간절히 기도하고 몸부림 쳤던 경험을 가진 분들은 학사가 되어 직장에 나갈 때 각오가 새로울 것이다. 그 곳이 바로 사명의 땅이므로.

그런데 신입사원으로서 새벽부터 밤늦게 시달리면서 무슨 일을 할 수 있을까? 직장 사회는 학원보다 얼마나 더 여유 없고 눈치봐야 하는 곳인지 모른다. 그러나 먼저 기도해야 하겠고, 그 곳에서 함께 주님을 섬길 동역자를 찾아 구체적으로 복음 전하는 기회를 만들어야 할 것이다. 그리고 인간 관계와 돈 문제에서 그리스도인으로서 바른 윤리를 지켜야 할 것이다.

아직도 한국의 신자들 중에는 직장의 일은 "복음 전하는 수단"이요, "육신의 일"이라고 잘못 생각하는 이들이 적지 않다. 기독교의 하나님은 영과 육을 이분화(二分化)시켜 영은 선하나 육은 악하다고 보는 분이 아니다. 인간의 영혼과 육체는 똑같이 중요하다. 목사는 성스러운 영적 직업이고, 일반 직장에 다니는 사람은 세속적이고 육신의 일을 하는 것이 아니다. 종교개혁자들이 주장한 대로 우리는 모두 부르심 받아 하나님의 일을 다른 분야에서 하고 있는 것이다.

하나님의 일은 성경 읽고 기도하는 일만이 아니다. 부엌에서 음식을 만들든지, 회사에서 일하든지, 시장에서 장사하든지 모두 나의 생존만 위한 것이 아니라, 하나님의 세계를 섬기고 인류의 복지를 위하는 일을 하고 있는 것이다. 직업에 성속(聖俗)이 없고, 귀천(貴賤)이 없다는 프로테스탄트의 윤리를 우리 사회에 뿌리내리는 운동이 기독학사들을 통해 일어나야 할 것이다.

예수 그리스도의 주되심(Lordship)은 개인의 영혼에 국한되는 것이 아니다. 개인과 가정, 교회와 사회, 역사의 모든 분야에 그리스도께서 주인 노릇하실 수 있도록 종된 우리는 구체적으로 주의 뜻을 분별하고 순종하여야 할 것이다. 구제사업, 직장 및 기업윤리, 가정생활, 교육 문제, 여가와 오락 문제, 예술, 정치 등 기독 지성인들이 창의적으로 도전할 분야가 많이 있다. 당장 할 수도 없고 미치지도 못할 큰 일보다 우선 작은 일부터, 실천 가능한 일부터 시작해 보자(시 131). 시작할 엄두가 나지 않으나, 하나님의 뜻을 이 땅 위에 이루려는 창조적 소수가 있을 때 반드시 이룰 수 있을 것이다.

우리의 사회 현실이 아무리 어둡고 사회악의 세력이 골리앗처럼 거대하다 해도, 우리 몇 사람이 다윗의 믿음으로 나설 때 하나님의 능력이 이 사회를 반드시 바꾸어 놓으실 것이다. 복음이야말로 '세상을 뒤집어 놓는 힘'(world-transforming power)이 있음을 믿어야 할 것이다.

# 14
## 기독학사운동의 전략

기독학사운동의 방향을 복음주의적 사회참여와 적극적 교회 봉사 및 학생운동 후원으로 잡는다면, 이러한 목표를 어떻게 이룰 수 있을까? 이상(理想)은 좋으나 현실적으로 가능한 일일까? 여기에 모든 개척자들이 겪는 고충이 있다. 그러나 뜻이 있는 곳에 반드시 길이 있다. 이 운동이 하나님의 뜻에 합당한 일이며 이 시대에 필요한 일이라면, 이 운동을 일으켜 나갈 구체적 방법도 창출해 낼 수 있을 것이다. 먼저 우리에게 요구되는 것은 확실한 비전이다. 또한 이 비전을 성취하고자 하는 뜨거운 열정이다. 전쟁에서도 작전 계획보다 더 중요한 것이 군인들의 사기(士氣)이다.

그러나 여기에만 그쳐서도 안 된다. 모든 지혜의 원천이신 하나님께 기도하는 일이 중요하다(약 1:5-8). 개인뿐 아니라 그룹으로 연구하고 토론을 거듭하는 과정도 필요하다. 결코 서둘러서는 안 된다. 우리 사회의 조급한 분위기는 불신앙에서 오는 것이기 때문이다. 성령님께서 구체적으로 인도해 주시리라는 확신과 장기적 안목을 가지고 차분히 추진해 나가야 할 일이라고 생각된다. 이러한 기본 자세를 가지고 기독학사운동을 시작함에 있어서 전략적으로 고려해야 할 몇 가지 문제가 있다.

## 다양성 속의 통일성

기독학사들은 우선 그들이 거하는 장소면에서 지리적으로 다양하다. 전국에 흩어져 있을 뿐 아니라, 유학 및 이민 간 학사들까지 포함할 때 전 세계에 퍼져 있다고 할 수 있겠다. 또한 직업면에서 다양하다. 학생 시절에는 전공 과목이 다르더라도 직업란에 "학생"이라고 써 넣는 점에 공통점이 있었으나, 학사들의 경우는 확연히 달라진다.

구성 멤버가 지리적으로, 직업적으로 다양하다는 점은 운동적 측면에는 약점이 되겠으나, 그 영향력면에서는 장점이기도 하다. 그러므로 학사운동의 성패는 다양성을 최대한 살리면서 동시에 어떻게 통일성을 이루느냐에 달려 있을 것이다.

학사들이 지역적으로 흩어져 있다 해도 어떠한 방법으로든지 지역별 모임을 구성할 수 있을 것이다. 지역별 모임이 내용 있고 활기 있게 이루어지지 않은 상태에서 전국적 차원의 일은 불가능하다.

지역 모임은 성도의 교제가 중심이 된다. 함께 말씀을 공부하고 신앙 체험을 나누며, 기도하는 모임의 중요성은 아무리 강조해도 지나치지 않다. 모여서 특별 프로그램을 갖는 것도 좋으나,

성령 안에서 하나된 동역자들이 서로 말씀과 기도, 간증 등으로 사귐을 갖는 것은 특별 교육 프로그램보다 중요하다. 직장생활에서 시달린 영혼이 먼저 위로와 쉼을 얻을 수 있는 영혼의 안식처가 필요하다. 아직 결혼하지 않은 학사들의 경우에 그 필요성은 더욱 절실하다.

이렇게 지역 모임을 이루려고 할 때 학사운동에 봉사의 우선권을 두는 핵심 멤버가 필요하다. 어떠한 모임이든지 충성하는 소수의 일꾼이 없이는 아무 일도 이루어지지 않는다. 그러므로 마치 지역 교회 봉사보다 신학교나 기독교 기관 봉사에 우선권을 두는 교역자들이 있는 것과 같이, 평신도들 중에도 선교단체 봉사에 우선권을 두는 소수의 일꾼이 있는 것은 잘못된 일이 아니다.

어느 학사 모임의 경우, 지역별 모임이 비교적 잘 이루어지고 있는데, 이것은 전국적 차원에서 학사운동을 일으킬 수 있는 큰 자원이라고 할 수 있겠다. 그러나 학사운동을 전국적인 연합운동으로 일으키며 관리할 중앙 행정이 거의 없다. 손, 발 등 지체(member)의 활동도 중요하나, 온몸(body)의 활동이 없다면 건강한 움직임이 있을 수 없다.

그러므로 우선 선교단체마다 학사회의 전임 간사부터 필요한 상태이다. 직업별 모임의 자체 활동을 최대한 존중하면서도 이를 유기적 관계성 안에서 종합하여, 학사들을 위한 교육 프로그램 계발과 사무를 담당하는 일꾼이 있어야 한다. 그리고 전국적인 연합 사업이 있을 때 각 지구마다 최선을 다해 협조하는 분위기의 성숙이 있어야 통일성 있게 일할 수 있을 것이다.

근래 모든 교회와 선교단체마다 가지는 수양회는 주로 학생운동단체의 영향으로 생긴 것이다. 지역적으로 함께 모이기 힘든 멤버들이 자리를 같이하는 기회를 만들어 그들의 공동목표를 확인하고 동역자의식(membership)을 새롭게 하는 기회를 만들기 위한 것이다.

학사운동을 펼쳐 나가기 위해서는 시간과 돈을 투자하며 수양회를 자주 갖는 일이 필요하다. 직업별 모임의 동역자 수양회, 전국 기독학사수양회 등을 준비하고 이루어 나가는 과정에서 학사운동이 통일성을 이룰 수 있기 때문이다.

**직업별 모임의 필요성**

학생 시절과 달리 학사가 되면 직업에 따라 그 활동 분야가 확연하게 달라진다. 그러므로 기독학사라는 공통점에도 불구하고 구체적인 생활에 성경 진리를 적용하고자 할 때 직업에 따라 상이점을 갖고 있다.

학생 시절에는 기독교 신앙의 기초를 단단히 하는 것이 중요하다. 그러나 학사가 된 후에도 늘상 똑같은 신앙의 초보에만 머물러 있을 수 없다. 나의 직업 현장에서 어떻게 그리스도인으로서 살아야 하느냐의 문제가 중요하게 부각된다. 고맙게도 근래 직장 사역에 대한 연구가 있어 왔으나, 아직 한국 교회는 전반적으로 기독교인으로서의 직업 윤리 문제에 대해 거의 불모지와 같은 형편이다. 특히 보수적인 기독교인일수록 이 문제가 더 심각하다. 그러므로 같은 직업에 종사하는 학사들끼리의 사귐을 통하여 서로 어려움, 갈등, 그리고 배운 지혜들을 나누는 것은 귀중한 일이다. 이런 점에서 영국 UCCF 학사회가 시작한 직업별 모임은 현대 복음주의 학사운동의 선구자 역할을 해 왔다고 할 수 있을 것이다.

이들의 활동은 주로 수양회와 문서운동을 통해 이루어진다. 예를 들어 기독교사회의 경우, 해마다 수양회를 가져 교육 분야의 권위 있는 기독 교수의 강의를 듣고 토론회를 갖는다. 특히 영국에서는 종교 교육(Religious Education)이 중고교 과정의 필수 과목이며, 이 교육 문제는 늘 논쟁의 대상이 되어 왔다. 전에는 기독교만이 유일한 종교요 진리라고 믿고 가르쳐 왔는데 사회가 다원화하고 세속화되면서 기독교도 종교 중의 하나가 아니냐고 주장하는 자가 많아졌기 때문이다. 이러한 분위기 안에서 그리스도인 교사들이 어떤 입장에서, 무엇을 가르쳐야 할 것인지에 대하여 성경의 진리와 바른 기독교적 교육 철학에 입각한 의견의 일치를 찾고자 애쓰고 있다.

그 외에도 교육 현장에서 부딪치는 당면 과제에 대하여 연구 토론하고 그것을 문서화는 작업을 계속하고 있다. 또, '기독 교사 회관'을 건립해서 도서관, 자료실, 세미나 및 회의실, 식당, 기숙사 시설 등을 갖추고 영국 교육계를 복음화하기 위해 힘쓰고 있다.

기독과학자모임의 경우, 예를 들어 진화론을 주장하는 새 책이 나왔을 때 재빨리 기독과학자의 입장에서 이를 비판한다. 기독사회사업가모임의 경우는 '그리스도와 돕는 기술'(Christ and the Art of Helping) 등의 주제로 수양회를 가진다.

기독의사회 역시 '봉사직으로서의 의료인' 또는 '의료윤리'(medical ethics) 등의 주제로 수양회와 문서운동을 펼치며, 인본주의적이고 과학적 물질주의(scientific materialism)의 전제 아래 의료인으로서 종사하는 사람들을 성경의 진리로 도전하는 일을 펴 나가고 있다. 이러한 일들은 먼저 기독직장인들의 자기 정체성(self-identity)을 위해서뿐 아니라, 직장과 사회에 그리스도의 향기를 드러내기 위해 필요한 일들이다.

### 기독 지성 계발과 문서운동

기독학사운동을 일으키는 데 가장 중요한 전략이 바로 지성 계발과 문서운동이다. 우리는 무슨 운동이니 활동이니 하면 거리로 뛰쳐나가서 꽹과리 치며 큰소리로 외쳐대는 것부터 연상하게 된다. 심지어 대학사회도 지나치게 행동주의적이며, 한국 교회는 너무나 행사 위주인 것 같다. 그러다 보니 한국의 기독교인들은 지성과 감성, 의지의 조화 있는 신앙생활이 부족하다. 주정주의적(主情主義的)이고 행동주의적이다. 머리는 쓰지 않으려 하고 그냥 몸으로 때우는 식의 치우친 신앙생활을 하고 있다.

성경은 우리에게 좌로나 우로나 치우치지 말고 균형 잡힌 신앙생활을 요구하고 있다. 신앙생활에는 반드시 감성적 요소가 있어야 하고 의지적 행동이 중요하다. 결코 무시해서는 안 된다. 그러나 기독교 신앙에서 '지성'이 얼마나 중요한가를 잊어서는 안 된다.

"네 마음을 다하고 목숨을 다하고 뜻을 다하고 힘을 다하여 주

너의 하나님을 사랑하라"(막 12:30)는 계명을 우리는 기억하고 있다. 하나님을 사랑하되 맨 먼저 필요한 것이 "마음을 다하여" 사랑하는 것이다. 여기서 마음은 '지성'(mind)을 뜻한다. 그런데 이러한 지성을 활용하는 일은 쉽지 않다. 우리 국민들은 일반적으로 책 읽고 생각하고 토론하며 글쓰는 일에 힘쓰지 않는 편이다. 대학 교육까지 받은 사람들 중에서도 한 달에 책 한 권 제대로 읽는 사람이 많지 않은 실정이다. 창조적 사고 활동은 아예 중단한 채, 대학 졸업 후부터는 그저 일상성 속에서 반복되는 일들에 얽매여 노예처럼 사는 생활인들이 얼마나 많은가. 그러나 기독학사운동은 무엇보다도 지성운동이어야 한다. 지성을 쓰는 작업이어야 하는 것이다. 첫째는 성경(text) 연구에 우리의 머리를 써야 하며, 둘째는 우리의 상황(context)에 대한 연구에 머리를 써야 하는 것이다.

지금까지 우리가 토론해 온 모든 학사운동의 분야들을 잠시 정리해 보자. 교회 개혁과 사회 변혁, 이 둘 중 어느 것도 구체적인 지적·학문적 연구없이 가능한 것이 없다. 직업별 모임을 이루어 나가는 것도 모두 지적 작업이다. 따라서 당장에 어떤 성과를 기대하는 세속적 결과주의를 배제하고, 우리가 5, 60대가 되어서 이루어질 목표를 세우는 중장기(中長期) 계획이 필요하다. 아니 우리가 시작한 일이 후손에게 이어지더라도 차분하게 공부하는 일부터 출발해야 한다. 이러한 공부 모임에서 종교 개혁도, 공산 혁명도 생겨난 것이다. 성경과 각 분야에 대한 서적을 깊이 있게, 폭넓게 공부하는 작업이 지성운동의 첫 단계이다.

그 다음에 우리는 토론하는 문화를 이루어야 한다. 권위주의적이고 독단주의적 교육 분위기에서 자란 우리는 학문하는 태도에서 객관적 진리에 이르기 위해 서로 토론하는 일이 지나치게 부족한 상태이다. 독단과 맹목적 추종이 만연한 곳에는, 그 곳이 국가나 교회이든 모두 독재와 부패가 뒤따르게 된다. 토론의 과정에서 우리는 주관주의에서 벗어나게 되며, 자기 생각의 틀린 점과 부족한 점도 발견할 수 있다. 체면이나 권위의식을 버리고 서로 진리를 사이에 두고 배우며, 진리의 보편성에 이르는 종합적 노력은 우리 국민에게 절실히 필요한 지적 훈련이다.

그 다음에 필요한 작업이 글을 쓰고 발표하는 일이다. 생각이 정리되어 사상화되고 이것이 글로 표현될 때 다른 사람에게 전달되는 힘이 강하게 나타난다. "펜이 칼보다 강하다"는 속담을 인용하지 않는다 해도, 글의 힘은 모두 잘 알고 있다. 그래서 독재자일수록 글을 자유롭게 쓰고 발표하도록 놔 두지 않는다.

모든 근대의 정치운동, 사회운동은 문서를 무기로 해서 이루어졌다. 더구나 책의 종교인 기독교에서는 종교 개혁을 비롯한 교회사의 획기적 사건은 예외 없이 문서를 통한 운동이었다. 철의 장막이라고 불리는 공산주의 국가에서 기독교의 지하 교회가 활발하게 움직이는 것도 문서를 통한 것이다. 선교에 있어서 문서의 힘이 얼마나 큰지는 19세기 이후의 세계 선교운동의 역사가 증명하고 있다.

기독학사운동은 지성 계발을 통한 문서운동을 이루어 가는 외에 다른 방도가 없다. 이 일 역시 쉬운 일이 아니다. 그러나 이를 위하여 지금부터라도 해외의 책 번역뿐 아니라, 우리의 상황을 연구한 창조적인 글들이 나오기 시작해야 한다. 인터넷을 통해

의사소통이 더욱 용이해진 시대에 글쓰는 사람들을 통해 주님은 귀한 일을 하실 것이다. 직업별 모임에서 손쉽게 출발할 수 있는 간단한 팜플렛이라도 내기 시작해야 하겠다. 인터넷 시대에 홈페이지 운영과 웹진(webzine) 발행 등에 더 많은 관심과 투자가 필요한 시기가 아닐까 한다. 그 어려운 시대에 김교신 선생이 '성서조선'을 내던 정성의 십분의 일이라도 바친다면, 우리 시대에 '성서한국과 세계 선교'를 이루는 기초를 쌓을 수 있을 것이다.

지금까지 함께 생각해 본 대로, 기독학사운동은 교회적으로 보나 사회적으로 보나 귀중한 일임에 틀림없지만, 이 운동을 전개해 나가는 데는 큰 믿음과 넘치는 지혜, 그리고 인내가 필요하다. 시작도 어려우나 계속해 나가기는 더 어렵다. 그러므로 모든 능력의 원천이신 하나님을 앙망해야 한다. 하나님의 뜻을 이 땅 위에 이루려는 간절한 소원, 하나님과 민족에 대한 우리의 사랑이 식지 않고 활활 타오르게 하자.

현실로는 자식이 하나도 없었으나, 하늘의 뭇별과 같이, 바다의 모래 같이 자손을 주시겠다는 하나님의 약속을 바랄 수 없는 중에 바라고 믿은 아브라함의 믿음을 달라고 기도하자. 아브라함의 하나님은 "죽은 자를 살리시며 없는 것을 있는 것같이 부르시는" 창조와 부활의 권능을 가진 하나님이시다(롬 4:17-22). 아브라함의 하나님은 바로 우리의 하나님이시다. 우리 시대에도 당신의 말씀으로 세상을 구원하고 변화시키는 역사를 이루고 계신다. 우리 그리스도인들, 그 중에서도 기드온의 삼백 정예 용사와 같은 기독학사들이, 하나님 말씀으로 이 민족의 사상과 문화를 바꾸는 역사를 이루기 위해 그리스도의 고난에 동참할 수 있어야 하겠다.

"내가 그리스도 안에서 참말을 하고 거짓말을 아니 하노라 내가 큰 근심이 있는 것과 마음에 그치지 않는 고통이 있는 것을 내 양심이 성령 안에서 나로 더불어 증거하노니 나의 형제 곧 골육의 친척을 위하여 내 자신이 저주를 받아 그리스도에게서 끊어질찌라도 원하는 바로다 저희는 이스라엘 사람이라"(롬 9:1-4).

이처럼 자기의 구원보다 민족의 앞날을 염려하던 모세와 사도 바울의 민족애를, 어쩔 수 없이 이기적인 우리에게도 허락해 달라고 기도하자. 그리고 민족 분단시대, 교회 분열시대를 사는 우리는 한 마음 한 뜻으로 성령 안에서 온전히 하나되고 협력하여 주님의 뜻을 이루어 보자. 성서한국을 꿈꾸며 살자.

## 15
## 기독학사운동과 지역 교회

 기독학사들의 주 활동영역은 지역 교회이다. 다만 지역성과 교파성의 장벽 때문에 지역 교회가 감당할 수 없는 분야를 기독학사운동이 개척해 나가야 할 것이다. 앞서 말한 학생운동 후원이나 직장복음화운동 등이 그 예가 될 수 있다.
 그러나 학사운동이 지역 교회의 역할을 대행하려 든다면, 이는 불필요할 뿐 아니라 한국 교회의 앞날에 해를 끼치는 운동으로 변질할 위험도 있다. 따라서 한국의 지성인 선교단체가 가져야 할 지역 교회에 대한 바른 태도를 잠시 생각해 보고자 한다.

### 선교단체의 잘못된 교회관

 대학 시절 학생 선교단체를 통해 그리스도인이 된 분들의 경우, 대다수가 목회자나 교회에 대한 왜곡된 견해를 가지고 있는 것 같다. 또한 지역 교회에서 성도의 교제나 봉사활동 등의 훈련이 없기 때문에 교회에 대한 태도에 있어서 나쁜 습관이 형성된 경우도 적지 않다. 이렇게 된 원인이 어디에 있을까?

첫째는, 학생선교단체에서 직간접으로 학생운동 자체를 목적으로 삼는 교육을 받았을 뿐, 지역 교회의 중요성과 앞으로의 지역 교회 봉사에 대한 준비 교육이 전혀 없었기 때문이다.

기독학생운동은 중요하다. 그러나 하나님 나라를 이루는 데 가장 중요한 일 중의 하나이지, 결코 유일하게 중요한 것은 아니다. 하나님은 그의 나라를 이 땅 위에 이루시는 주 대행자로 지역 교회를 세우셨다. 이것은 신약성경을 공부하면 분명하게 드러난다.

따라서 학생선교단체는 그 단체의 구성원들이 지역 교회의 충실한 멤버가 되도록 선명하게 방향을 설정해 주어야 한다. 유감스럽게도 한국의 대표적이랄 수 있는 몇몇 학생선교단체는 지역 교회의 예배 시간과 똑같은 시간에 예배를 가짐으로써 지역 교회 역할을 대신하고 있다. 학생 시절은 4-6년 밖에 안 된다. 그러므로 학생운동은 그 멤버들이 졸업 후 50년 이상 어떻게 신자로서 바르게 살 것인가를 미리 준비시켜 주어야 할 것이다.

지역 교회에 다니지 않고 선교단체에만 다니는 사람들은 이렇게 자신을 합리화한다.

"나는 보편적 교회에 속한 신자이며, 두세 사람이 주의 이름으로 모인 곳에 주께서 함께 하신다고 했으므로 구태여 지역 교회까지 섬길 필요를 못 느낀다."

그럴 듯한 주장이다. 그러나 성경에서 '교회'란 표현은 명백히 '보편적인 무형(無形)의' 교회를 가리키기도 하나(마 16:18; 엡 1:23; 골 1:18), 동시에 '지역적인 유형(有形)의' 교회를 가리키기도 한다(고전 1:2). 그러므로 무형의 보편 교회에만 속하고 지역 교회에는 속하지 않겠다는 무교회주의자와 비슷한 발상은 성경적 근거가 없다.

또한 "두세 사람이 내 이름으로 모인 곳에는 나도 그들 중에 있느니라"는 말씀도 지역 교회에 속하여 봉사해야 할 성도의 책임을 회피하는 데 인용할 수 있다. 이 말씀이 쓰인 문맥을 잘 살펴보라. 이 말씀은 형제가 죄를 범했을 때, 개인적 충고를 안 받아들이면 두세 증인을 데리고 갈 것이며, 그들의 말도 안 들으면 교회에 말하고 교회의 말도 안 들으면 이방인과 세리같이 여기라는 내용 속에 포함되어 있다(마 18:15-20). 여기서 예수님은 분명히 '두세 사람'과, '교회'를 구별하셨다. 그러므로 두세 사람이 바로 지역 교회가 될 수는 없다. 그리고 여기서 예수님이 말씀하신 '교회'는 마태복음 16장 18절의 '보편 교회'와는 달리 지역 교회를 가리키고 있음이 분명하다.

자기 단체의 존재 가치를 부각시키려는 노력 때문에 원치 않게 부정적인 교회상을 소속 멤버에게 주입시키는 것도 큰 문제이다. 이 경우, 교회에는 소망이 없으므로 예수께서 바리새인들과 기성 교회에 물들지 않은 12명의 제자들을 양성하셨듯이 우리 단체만이 참 제자, 참 신자의 모임이라는 식의 분위기가 조성된다. 참으로 시대착오적이고 자기중심적이며 독선적인 성경 해석이다. 신학적 밑받침이 없이 인간적인 열심으로만 이루어지는 단체일수록 이런 성향이 강하다.

어느 사회를 막론하고 대개 지식인 그룹은 늘 교회 비난을 일삼아 왔다. 한국의 지식인들 사이에도 교회를 비난하는 것이 아예 유행이 되었다. 그러나 아무리 부족한 점이 많아도 교회는 하나님이 피로 사신 교회요, 그리스도의 몸이요, 신부로서 표현된, 주님이 지극히 사랑하시는 성도들의 공동체임을 알아야 한다. 하나님이 사랑하시는 교회를 감사와 사랑과 섬김 없이 불평과 비난만 일삼는다면 아마 머지않아 사탄의 무서운 시험에 빠질 위험도 있다.

한국의 기독학사들, 특히 선교단체 출신의 학사들은 자신이 그동안 혹시 잘못된 교회관을 가지지 않았는지 깊이 반성하고, 새로운 시각으로 주님의 교회를 바라보아야 할 것이다.

**지역 교회의 잘못된 선교단체관**

어느 학생선교단체의 수양회 강사로 온 목회자 한 분은, 강의 시간에 참석한 학생들에게 "이런 모임에 무엇 때문에 오느냐, 다 교회로 가라"는 말씀을 했다고 한다. 극단적인 예지만, 선교단체에 대한 한국 교회 목회자 대부분의 의식을 대변하는 태도가 아닌가 생각된다.

어디서 생긴 말인지 모르나 선교단체들을 가리켜 'OCM' (Outside Church Movement)이라는 콩글리쉬를 만들어서 무시하는 듯한 태도를 풍기며 선교단체를 평하는 분들이 적지 않다. 대개 선교단체에 대해 잘 알지도 못하면서 독선적 편견에 사로잡힌 분들에게서 이런 태도를 많이 보게 된다.

이렇게 된 원인이 무엇일까? 그것은 먼저 선교단체들의 왜곡된 교회관에 있음을 시인해야 한다. 그러나 한편 지역 교회의 지도자들 역시 어리고 부족한 학생선교단체를 용납하고 돌봐 주는 성숙한 태도를 보여 주었는가를 돌이켜 볼 시기가 되었다고 생각한다. 그리고 성경 역사와 교회 역사를 돌이켜 보면서 왜 하나님께서 선교단체들을 일으켜 쓰시는가도 생각해 볼 수 있어야 할 것이다.

선교단체의 존재에 대한 성경적 근거가 무엇일까? 한때 영국 UCCF의 간사였고 일본 학생운동의 개척자로 일한 후 해외 선교회(OMF)의 국제 총무였다가 현재 런던바이블칼리지(London Bible College)의 학장인 마이클 그리피스(Michael Griffiths)는 이 문제에 대해 다음과 같이 말하고 있다.

"교회사 전체를 통한 많은 새로운 역사가 하나님의 은혜와 성령님의 인도하심으로 몇몇 개인이 취한 이니셔티브(initiative)에 의해 시작되어 왔다. 이러한 이니셔티브는 하나님께 크게 쓰임을 받고 축복을 받아, 나중에는 교회 편에서 호의적인 인정을 받았다. 성경과 교회사에서 찾을 수 있는 이러한 독립적 이니셔티브의 첫번째 예가 사도행전 11장 20절과 21절의 구브로와 구레네 몇 사람들이다."

만약에 구브로와 구레네 몇 사람이 안디옥에서 '헬라인'에게도 주 예수를 전하지 않았다고 상상해 보자. 아마 기독교 복음은 이방인들과 전 세계로 퍼져 나가지 못했을는지도 모른다. 왜냐하면 예루살렘 교회는 베드로가 이방인 고넬료에게 복음을 전하는 것에 대해 비판적이었고, 흩어진 성도들도 오직 '유대인'들에게만 복음을 전하고 있던 시기였기 때문이다(행 11:19).

교회 자체에만 이 문제를 맡겨 두었다면, 이방인들에게 복음을 전하는 일에 대해 전혀 의견 일치를 기대할 수 없었을 것이다. 그러므로 이러한 때에 성령님께서는 몇몇 그룹을 쓰셔서 복음이 이방인들에게 전파됨으로써 하나님 나라를 확장시키는 일을 하였던 것이다.

이런 종류의 몇몇 개인과 그룹을 통해 교회가 하지 않는 일들을 이루게 하는 역사는 교회사를 통해 반복되어 왔다. 해외 선교 운동도 마찬가지 현상이라고 볼 수 있다. 당대에는 교회의 인정을 별로 못 받았으나, 후에 교회와 교파의 지도자들에게 받아들여지는 경우가 많았다.

6, 70년대에 과연 지역 교회만으로 대학생 전도와 훈련이 가능했을까 생각할 때, 나의 견해로는 부정적인 대답을 할 수밖에 없다. 현재 적지 않은 수의 신학자, 목사, 평신도 지도자들 중에 대학생 선교단체 출신들이 한국 교계에서 활약하고 있음이 그 좋은 증거가 될 것이다.

지역 교회와 선교단체가 서로의 존재 의미를 하나님 편에서 인정하고, 그 기능의 차이를 이해하여 상호보완적 관계를 유지하는 성숙성을 보일 때 한국 교회 전체에 덕을 끼칠 수 있을 것이다. 교회가 선교단체를 이해하고, 적극적인 면에서 후원해 줄 때 장기적으로 보아 한국 교회는 성장하리라고 믿는다. 그렇지 못하고 교회 지도자들이 선교단체에 대해 부정적인 견해만 갖는다면 오히려 선교단체들을 고립화하고 종파화시키는 결과를 낳은 것이다.

## 기독학사들의 교회 정착

대학생 시절, 선교단체에서 훈련받은 기독학사들이 지역 교회에 적극 참여하고 봉사하지 않는 경우가 적지 않다. 그 이유가 무엇일까? 앞서 지적했듯이, 선교단체의 잘못된 교회관의 영향이 가장 크다. 동시에 몇 가지 원인을 더 찾을 수 있다.

우선, 자신의 신앙 체질에 맞는 교회를 찾기 힘든 것이 큰 문제이다. 기독학사들은 주로 자기가 생활하는 도시의 교회에서 따뜻한 성도의 사귐을 기대할 수 없어서 괴로워한다.

대형 교회에 가서 일주일에 한 번 공적 예배에 참석하는 것만으로는 만족하지 못한다. 그래서 따뜻하고 깊은 인격적 교제를 나누었던 선교단체의 동년배 형제 자매와 그 작은 모임에 대해 향수를 느끼게 된다.

때로는 목사의 설교나 교회의 교육 프로그램이 대학생 선교단체보다 수준이 낮아서 영적인 갈급함을 채울 수 없어 흔들어하기도 한다. 더구나 대부분 경직된 제도 아래서 당회가 모든 것을 결정하는 한국의 장로교 체제에서 평신도로서 교회 운영에 직접 참여 못하는 데서 오는 소외감도 적지 않다.

더구나 담임목회자에게 권위주의적이거나 독재적인 분위기가 있을 때, 소외감의 도는 더 심해진다. 심지어 평신도가 성경공부 모임을 인도하는 것 자체를 위험시하는 목회자들도 아직 있다는 사실은 기독학사들을 크게 실망시키고 있다. 교회의 재정으로 선교사업, 구제사업은 거의 않고, 목회자에게 지나치게 대우하는 일이나 건축에만 몰두하는 것이 또한 호응하기 어려운 일이다.

그렇다면 기독학사들의 교회 정착 문제를 어떻게 풀어가야 할까? 이 문제와 관련하여 몇 가지 고려해야 할 질문이 있다.

첫째로, 강단에서 성경적인 설교가 행해지며 성경공부 중심으로 움직이는 교회인가? 둘째로, 내가 안심하고 친구들과 가족을 데려올 수 있는 교회인가? 셋째로, 자녀들에게 복음적인 신앙을 심어 줄 수 있는 교회인가?

이러한 몇 가지 기준에 따르려 할 때 실제로 부딪치는 어려운 문제가 있을 것이다. 예를 들어 내가 어려서부터 다닌 교회인데 다른 교회로 옮겨야 할 것인가 등의 문제이다.

우리는 교회의 머리이신 그리스도를 의지하고 그리스도께서 교회를 변화시켜 주실 수 있음을 믿어야 할 것이다. 목회자라고 해서 평신도들보다 모두 뛰어나고 성경을 더 잘 가르친다고 할 수 없다. 목회자들 중에도 거듭나지 못한 사람이 얼마든지 있을 수 있다. 그러므로 우리는 목회자를 위해 기도해야 하며, 교회 전체를 성령님께서 진리로 인도해 주시길 간구해야 할 것이다. 몇몇 성도들의 합심 기도를 통해 목회자의 설교와 목회 방향, 교회 전체의 분위기가 변화된 경우가 적지 않음을 알아야 한다. 그러나 도저히 견딜 수 없는 상황에서 교회를 떠나야 할 때에는, 기도 후 겸손한 마음으로 목회자를 찾아가 교회를 떠나야 하는 이유를 말씀드리는 것이 바른 길이다. 우리는 흔히 "떠날 때는 말 없이"라고 하지만, 교회 전체의 앞날을 위해 분명히 밝히는 것이 신앙적인 태도라고 생각한다.

반가운 현상은 대학생 선교단체에서 성장했거나 호의적인 태도를 가진 목회자들이 바람직한 목회를 하고 있다는 사실이다.

'만인이 제사장'이라는 분명한 복음적 목회 철학을 가지고 제자훈련을 교회 안에서 시도하는 목회가 차츰 영향을 주고 있음은 고무적인 일이 아닐 수 없다.

### 교회 참여가 주는 축복

우리 나라의 선교단체 중에는 학사들이 지역 교회에 흩어져 충실한 멤버가 되지 않고, 자기들끼리만 어울려 지역 교회와 비슷한 역할을 계속하는 모임이 있다. 지도자의 잘못된 교회관과 자기 단체의 확장을 위한 고육책(苦肉策)일 것이다. 이는 단기적인 면에서 유익이 없지 않겠으나 신자가 완전히 동질 그룹에서만 신앙생활할 때 그 신앙 인격에 성숙을 기대할 수 없다. 나이도 비슷하고 교육수준이 비슷한 그룹끼리 모일 때, 대화가 통하고 마음이 편하다. 좋은 점이 많다. 그래서 지역 교회 안에서도 이러한 그룹 활동을 장려한다.

그러나 지역 교회에 다니지 않고 선교단체만 섬기는 것은 기형적인 신앙생활일 수밖에 없으며 위험하기까지 하다. 종교사회학자들도 다루고 있지만, 처음에 복음적으로 잘 출발한 그룹운동이 신학적 기초와 성경이 규정하는 제도적 장치가 없을 때, 그 운동을 시작한 개인이 우상화되고 균형 잡힌 교육이 결여되어 한두 가지 구호만을 반복 강조하다가 나중에는 그 그룹운동이 종파로 변질되는 경우가 많다.

이에 반해 지역 교회에는 몇 가지 중요한 요소가 있다. 그것은 첫째 지역성, 둘째 조직, 셋째 권위-장로, 넷째 권징, 다섯째 성례-세례와 성찬, 여섯째 교육, 일곱째 성령의 은사 활용, 여덟째 가족들, 아홉째 구성원의 보편성 등이다. 지역 교회는 교회 구성원의 연령, 교육수준, 직업 등이 다양하다. 신앙의 연륜이 깊고 인생의 체험이 많은 노년층들과의 교제, 별로 교육받은 바 없으나 순박하게 주님을 믿고 기도에 힘쓰며 인정이 다사로운 할머니, 아주머니들과의 사귐, 장난꾸러기 어린이들의 예수님 배우는 모습 등 이런 다양한 성도들과의 '코이노니아'를 통해 우리의 신앙도 풍성해진다.

흔히 선교단체에서만 자란 사람의 경우 사고가 편협하고 극단적이며, 목회자에게 무례하며 인정이 없고 봉사생활이 빈곤하다는 지적이 있다. 오직 전도나 해외 선교, 기타 성경공부의 이론적 훈련만 강조하므로, 성령의 다양한 은사 활용에 대해 무지하다고 한다. 자기가 자라 온 분위기만이 옳고 그 외의 모든 것에 대해 무조건 비판하거나 냉소적 태도가 많다고 한다. 성례에 대하여 부정적 태도를 갖는 경우도 있다.

세례를 받는 일, 성만찬에 참여하는 일은 예수님께서 직접 교회에 주신 은혜의 수단이다. 성례에 대해 소극적이거나 부정적 태도를 갖는 것은 예수님의 말씀을 불순종하는 행위이다. 더구나 자식들이 성장해 갈수록 가족이 한 언약의 백성이라는 단위로 함께 지역 교회를 섬기지 않으면 자녀들의 신앙 교육에 치명적인 어려움을 줄 수도 있다. 따라서 기독학사들은 반드시 적극적으로 지역 교회에 참여하여 겸손히 예배드리며 배우고 사귀며 봉사해야 한다. 그래야 주님의 뜻을 바르게 섬기는 것이며, 균형 잡히고 성숙한 신앙생활을 할 수 있다.

신앙의 성숙은 개인적 차원에서도 힘써야 할 과제지만, 동시에 교회생활을 통해 이루어진다. 교회는 본질상 조직체(institution)이기 전에, 유기체(organism)이므로 각 지체가 제 구실을 다해야 몸 전체가 자라는 것이며, 몸 전체가 자라는 것이 또한 각 지체가 자라는 것이다(엡 4:16; 고전 12장). 조직체로서의 교회는 목적에 대한 수단이요, 이것은 유기체로서의 교회, 곧 성도의 공동체에서 발견되는 것임을 기억해야 한다.

그러면 교회의 어떤 분야에서 섬길 것인가? 가장 중요한 것은 '자기를 비우는' 겸손한 마음가짐이다. 가르치기보다 먼저 배워야 할 것이다. 그 후 성령님의 인도하심 가운데 교회가 필요로 하고 자신의 은사에 맞는 분야에서 섬겨야 할 것이다. 특히 성경을 함께 공부하는 구역공부 등의 그룹이나 교회학교의 교사로서의 섬김은 매우 바람직하다. 또한 대학부, 청년부, 여전도회나 남전도회 등의 그룹에 참여하여 바른 방향으로 활동하도록 섬긴다면 그 영향이 적지 않을 것이다.

마치 선교단체에서 활발하게 일어난 대학생운동이 교회 대학부에 영향을 주었듯이, 앞으로 기독학사운동은 청년회나 여전도회의 체질 개선에 영향을 줄 수 있으리라고 기대된다. 기독학사운동의 기능과 방향에서 가장 중요한 분야가 바로 지역 교회에 대한 봉사이다. 옥한흠 목사는 〈평신도를 깨운다〉에서 다음과 같이 말하고 있다.

"개혁과 부흥의 시대는 대개 평신도가 재기하는 때였고, 침체와 타락의 시대는 교역자들이 횡포하는 때였다. 근래에 한국 교회 안에 평신도의 중요성을 인식하고 연구하는 지도자들이 늘어

가고 있다는 것은 얼마나 고무적인지 모른다. 비록 때늦은 감이 없지 않지만 지금부터라도 우리가 확신을 가지고 평신도들을 위해 모든 것을 투자할 수 있다면, 지금 우리가 우려하고 있는 문제들(교회의 양적 팽창으로 인한 세속화)이 반드시 개혁되고 교회의 체질이 새로워질 것이다."

그는 한국 교회의 개혁은 평신도들이 그리스도의 참 제자가 되도록 눈물과 땀을 쏟으며 헌신하는 길뿐이라고 주장하고 있는 것이다. 한국 교회의 개혁보다 더 시급한 과제가 어디 있겠는가?

## '흩어지는 교회'로서의 기독학사운동

그룹운동이나 선교단체가 발전해 나가는 과정은 대개 세 종류로 구분된다. 첫째는 지역 교회화 또는 교단화하는 것이며, 둘째는 이단종파화하는 것이고, 셋째는 흩어지는 것이다. 이는 우리 주위에서 쉽게 예를 찾을 수 있을 것이다.

여기서 우리가 지향하는 기독학사운동의 방향은 '흩어지는 교회'로서의 선교단체이다. 우리에게는 우리가 이루려는 목표를 위해 행정 조직이 있고 전임 간사가 있으며, 일반 지역 교회의 봉사보다 이 운동에 더 전념하는 소수의 학사들이 있을 것이다. 그러나 우리 기독학사들은 실제 삶의 현장에서 가정과 직장과 지역사회를 섬기는 방향이 분명하기 때문에 '모이는 교회'가 아니라, '흩어지는 교회'의 구실을 한다.

학생 시절에 눈물겨운 정성으로 전도하고 양육해 온 학사들을 각 교회에 흩어지게 한다는 것은 인간적인 면으로 생각하면 쉬운 일이 아니다. 3-4년마다 바뀌는 멤버들을 데리고 해마다 개척자로서 일해야 한다는 것은 참으로 고달픈 일이다. 흩어져 떠난 학사들의 지원이 전혀 없을 때 그 고달픔은 더욱 가중된다. 그래서 선교단체들마다 할 수 있는 대로 학사들을 붙잡아 두려는 마음을 갖게 된다. 그러므로 학생운동이나 학사운동에 참여하는 사람들은 하나님께 대한 사랑, 이 민족과 교회에 대한 사랑이 있어야 할 뿐 아니라, 하나님의 종으로서의 분명한 목회 철학이 있어야 한다. 자기를 따르던 제자들이 모두 예수께로 떠나갈 때 세례 요한이 한 말이야말로 우리의 신앙자세여야 한다.

"신부를 취하는 자는 신랑이나 서서 신랑의 음성을 듣는 친구가 크게 기뻐하나니 나는 이러한 기쁨이 충만하였노라 그는 흥하여야 하겠고 나는 쇠하여야 하리라 하니라"(요 3:29, 30).

비록 단체의 회원수가 줄어든다 해도 그리스도의 신부 된 교회 전체를 위한 것이라면, 얼마든지 "그는 흥하여야 하겠고 나는 쇠하여야 하리라"는 자세가 있어야 할 것이다. 세례 요한이 "여인이 낳은 자 중에 가장 큰 자"로서의 위대성을 가진 것은 결코 그를 따른 제자의 수가 많았기 때문이 아니었다. 하나님께서 자기에게 주신 사명과 위치를 잘 인식하여, 신랑이신 예수께로 자기 제자들을 보내었기 때문이다. 이와 마찬가지로 학사운동의 성패는 자기 단체에 충성하는 사람의 수로 결정되는 것이 아니다. 각 곳에 흩어져 충실하게 지역 교회를 섬기는 진실한 그리스도의 제자를 얼마나 많이 배출했는가에 달려 있다.

나는 한 평생을 대학생운동에 바친 전 UCCF 총무 올리버 바클리 박사와 함께 거닐면서 이러한 문제에 대해 질문을 던진 적이 있다. 그의 대답은 이러했다.

"사도 바울이 3년간 에베소에서 눈물과 겸손으로 섬기던 제자들과 헤어질 때 어떤 자세로 이별했는가? '지금 내가 너희를 주와 및 그 은혜의 말씀에 부탁하노니 그 말씀이 너희를 능히 든든히 세우사……'(행 20:32). 사도 바울이 할 수 있는 것은 그들을 주와 그 은혜의 말씀에 부탁하는 일뿐이었다. 학생운동은 학생시절에 예수님을 인격적으로 만나도록 돕고, 말씀으로 살도록 돕는 것 이상 할 수 있는 일은 없다. 그 다음은 주께 맡겨야 한다."

교회란 본질적으로 '에클레시아' 곧 '부르심 받은 성도의 모임'을 뜻한다. 그러나 때로 하나님께서는 당신의 뜻을 이루시기 위해 성도들을 흩으신다. 분위기 좋던 예루살렘 교회에서 성도들이 모여 예배드리기만 했다면 기독교의 복음이 유대와 사마리아, 그리고 땅끝까지 전파되지 못했을 것이다. 복음이 전 세계에 퍼지게 된 것은 스데반의 순교 이후 '흩어진 성도'들을 통해 이루어졌다(행 8:2, 4; 11:19, 20).

학생운동이나 학생운동의 연장으로서 학사운동에 참여하는 사람은 누구나 "그는 흥하여야 하겠고 나는 쇠하여야 하리라"는 세례 요한의 목회 철학과, 누가 선생의 '흩어지는 교회'로서의 역사관과 선교단체의 역할에 대한 신학적 입장이 분명해야 할 것이다.

# 16
## 기독학사운동과 진로 문제

요즘 대학마다 취업박람회를 주선하는 등 일자리 구해 주는 일에 부산하다. IMF 구제금융 시대 이전에는 대학만 졸업하면 취직이 별로 어렵지 않았는데, 이제 고학력 실업자 문제가 심각한 사회 문제로 대두되고 있다.

더욱 심각한 것은 이러한 고용불안이 일시적인 현상이 아니라, 앞으로 개선될 조짐이 보이지 않는다는 점이다. 현재의 경제불황이 극복되고 호황을 맞는다 하더라도, 당분간 산업구조의 재조정으로 취업인구의 증가는 낙관할 수 없게 되었다. 몇 사람 분의 노동을 컴퓨터나 로보트가 해결해 주는데, 비싼 임금을 주며 많은 사람을 채용할 이유가 사용자 편에서는 사라지고 있기 때문이다.

## 뜻있는 일을 해야 한다

취업·실업의 문제는 경제학적·사회학적인 수많은 요소를 세밀하고도 종합적으로 살펴 보아야 하기 때문에 보통 복잡한 문제가 아니므로 나 같은 비전문가가 감히 다룰 만한 성질의 것이 아니다. 그러나 대학 졸업을 앞둔 예비 기독학사들이 요즘 갖는 최고의 관심거리에 대해 신앙의 선배로서 조금이라도 도움이 되었으면 하는 심정으로 짚고 넘어가지 않을 수 없었다.

나는 10대와 20대에 취업과 관련된 결정적인 선택에서 한번은 잘못했고, 그 다음엔 잘한 경험이 있다. 대학의 전공과목을 택하는데, 문과쪽인 나의 재능과는 상관 없이 취업을 위해 전기공학과를 택한 것은 지금 생각해도 창피한 일이다.

내가 대학입시를 보던 60년도만 해도, 취직이 너무 어려울 때였다. 선친께서 근무하시던 전기회사에서는 자녀가 전기과에 다니면 4년 장학금에 졸업 후 전기회사에 자동 취직되는 제도가 있었다. 우선 동생 다섯을 내가 책임져야 할 것 같기도 해서, "잘 먹고 잘 살려는" 낚시밥에 걸린 것이었다. 당시 전기회사는 한국은행과 더불어 최고 직장으로 여겨질 때였으므로.

그런데 하나님은 실수한 자에게 만회할 수 있는 재기의 기회를 주셨다. 제대를 앞둔 나에게 학생선교단체의 간사로 서울 개척을 위해 일해 달라는 제의가 들어 온 것이었다. 몇 주 간의 갈등, 며칠 간의 특별기도 후 나는 평생의 직업을 선택했는데, 그 선택은 지금 생각해도 감격스럽기까지 하다. "굶어 죽더라도 뜻 있는 일을 하다 가겠다"는 사뭇 신앙적이고 장엄한 결단이었으므로.

그 '직업선택' 이후 어느덧 서른 세 해가 지난 지금, 가만 돌이켜보면 내가 행한 것은 실수투성이지만, 또한 삶의 과정에 적지 않은 고통도 있었지만, 내가 뜻 있는 일을 하고 있다는 뿌듯함을 느끼며 살아 왔다고 감히 말할 수 있겠다.

## 왜 일을 해야 하는가?

도대체 일이란 무엇인가? 그리고 일할 기회를 갖지 못하는 실직이 왜 그토록 심각한 충격일까? 아울러 기독인으로서 직업선택은 어떻게 해야 할 것인가?

성경은 구직난이나 실직에 대해서는 별로 언급하지 않는다. 적극적으로 일이 얼마나 하나님의 창조질서 안에서 귀중한 축복인가를 가르친다. 타락 이후 일이 먹고 살기 위한 수단처럼 표현되기도 한다. 그러나 하나님은 일하시는 하나님이시요, 사람을 만드신 것도 일을 주시기 위한 것이다(창 1:28; 2:15). 따라서 일은 영광스럽고 창조적인 것이므로, 성실하고 탁월하게 해야 한다.

하나님이 사람에게 일을 주신 목적을 존 스토트는 다음 세 가지로 정리한다.

첫째, 일은 사람이 자기를 성취하기 위한 것이다. 먹고 사는 일이 우선이 아니다. 창세기의 순서는 일을 하면 그 선물로 먹을 것이 주어진다는 것이다.

둘째, 일은 다른 사람을 섬기기 위한 것이다. 흔히 고용을 창출하는 기업의 제일 가는 목적은 이윤 추구라고 하지만, 성경은 사회봉사가 더 앞서야 하는 것으로 본다. 그래서 적지 않은 기독교 기업인들이 사업을 '공동체에 유익을 주는 사역'으로 여기는 것이다.

셋째, 일은 하나님의 뜻을 이루며 궁극적으로 하나님께 영광 돌리기 위한 것이다. 하나님은 개인의 인생이 '풍성한 생명'이기를 원하시며, 공동체의 살림살이가 서로 섬기며 도와서 '샬롬'의 부요함을 누리기 원하신다. 하나님의 일은 하나님의 뜻에 순종하는 사람을 통해 이루신다. 우리가 지상에서 하는 일은 하나님과 동역하는 엄청난 은총이다. 따라서 일은 인간으로서의 존재의미, 존엄성, 자기 가치를 발견하게 해 주는 축복인 것이다.

**취업보다 소명이 우선이다**

'취업난' 시대라고 해서 기독청년들이 그냥 '밥벌이'에만 매달릴 수는 없다. 직업을 선택하기에 앞서 다음 다섯 가지 요소를 충분히 고려해 보아야 할 것이다.

첫째, 내가 사회적 압력에 못 이겨 택하는 것은 아닌가?
둘째, 그 일이 타고난 개성에 맞고 소질과 능력에 적합한가?
셋째, 내가 즐길 수 있는 창조적 직종인가?
넷째, 가치 있고 의미 있는 일인가?
마지막으로, 그 일이 하나님의 인도하심이란 확신이 있는가? 이다.

사람은 깨어 있는 시간의 반 이상을 직장에서 일한다. 그러므로 직업선택이야말로 젊은 날 참으로 중요한 선택이다. 하나님을 믿고 그분께 인생을 맡긴 기독청년들은 직업을 구하면서 특별한 기도가 필요하다. 직장인 중 80% 이상이 자기 일에 만족하지 못한 채, "어쩔 수 없어서", "처자식 때문에" 고달픈 멍에를 메고 인생을 끌려가고 있다고 한다. 이런 비극이 어디 있겠는가?

이 땅의 기독청년들은 하나님께서 우리에게 일을 주신 뜻에 맞는 직업을 찾아야 한다. 하나님의 영광을 나타내며, 사회에 유익을 주며, 자기 성취를 동시에 누릴 수 있는 직업을 택해야 한다. "그런 이상적인 직장이 어디 있어야 가지요" 하는 분들은 과연 자신이 믿음으로 구하고, 찾고, 문을 두드렸는가를 자문해야 할 것이다.

그래도 취업하지 못한 기독청년들은 어떻게 할 것인가? 몇 해 전 어느 유명한 기독교 기업 사장의 간증을 들었다. 그분은 대학 졸업 후 4년 간 근육무력증이란 질병으로 무직자의 고통을 겪어야 했다. 투병기간 동안 경제 신문을 포함한 모든 신문, 경영학 서적 등을 공부함으로써 앞날을 준비할 수 있었던 것이 오늘날 사업가로서 성공할 수 있는 밑거름이 되었다고 한다. 취업이 안 되었다고 좌절하고 자기를 학대하거나 음주 등 나쁜 습관에 빠지지 말아야 한다. 내 인생에도 분명히 하나님께서 계획을 세우셨음을 확신하고, 정신적 고통을 기도로 이겨야 한다. 그리고 실력을 기르고 앞날을 위한 구체적 준비에 더 힘써야 할 것이다.

가정 형편 때문에 당장 생활비를 벌어야 하는 긴박한 현실에 어떻게 여유 있는 준비를 한다는 말이냐고 되묻는 청년도 있을 게다. 그렇다면 노동판에라도 뛰어들라. 최근 일본에서는 고수입 사무직을 버리고, 오히려 육체적·정신적 건강에도 좋은 육체노동 일용직에 뛰어드는 사람이 늘고 있다고 한다. 그것은 목수로 일하시며 앞날의 사역을 준비하시던 예수님을 본받는 일일 것이다. 고학력자의 자존심을 벗어 던져 보는 것이 평생 귀중한 인생 경험이 될 것이다.

직업을 얻는 것은 중요한 일이지만, 인생에서 가장 중요한 일은 아니다. 고시에 합격하여 중앙 관청의 사무관이 되었거나 박사학위를 가진 S대 출신 9명이 "다 덧없다"고 스님이 되기 위해 세속을 떠난 경우도 있다. 예수께로 오지 않은 것은 안타까우나, 그들의 용기는 배울 만하다. 자기가 가치 있다고 생각하는 것을 위해 세상에서 가치 있다는 직업을 버릴 수 있었으니까.

하나님의 인도하심을 믿는 우리는 취업보다 소명을 받아야 한다. 가치 있는 일을 위해 모험적인 인생, 개척자의 인생을 설계해야 한다. 취업보다 창업이 더 가치 있다. 벤처 인생을 살아 보자. 창조적인 일을 꿈꾸며, 현실의 어려움을 담대하게 극복하면서 하나님의 영광과 인류의 복지를 위해 하나님이 기뻐하시는 일을 찾을 수 있길 기도해야 한다.

덧붙여 말하고 싶은 것은, 대학생 선교단체나 교회 청년부가 좀더 직업선택 문제에 대해 깊이 있고 실제적인 접근으로 청년대학생들과 학사들을 돕는 프로그램을 계발해야 한다는 사실이다. 프로그램보다 더 중요한 것은 취업난시대의 청년들이 신앙훈련과 학업에 균형을 잡도록 돕는 일이다. 간사나 선교사가 되도록 몰아 가거나 신학교로 가도록 훈련시키는 획일적 분위기는 청년대학생들의 인생을 전체적인 시야에서 돕는 것이라고 보기 어렵다.

교회 일에 너무 시간을 강요하는 것은 바람직하지 않다. 또한 개별 교회나 노회, 지역 교회의 연합 차원에서는 실직자 문제에 대한 신학적이고도 실제적인 연구가 있어야 하겠다. 그리고 고실업시대를 대비하면서, 교회가 연합하여 일자리를 창출하는 프로젝트도 만들어 나가야 할 시기가 왔다. 사람을 사람 되게 하는 일을 찾아 주는 것은 하나님의 사람, 하나님의 교회가 해야 할 일이기 때문이다.

# 17
## 대학원생운동과 유학생운동

대학생들은 졸업 후, 삶의 현장이 크게 세 갈래로 나뉘게 된다. 그것은 취업(현재 실업상태지만 준비중인 경우와 전업주부도 포함될 것임), 군 입대, 대학원 진학(해외 유학이나 전공을 바꾸어 대학에 편입학하는 경우도 포함)이다.

기독학사들이 가는 곳은 모두 사명의 땅이다. 가정과 직장, 군대와 대학원을 복음화하는 것은 삶의 전 영역에 그리스도께서 주가 되시길 기도하는 기독학사들의 기본적 사명이다. 따라서 기독학사운동에 대해 다루려면 대학원생과 해외 유학생들에 대해 무관심할 수 없을 것이다.

### 대학원생을 위한 관심이 필요하다

기독학생운동의 사역자들은 대학원생도 대학 캠퍼스에 있기 때문에 학원복음화운동에 참여하는 것이 가장 중요하다고 여긴다. 실제로 대학원에 다니는 학사들이 학부생들을 열심히 돕는 캠퍼스일수록 학생운동은 활력을 얻는다. 후배 입장에서 얼마나 신나는 일인가. 90년대 이후 한국 대학에서 가장 두드러진 현상 중의 하나가 선후배 관계의 단절이다. 사회가 일반적으로 권위를 부정하는 분위기가 된 탓이기도 하지만, 대학이 학과 중심에서 학부 중심으로 전환하면서 생긴 현상이라고도 볼 수 있다.

사람이 신앙적으로 가장 영향을 받는 것은 같은 또래(peer group)들을 통해서일 것이다. 신앙은 경험적 성격이 강하므로, 자기와 비슷한 체험이 있는 대학원생을 늘 캠퍼스에서 만나면서 상담을 받을 수 있는 학부생은 대단한 행복할 것이다. 때른 신앙선배의 얼굴을 보는 것만으로도 힘을 얻을 수 있을 테니까.

기독대학원생들은 신앙선배로서 학부생들을 돕는 일과 병행하여, 자신들을 위한 고유의 사역 공간이 필요함을 느낀다. 그들이 모두 학자가 되려는 것은 아니지만, 신앙과 학문의 관계에 대해 집중적으로 공동 연구할 필요를 느끼기 때문이다. 학문 세계에 깊이 들어갈수록, 성경이 하나님의 말씀이므로 절대적이면서 보편타당한 객관적 진리임을 고백하는 신앙세계와, 과학적 이론체계에 근거한 학문세계가 양분(兩分, dichotomy)되는 갈등으로 받는 고통은 군대에서 기합 받는 육체적 고통보다 더 견디기 어려울 수 있음을 알아야 한다.

그런 점에서 하나님의 진리는 역사, 과학 등 학문의 세계를 비롯한 우주의 모든 분야에 보편적인 진리라고 믿는 기독교 세계관과 진리를 추구하는 학문활동이 일치하도록 노력하는 기독교학문운동이 절실해지고 있다. 따라서 이미 활동하고 있는 '기독학문

연구회'가 활성화되도록 적극적으로 참여하며 그러한 연구가 기독대학원생 가운데서 운동성을 갖게 되는 것이 중요하다. 한국 교회가 재정적으로도 이처럼 귀한 사역을 도와야 할 것이다. 그러나 아직 교회 지도자들이 이런 사역에 투자할 만한 의식 수준에 이르지 못한 것을 한탄만 할 것이 아니라, 기독대학원생들이 먼저 각 대학 차원에서 이루기 어려운 과제를 전국적 네트워킹을 통한 연합운동으로 성취해 낼 수 있을 것이다.

더욱 절실한 것은 대학원생에 대한 목회적 차원의 보살핌이다. 갈수록 대학원생 인구가 많아지지만 지역 교회의 목회적 관심이 거의 전무한 형편이며, 학생선교단체 역시 대학원생을 사역자로서만 봉사하길 요구하는 경향이 많다.

목회적인 차원에서 보자면 대학원생 시절 역시 자기 진로에 대해 불안하고 방황하는 시기다. 학자의 꿈을 가지고 대학원으로 온 학생들은 자기 좌절을 가장 예민하게 느낄 수밖에 없을 것이다. '과연 박사과정에서 성공할 만한 학자적 자질이 내게 있는가?', '한국의 대학 현실에서 교수 뒤치다꺼리만 하다가 제대로 공부할 수 있을까?', '유학을 가야 하는데, 내 실력은 제대로 준비된 것일까?', '학비를 충당할 만한 후원이 보장되어 있지 않은데……', '공부하다가 혼기를 잃게 되는 경우, 독신으로 일생을 살 각오가 있는가?' 등등.

대학원생 시절에 회심하는 경우는 그리 흔치 않은데, 전도 차원이 아니라 양육과 훈련 차원에서 대학원생을 돕는 사역은 매우 중요하다. 몇몇 학생선교단체가 대학원생 사역을 시작하고 있음은 매우 바람직한 일이다. 그러나 일반적으로 학문 세계의 경험이 깊지 않은 사역자의 경우, 실제적인 면에서는 연구생들을 제대로 돕지 못한다. 영국 UCCF 학사회 전임 간사들은 전통적으로 케임브리지 출신의 박사학위 소유자들이 헌신한다. 비록 간사 생활비는 중학교 교사 수준밖에 안되지만, 자기 희생 없이 무슨 의미있는 역사가 일어날 수 있겠는가. 미국 IVF의 경우, 교수모임(Faculty Fellowship)의 전임 간사도 교수 출신이다. 교수직에도 의미 있지만, 수많은 기독교수와 대학원생을 신앙적으로 섬기는 사역은 더 보람 있는 일일 수 있다.

## 유학생을 위한 복음운동이 일어난다

전 세계에서 미국 유학을 가장 많이 하는 나라 중의 하나가 한국이다. 미국뿐 아니라 후진국까지 가서 공부하는 한국 유학생들의 수가 갈수록 증가하고 있다. 유학이 자유화되면서 해외의 주요 도시에는 한국 학생들이 눈에 띄게 많아지고 있다. 이제 더 이상 유학생은 대학원생에 그치지 않고, 한국에서 대학 진학에 실패한 학생들을 비롯하여 조기 유학생들도 많아졌다. 학부 시절 휴학하고 영어공부 등 연수를 위해 해외로 나온 학생들도 많다. 아마 기회만 된다면 이 땅의 학사들치고 해외 유학하고 싶지 않은 청년들을 만나기 어려울 것이다.

기독학생운동을 통해 성서한국과 세계 선교의 비전을 바라보는 주의 일꾼은 결코 해외 유학생들에게 무관심할 수 없을 것이다. 신앙적으로 잘 훈련된 해외 유학생들은 귀국 후에 거의 예외 없이 교회와 사회의 지도자가 된다. 선교적 차원에서 이 엄청난 자원에 대하여 복음적 상상력을 소유한 한국 교회의 선각자 그룹이 해외 유학생들의 신앙운동을 위해 과감하게 시간과 물질을 투자하기 시작했다. 이것이 오늘날 전 세계에 흩어진 해외 유학생들을 위한 기독학사운동인 '코스타'로 발전하게 되었다.

1985년 미국 동부에 유학중이던 대학원생들을 중심으로 시작된 코스타 운동은 홍정길, 이동원 목사 등 국내외 기독학생운동에 참여한 경험이 있거나 이해가 있는 교회 목회자들의 영적 지도력과, 주로 학생단체에서 훈련 받은 경험 있는 학위과정의 평신도 기독학사들의 실무 지도력이 동역함으로 불길처럼 퍼져 나가게 되었다. 그만큼 해외 유학생들의 영적 필요가 절실한 증거라고 볼 수 있다.

그 후 독일, 영국, 프랑스, 일본, 러시아, 캐나다, 이태리, 호주, 중국, 남미, 대만, 뉴질랜드 등 한국 유학생들이 있는 곳에서는 대부분 일어나고 있다. 코스타 운동은 현지 한인 교회 목회자들이 연합하고 유학생, 평신도 지도자들이 자발적으로 참여할 뿐만 아니라, 상당한 부분이 소수의 한국 교회 후원으로 이루어지고 있다. 물론 코스타는 엄격한 의미에서 어떤 조직을 갖는 선교단체와는 차별된다. 사실 유학생들의 신앙을 지속적으로 돕는 공동체는 현지 한인 교회다. 그러므로 코스타는 매년 3박 4일 정도의 수련회와 이 수련회를 준비하는 평신도 리더('코스탄'이라고 부른다)들의 중보 기도회가 중심 활동이므로, '멤버십'(membership)을 가진 운동이라기보다, 순수하게 신앙적 '영향력'을 갖는 운동이라고 할 수 있다.

유학 시절은 신앙적 위기다. 동시에 영적 축복의 기회이기도

하다. 성경 역사 속에서 하나님은 믿음의 영웅들을 타국생활을 통해 연단시키기를 즐기신다는 사실을 발견하게 된다. 믿음의 조상 아브라함, 야곱, 요셉과 같은 족장들로부터 시작하여, 모세, 다윗, 다니엘 등이 모두 외국에서 영적 훈련을 받아 하나님의 사람으로 성숙하게 되었음을 주목할 필요가 있다. 본토, 친척, 아버지 집은 보금자리와 같아서 하나님을 의지하지 않아도 충분히 살 만한 아늑한 공간이다. 그러나 갑자기 의지할 이 없는 외국에 던져졌을 때, 자기가 얼마나 초라하고 힘없는 존재인가를 깨닫게 된다. 따라서 하나님께로 나아갈 수 있는 가능성이 높아진다.

언어의 장벽, 물질적 압박, 정신적 긴장감, 건강의 시달림, 세계 수준에서 3류 국가 대접 받는 한국인으로서의 열등의식, 가까운 사람들로부터 단절된 외로움, 암기식 학습방법에만 익숙하기 때문에 서구적 논문이나 토론 중심의 공부에 훈련되지 않아 창의성이 개발되지 못한 공부 습관에서 오는 고통 등으로 대부분의 유학생들은 엄청난 스트레스를 받는다. 학위를 마치고 귀국 후 직장 얻는 일도 갈수록 바늘 구멍이 되고 있으니, 답답한 일이 어찌 한두 가지겠는가.

유학생들에게 그리스도인으로서의 정체성을 찾도록 돕고, 유학 시절에 두신 하나님의 뜻을 성경에서 발견하도록 돕는 일은 참으로 중요하다. 신앙 지도자들은 기본적인 경건생활조차 갖기 힘든 유학생들의 영성 계발, 학문과 신앙의 일치 등을 도와야 한다. 또한 장차 귀국 후 조국을 위해 하나님의 뜻을 어떻게 행할 것인가를 발견하고 소망을 갖도록 훈련시켜야 한다. 영적으로 소진하고 낙심하고 있는 유학생들을 상담하면서 힘을 주는 목양도 필요하다. 코스타는 짧은 기간이지만, 학생들과 의사소통하는 데 어려움이 없고 그들의 필요에 대해 예민한 영적 감각을 소유한 강사들을 말씀의 종들로 세운다. 또한 각 부분의 기독전문인들을 세미나 강사로 초청해서, 학생들에게 비전을 바라보며 미래를 지혜롭게 준비할 수 있도록 돕고 있다.

놀라운 일은 코스타를 통해 매년 수십 명이 새롭게 회심하며, 수백 명이 선교에 헌신하고 있다는 사실이다. 통계가 없어서 정확하게 말하기 어려우나, 코스타를 통해 새롭게 예수 믿는 대학원생이 국내에 있는 대학원생보다 훨씬 비율이 높을 것이다. 더구나 코스타 출신 중에서 귀국 후 대학의 복음화를 위해 힘쓰는 기독교수들이 적지 않다는 사실은 크게 고무적인 현상이다. 그들은 개인적으로 학생들에게 직간접으로 복음을 전할 뿐 아니라, 기독동아리나 기독인연합의 지도 교수로서 제자들을 섬기면서 캠퍼스 복음화를 위해 선한 영향을 끼치고 있다.

코스타를 통한 유학생 복음운동은 선교적인 면에서, 또한 세계 교회를 섬길 한국인 차세대 지도자들을 키우는 인재양성 측면에서 중요한 역할을 하고 있다. 교민 1.5세나 2세가 많은 나라의 경우에는 코스타가 유학생뿐 아니라 현지 교민 청년들의 부흥을 위한 영적 발전소가 되고 있다. 따라서 전문인 선교사 동원에 코스타가 전략적으로 중요하게 부각되고 있다. 예컨대 중국연변과학기술대학의 교수진 중에는 코스타 출신들이 상당히 많다. 어린 시절부터 이중문화권에서 훈련받은 교민, 이중언어사용자나 기독 유학생들은 엄청난 선교 자원이며, 인재 발굴의 풀(pool)다.

한국 기독교는 일반적으로 세계무대에서 활약할 수 있는 지도자가 부족하다. '세계용'은 기껏해야 다섯 손가락을 헤아릴 만큼 준비된 지도력이 빈곤하고, 대부분의 한국 교회 지도자들은 '국내용'에 그친다. 이런 현실에 비추어 볼 때, 21세기 세계 교회의 지도자 역할을 감당하지 않을 수 없는 한국 교회가 앞으로 유학생들과 1.5세 해외 이민청년들 가운데서 훌륭한 세계 교회의 지도자들을 많이 배출할 수 있을 것으로 기대된다. 우리가 하나님의 신비한 손길을 다 이해하지는 못하지만, 성령께서는 세계에서 가장 높은 한국인의 교육열과, 세계에서 해외 거주 국민이 인구 비율로 가장 많은 한국인 이민을 통해서 세계 선교 역사를 이루고 계심이 분명하다.

# 성서한국을 꿈꾼다 3

새 천년 기독학생·학사운동의 과제 | 성서한국을 꿈꾼다 | 통일한국을 준비한다 | 선교한국을 이룬다

18

## 새 천년 기독학생·학사운동의 과제

청년대학생 복음운동에 참여하고 있는 우리는 새 천년에 무엇을 해야 할 것인가? 여기저기서 '새 천년'에 대한 말을 많이 하니까, 이제는 식상해서 거론하기도 거북할 정도가 되었다. 새 천년 자체는 우리에게 별 의미가 없을 수 있지만 '천년'이란 개념 자체는 기독교의 문화유산이기 때문에 꼭 알아두어야 할 점이 있다.

캘린더를 BC와 AD로 나눈 것은, AD 500년 경 스구디아의 수도승 디오니시우스(Dionysius the insignificant)에게서 비롯되었다. 그는 당시 사용 가능한 모든 역사 자료를 근거로 예수 그리스도의 탄생 연도를 새로운 기원으로 정했다. 그런데 이것은 정확한 연도가 아니다. 예수 그리스도께서 BC 4년에 탄생하신 것이 거의 정확하다고 할 수 있기 때문이다.

어떤 이들은 21세기가 2000년에 시작하는가, 아니면 2001년에 시작하는가를 질문한다. 이것은 그리스도인에게는 불필요한 논쟁이다. 디오니시우스가 0년을 포함시켜 계산하지 않고 BC 1년에서 0년을 거치지 않고 곧바로 AD 1년으로 계산했기 때문이다. 또한 새해 첫 날은 예수 탄생을 알린 3월 25일로 정했으니까, 가장 정확하게 새 천년을 맞는 길은 2001년 3월 25일을 지키든지, 아니면 지나긴 했지만 1997년 3월 25일을 지켰어야 옳은 것이다.

이런 근거를 제쳐 놓고서라도 일반인들은 2000년부터 이미 연도를 '2'자로 시작하는 것만으로도 특별한 의미를 부여한다. 그러므로 그리스도인들이 역사적 정확도보다 신앙적 의미를 새겨 보는 것 역시 전혀 무의미하지 않을 것이다.

특히 21세기를 맞아 이 땅의 기독청년학생운동은 그 동안 강조하던 우리의 본질적 사역인 복음 전도와 제자훈련, 그리고 선교에 충실하면서, 시대의 요청에 부응하는 몇 가지 과제에 과감하게 '집중투자'할 때가 되었다. 학생 사역이 '벤처 기업'의 성격을 상실하고 대기업 경영과 유사한 초대형 교회(mega-church)를 따르다가는 승산이 없다. 과연 하나님 나라의 확장을 위해 우리가 교회와 중복투자하지 않고 가장 효과적으로 열매 맺을 수 있는 과제는 무엇일까?

## 지성운동의 확산과 심화

첫째로, 우리 기독학생·학사운동은 기독 지성 계발에 더욱 힘써야 한다.

21세기는 상대주의가 새로운 차원의 '절대'가 되어서, 진리와 도덕체계를 해체시키는 정신적 위기를 맞을 것이다. 이러한 시대

정신을 거슬러 기독학생운동은 복음 진리에 대한 사랑이 기독교 지성 계발로 열매 맺어야 한다.

복음운동은 본질적으로 영적 전투요, 지적 레슬링이다. 지성의 치열한 싸움터인 대학에서 그리스도께서 진리이심을 증거해야 하는 기독 지성인에게는 더욱 그러하다. 그리스도는 영적·종교적인 차원만이 아니라, 인문과학, 사회과학, 자연과학 등 학문의 모든 영역과 예술 분야에서도 진리이시다. 그의 진리는 이론과 사변의 세계에만 제한되는 것이 아니다. 인간과 자연의 모든 피조 세계에 반드시 적용되어야 하고, 적용할 수 있는 진리인 것이다.

태초부터 계신 로고스(Logos)가 친히 성육신(成肉身, incarnation)하신 진리가 바로 예수 그리스도라고 사도 요한은 선언했다(요 1:14). 거짓 철학으로 미혹 당하는 고린도 교인들에게 사도 바울은 그리스도의 일꾼들이 무엇과 싸워야 할 것인가를 거듭 상기시킨 바 있다.

"우리의 싸우는 무기는 육신에 속한 것이 아니요 오직 어떤 견고한 진도 무너뜨리는 하나님의 능력이라 모든 이론을 무너뜨리며 하나님 아는 것을 대적하여 높아진 것을 다 무너뜨리고 모든 생각을 사로잡아 그리스도에게 복종하게 하니 너희의 복종이 온전하게 될 때에……"(고후 10:4-6상·개역개정판).

미국의 상업주의가 신학의 흐름까지도 지배하는 시대정신에 부합하여 참을 수 없이 경박해지고 있는 한국 교계가, 신학을 비롯한 학문의 중요성과 기독교적 지성 계발에 정진하는 데 소홀해서는 안 된다. 우리 시대는 마크 놀(M. A. Noll)이 지적한 대로, "기독교적 지성의 빈곤"이라는 스캔들에 휘말려 있다. 시대가 감성을 강조할수록 오히려 기독인운동은 지성이 뒤편으로 밀려나가지 않도록 눈을 부릅뜨고 파수꾼의 책임을 짊어져야 한다. 이를 위해 특히 기독교수들이 기독교 신앙과 전공 학문의 통합을 위해 개척자적 사명을 다해야 할 것이다.

7, 80년대의 복음주의 지성인 운동은 김세윤과 송인규라는 걸출한 신학자와 저작자를 배출했다. 그러나 이들은 영미의 학생운동과 영미의 학자, 저작자들이 키운 열매들이지, 한국의 학생운동과 교회가 투자해서 키운 인물들이라고 하기 어렵다. 이념 운동권도 선배그룹의 지도 아래 후배들이 자라는데, 우리 복음주의 운동권이야말로 이제 한국 교회와 사회를 개혁할 기독교적 지성이 자라도록 도와야 할 시기가 되지 않았을까. 물론 그 동안 교회를 섬기는 훌륭한 목회자와 선교사, 그리고 신학자들을 배출해 왔으나, 성경의 진리를 한국적 문화 현실에 창조적으로 적용해 나갈 저작자와 운동 이론가, 사회 각계각층의 기독지성인 그룹이 양성되어야 할 것이다.

### 복음운동의 공동체성 강화

둘째로, 기독학생·학사운동은 복음운동의 공동체성을 더욱 강조해야 한다.

다음 세대는 개인주의 성향이 가속화될 것이므로, 시대정신과 대결하기 위해 공동체 훈련과 아울러 구체적 섬김이 더욱 중요한 시대를 맞았다. 그러기 위해서는 무엇보다 신앙 공동체인 교회를 섬기는 일이 가장 기본적 사명이다. 따라서 대학생 선교단체가 회원들로 하여금 지역 교회의 주일예배에 참여하고 교회에서 성도의 교제를 나누며, 교회 봉사에 적극 동참할 수 있도록 격려해야 한다.

이와 관련하여 어려운 문제는, 대도시에서 청년대학생들이 많이 모이는 교회는 초대형 교회를 목회의 기본 방향으로 삼고 있다는 사실이다. 그러나 이 땅의 교회를 살리고 신앙의 공동체성을 발전시키기 위해서는, 할 수 있는 대로 한국 교회의 90% 이상을 차지하는 개척 교회와 중소 교회를 섬기는 것이 기독청년들 사이에서 유행이 되었으면 한다. 이것이 한국 교회도, 기독청년들의 신앙도 다함께 살리는 길이 아니겠는가.

아직도 대학생 선교단체와 지역 교회의 역할 분담이 명확하지 않다는 이유로, 선교단체의 이름은 그대로 지키면서 실제로는 지역 교회의 역할까지 담당하는 것을 신학적 합리화 작업을 통해 유지하려는 태도는 바람직하지 않다. 세계 교회, 한국 교회라는 전체적인 안목에서 자기 단체나 교회의 자리 매김이 이루어져야 한다.

기독학생·학사운동은 신앙 공동체뿐 아니라, 민족 공동체에 대한 책임의식도 강조되어야 한다. 이와 관련하여 고려대 김인수 교수는 1999년 6월, 미국 코스타에서 다음 세대의 잠재적 지도자 그룹에게 의미 깊은 도전의 메시지를 전한 바 있다. 그는 그 자리에서 이렇게 외쳤다.

"우리 세대가 경제 건설과 민주화를 이룬 세대였으니, 당신들 세대는 민족 통일을 책임져야 할 세대입니다."

사실 민족 통일을 소원하지 않는 한국인은 많지 않다. 특히 기독교인만큼 통일운동에 적극적인 세력이 한국 사회에는 존재하지 않는다. 북한동포돕기에는 그 동안 사회참여에 소극적이었던 보수 교회가 진보적 교회 못지 않게 열심히 참여하고 있다. 한국 교회가 하나 되어 민족적 과제에 이토록 열정적으로 참여하는 것은 3·1 운동 이래 처음 있는 일이 아닐까 한다.

온 겨레와 교회가 노력하고 있으니까 대학생 선교단체나 대학의 기독인연합은 그냥 지켜보는 것으로 만족할 것인가. 사실, 정부나 사회단체, 그리고 교회가 힘쓰고 있기 때문에 기독학생·학사운동 진영이 차별화된 통일운동을 따로 해야 한다고 생각하지 않는다. 김대중 정부 출범 이후 통일 정책이 비교적 교회와 일반 국민의 지지를 받고 있기에 더욱 그러하다. 눈에 띄게 응답되는 것같이 보이지 않아 답답함이 있을 순 있겠지만 민족 통일을 평화적으로 앞당겨 달라고 공동체 차원으로 기도에 힘쓰는 것처럼 중요한 노동이 어디에 있겠는가.

8·15 광복이 마치 "도둑처럼 왔다"고 기독교 원로들이 회고하는 말씀을 들은 적이 있다. 그 때 교회가 해방을 준비하지 못했기 때문에, 자체 분열과 혼란 속에서 민족을 향한 지도력을 발휘할 수 없었다. 마찬가지로 실제적인 준비도 갖추지 못한 상태에서 통일이 되면, 우리 민족은 남북의 이해 차이와 정서적 불일치로 인한 내란의 가능성까지 우려하는 목소리가 높다. 기독학생운동이 민족 통일에 기여하는 가장 현실적 과제는 기도와 물질적 나눔운동에 참여하는 길일 것이다.

### 해외 선교의 패러다임 전환

셋째로, 이 땅의 기독청년운동은 해외 선교에 새로운 전략과 과감한 투자가 필요하다.

21세기는 지구촌 시대가 될 것이므로, 세계화 현상은 매우 자연스런 일상이 될 것이다. 그러나 민족주의적인 열정을 자랑스런 전통으로 간직한 이 땅의 기독청년학생운동은 세계 선교도 자기중심적인 발상인 경우가 많았다. "한국 교회가 세계 선교의 마지막 주자다", "주는 것이 받는 것보다 복이 있다고 했으니, 세계 선교하면 우리가 복받는다"는 등의 구호가 무엇을 의미하는가? 우리 안에 비성서적인 선교 이데올로기에 젖어 편협하고 왜곡된 선교운동을 하는 사람들도 있었음을 부정하기 힘들다.

선교의 전략 역시 창의성 없이 어떤 유행에 쉽게 영합하는 면이 적지 않았다. 단기선교여행이니, 비전 트립(vision trip)이니 하는 것도 예외가 아니다. 그러나 부정적인 측면이 없지 않았음에도 불구하고 '선교한국대회'로 대표되는 기독학생선교운동은 한국과 세계 교회에 상당한 영향을 끼쳐 온 것이 사실이다.

그러나 이제 새로운 선교 전략과 투자가 필요한 단계에 이르렀다. 예컨대 적지 않은 캠퍼스 선교의 노하우가 축적된 이 땅의 기독학생운동단체가 제3세계의 기독학생운동을 섬기는 일은 외면할 수 없는 영적 부채라고 생각한다. 또한 한국에 유학 온 6천여 명의 외국인 유학생들을 섬기는 사역을 출발하는 것은 우리가 결코 나 몰라라 할 수 없는 과업이다. 그런 점에서 최근에 출발한 국제학생회(ISF)를 후원하는 것은 선교 전략적으로 의미 있는 일이라고 믿는다. 아울러 아시아 지역의 기독학생운동의 연대도 태평양 시대의 선교적 과업이다.

## 행동하는 사회적 양심

마지막으로 우리 시대의 기독학생·학사운동이 저버릴 수 없는 과제가 있다. 곧, 행동하는 사회적 양심을 기르는 일이다. 이는 구체적으로 하나님의 긍휼 사역에 헌신하는 "섬기는 종", 곧 우리 시대의 "선한 사마리아인"을 길러야 한다는 말이다(눅 10:25-37).

인구 비율로 보자면, 한국 사회의 지도층에서 크리스천의 비율이 타 종교에 비해 월등히 높아졌다. 그러다 보니 우리 사회의 지도자들이 저지르는 비행에 거의 빠짐없이 교회 장로, 권사, 심지어 목사 사모까지 끼는 판국이 되고 말았다.

현대 한국 사회는 천민 자본주의의 세계적 모델로 전락하고 말았다. 부를 축적한 후에 오로지 향락에 과소비하고 있지, 가난한 자들에 대한 관심이 없다. 1995년 통계를 보면, 현대와 같이 부요한 시대에도 매일 3만 명의 아이들이 오염된 물을 마시거나 기본적인 위생시설의 결핍으로 죽어가고 있다. 3만5천 명은 굶어 죽어가고 있고, 1만 명은 예방주사를 맞지 못해 죽어가고 있다. 북녘의 동포들이 겪는 아픔뿐 아니라, 남쪽에도 기본생활조차 해결되지 않아 사람다운 대접을 못 받으며 고통하고 있는 이웃이 얼마나 많은지 모른다. 그러나 우리 사회의 부유층도, 교회도 구제를 위해 돈을 쓸 줄 모른다.

이 땅의 크리스천들에게 가장 심각한 문제 중의 하나가 사회의식의 빈곤이다. 성경연구하는 만큼 신문 잡지도 읽어야 한다. 텍스트(text)만 중요시하고 콘텍스트(context)를 무시한다면 세상을 변화시키는 힘을 기를 수 없다. 연구하는 학자들도 키워야지만, 행동하는 양심적인 운동가들은 더욱 절실하게 필요하다.

아마도 이 땅의 기독학생운동이 가장 소홀했던 분야가 가난한 자를 향한 긍휼 사역이 아닐까 한다. 기독학생운동이 제사장과 레위인만 양성하고 '선한 사마리아인'을 양성하지 못한다면, 과연 그리스도를 따르는 제자들의 사역이라고 할 수 있을까. 기독학생·학사들이 지성을 계발하여 제사장처럼 많은 독서를 하고 지식을 쌓는 것도 필수적인 과제요, 레위인처럼 찬양 사역과 중보 기도에 힘쓰는 일꾼들을 배출하는 것도 무시할 수 없는 주요 과제이지만, 동시에 선한 사마리아인들을 키워 내지 못하면 현대의 여리고로 가는 길에서 강도 만나 고통 속에 거의 죽어 가는 수많은 사람에게 누가 하나님의 자비를 베풀 것인가.

한국 사회가 복음 친화적인 환경으로 바뀌어서 교회가 일반 사회인들에게 개화기의 한국 교회처럼 다시 매력적인 공동체가 되기 위해서도 긍휼 사역은 중요한 전략일 것이다. 수많은 전도집회보다도 구제기관을 하나 더 설립하는 것이 더 전도에 효과적일 수도 있다.

〈하나님의 구제명령〉(Mandate for Mercy)에서 돈 스티븐스(D. Stephens)는 좋은 자료를 제공한다. 그에 따르면, 1987년 미국에서 수천 명의 그리스도인들에게 무엇 때문에, 누구로 인해 그리스도께로 돌아왔는지 설문조사를 했는데, "전도팀에 의해서"라고 답한 사람은 5%에 불과했고, 75-80%의 사람들이 그들의 "친구나 친척들의 간증이나 삶의 모범을 통해서" 주님을 영접했다고 했다. 사실 우리 사회에서도 김진홍·최일도 목사의 구제활동, 손봉호 교수와 홍정길 목사 등의 밀알선교단 활동 등이 끼친 대사회적인 영향은 통계로 잡기 어려운 정도일 것이다.

  영국 교회의 복음주의적인 지성인들이 구제운동이나 사회개혁운동을 일으켜 사회 전체에 준 영향은 엄청난 것이었다. 아마 대표적인 인물이 쉐프츠베리일 것이다. 그는 옥스퍼드 대학 출신의 귀족으로, 25세에 국회에 진출한 후, 산업혁명 이후 착취당하던 공장, 광산 노동자, 여자와 어린이, 정신지체아 등을 위한 구제와 그들이 권익을 위한 국회에서의 입법활동에 한 평생을 바쳤다. 그는 철저한 복음주의 신앙을 가진 기독학사로서 당시 영국 교회를 휩쓸던 의전중심주의(ritualism)와 합리주의(rationalism)을 거세게 비판하면서, 자기가 직접 위험을 무릅쓰고 광산의 갱을 들어가 보면서 '행동하는 양심'이 무엇을 실천해야 하는가를 온몸으로 보여 주었다. 영국 교회의 세계적인 구제 기관들인 '옥스팜'(Oxfam)이나 '티어 펀드'(TEAR Fund) 같은 긍휼 사역에 헌신한 일꾼들은 기독학생운동 출신인 경우가 적지 않다.

  구제도 학생 시절부터 훈련해야 할 수 있다. 나중에 돈 많이 벌어 구제기관 세우겠다면서도, 학생 시절에는 구제헌금이나 봉사활동을 하지 않는 청년들은 대개는 거짓말쟁이다. 그런 점에서 켈러(T. J. Keller)가 〈자비의 사역〉(Ministries of Mercy)에서 제시한 행동 지침을 참고할 필요가 있다. 요점만 몇 가지 옮겨 보자.

  먼저, '주는 생활'과 '간직하는 생활'의 균형을 훈련해야 한다.

구제활동은 가족-교회-사회로 그 범위를 확대하는 순서를 지켜야 한다. 작은 것부터 사랑으로 실천하는 것이 중요하다. 언젠가 내가 섬기는 교회 청년들에게 매월 용돈에서 적어도 3천 원을 구제헌금으로 바치지 못하겠으면, 차라리 교회를 옮기라고 극단적인 도전을 한 적이 있다. 다행히 그 말에 상처받아 교회를 떠난 청년은 없었다.

CCC 형제 자매들이 지역 사회에서 여러 가지 사회봉사와 구제를 위해 섬기는 모습은 참으로 아름다운 일이다. ESF 학사들이 정신 지체아들을 위하여 '베다니학교'라는 조기교육기관을 설립하여, 아이들과 그 아이들로 인해 고통당하는 부모들을 섬기는 모습은 재정 형편이 열악한 학생선교단체에서 하는 일이기 때문에 더욱 감동을 자아낸다. 기독학생운동은 이제 겨레의 가슴에 예수님의 사랑을 행동으로 보여 주는 양심이 되어야 한다.

지금 이 땅의 기독학생·학사운동은 하나님이 맡겨 주신 참으로 중요한 시대적 과제를 안고 있다. 성령이 부어 주시는 비전과 능력으로 교회와 선교단체가 새로워지고, 기독교수와 학생, 학사들이 하나되어 동역함으로써, 이 땅과 온 세계에 하나님의 나라를 이루는 새 천년이 되길 기도해야 할 것이다.

# 19
## 성서한국을 꿈꾼다

　이 시대를 사는 한국의 기독청년들에게 하나님이 보여 주신 꿈이 무엇인가? 복음 신앙을 가진 이 땅의 청년들은 한 마음으로 "성서한국, 통일한국, 선교한국"을 부르짖는다. 성령께서 주신 비전이요, 성령께서 하나로 묶어 주셨기에 이처럼 동일한 비전을 가지게 되었을 것이다. 우리가 성경말씀대로 사는 나라, 곧 성서한국를 이룬다면, 성경이 명령하는 통일과 선교를 어찌 소홀히 할 수 있겠는가?

## 아! 성서한국

　'아! 대한민국'이란 노래가 유행한 적이 있다. 예수 믿는 이땅의 젊은이들이 하나되어 목소리 높여 부를 노래는 '아! 성서한국'이다. 성서한국을 이루는 것이야말로 이 시대를 사는 한국의 기독청년들이 주님 나라 가기까지 붙잡을 소망이요, 목숨 바쳐 이루고 싶은 고귀한 사명이다. 성서한국이야말로 성령께서 말세에 청년들에게 보여 주시겠다고 약속하신 환상이다.

하나님은 이스라엘 민족의 지도자 모세에게 이스라엘 민족을 향한 하나님의 계획을 이렇게 말씀하셨다.

"세계가 다 내게 속하였나니 너희가 내 말을 잘 듣고 내 언약을 지키면 너희는 모든 민족 중에서 내 소유가 되겠고 너희가 내게 대하여 제사장 나라가 되며 거룩한 백성이 되리라"(출 19:5, 6·개역개정판).

이 본문은 하나님과 이스라엘 민족이 결혼한 사이에 이루어지는 독점적 언약 관계를 성립하는 기초가 되는 약속의 말씀이다. 하나님의 말씀을 잘 듣고 지키는 백성이 사는 나라가 하나님의 인정을 받는 최고 일류 국가이다. 성경을 전 세계에서 가장 사랑하고 성경의 원리와 교훈에 기초하여 기독교 문화를 이룬 나라가 온 세계를 지도하는 나라, 곧 제사장 나라가 된다는 원리를 가르쳐 준 말씀이기도 하다. 하나님이 모세에게 주셨던 비전은 약 400여 년 후, 다윗 왕국에 가서야 지상 메시아 왕국의 모습으로 역사 속에 현실화된다.

일제 치하, 짓누르는 시대의 무게를 믿음으로 감당하면서 하늘을 우러러 민족의 앞날에 푸른 꿈을 꾸며 그 꿈에 목숨 걸었던 20대 청년들이 있었다. '성서조선'을 꿈꾸던 신앙의 선배들이다. 김교신과 함석헌, 송두용, 정상훈, 양인성, 유석동이 그 이름들이다. 그들은 성서야말로 사람을 바꾸고 민족을 살릴 하나님의 말씀으로 믿었다. 그러기에 이 성서의 참 뜻을 풀이하여 조선에 전하는 것이 자신들의 젊은 날 인생 최대의 사명으로 여겼다. 성서의 진리 위에 조선이 설 때 조선은 하나님의 섭리사적 의의를 다하고 하나님께 영광을 돌리는 민족과 국가가 될 것이라고 믿었던 것이다.

'성서조선의 이해'라는 글 속에 나타난 그들의 꿈을 함께 나누어 보자.

> 과학적 지식의 토대 위에 새 조선을 건설하려는 과학조선의 운동이 시대에 적절하지 않음이 아니요, 그 인구의 8할 이상을 차지하는 농민으로 하여금 덴마크식 농업조선을 중흥하려는 시도가 시대에 맞지 않음이 아니며, …… 사조에 파도치는 공산조선 등이 다 그 진심 성의로만 나온 것일진대 해로울 것도 없겠지만, 이를테면 이런 것들은 모두 풀의 꽃과 같고 아침 이슬과 같아서, 오늘 있었으나 내일에는 그 자취도 찾아볼 수 없을 것이며, 모래 위의 건축이라 풍우를 당하여 파괴됨이 심하지 아니치 못할 것이다. 그러므로 이러한 외형적 조선 밑에 영구한 기반을 넣어야 할 것이니 그 지하의 기초공사가 곧 성서적 진리를 이 백성에게 소유시키는 일이다. 넓게 깊게 조선을 연구하여 영원한 새로운 조선을 성서 위에 세우라. 그러므로 조선을 성서 위에.

## '부패공화국'을 떠나는 사람들

그러나 우리가 사는 이 땅은 성서한국에서 너무 멀리 있는 부패공화국이다. 1999년 여름, 씨랜드 화재 사건으로 자식을 잃은 부모가 "이런 거지 같은 나라에서 왜 살아?"라는 말을 남기고 조국을 떠났다. 아들을 잘 키워 보려고 어린이 캠프에 보냈다가 담당 공무원이 뇌물 받고 눈 감아 준 무허가 건물에서 불이 나, 자기 생명보다 더 귀한 아들과 영원히 이별하게 되었다. 참사가 난 후 국민의 생명을 보호해야 할 정부의 심히 부패한 모습 때문에 분통을 터뜨리다가, 결국 뉴질랜드 이민을 결심하게 되었다고 한다. 그 엄마는 전 국가대표 핸드볼 선수로서 국위 선양을 위해 혼신을 다해 뛰었던 자랑스런 한국 국민이었다. 그러나 올림픽 경기에서 금메달을 받은 공로로 국가에서 받은 모든 훈장과 상까지 반납하고 한을 품고 조국을 떠나 버린 것이다.

지난 한 해, 이케하라 마모루의 〈맞아 죽을 각오를 하고 쓴 한국, 한국인 비판〉을 비롯해서 외국인들이 쓴 한국 비판이 유행한 적이 있다. 외국인들이 치를 떨게 하는 대부분의 내용은 한국 사회의 부패와 무질서, 무계획과 무절제, 무례함, 교육열로 포장된 가족 이기주의, 룸살롱에서 벌어지는 성적 타락상 등에 집중되어 있다. 사실 우리는 서양사가인 김성식 교수가 지적한 대로, '국민 훈련'을 받아 본 적이 없어서 '함께 사는 법'을 모르는 백성이다. 시민의식, 사회의식이 없는 나라임에 틀림없다.

'나'와 '나라'의 행복은 나눌 수 없다. 사람은 너 나 할 것 없이 근본적으로 자기 중심적이고 이기적이다. 그러나 자기 자신의 행복을 위해서라도 자기가 속한 국가 사회를 사람 살기 좋은 공동체로 만들지 않으면 안 된다는 사실을 깨닫는 것은 그리 어려운 일이 아니다. 이것이 '고상한 이기주의'라고 할 수 있을 것이다. 그래서 자기가 살고 있는 현실이 고달플수록 현실을 부정하고 대안으로서의 이상 사회를 꿈꾸는 것은 인간의 본능적 욕구이다.

우리 역사 속에도 이상 사회를 꿈꾸었던 선조들이 줄기차게 그 이론을 제시해 왔다. 멀리는 자장(慈藏)의 불국토(佛國土) 사상, 궁예의 미륵세계, 최승로의 유교적 이상국가, 조광조의 도덕국가, 정약용의 이상사회론, 최제우의 후천개벽(後天開闢)적 이상사회론 등이다. 가까이는 일제시대와 해방 이후 살기 좋은 나라를 이루려고 많은 구상을 발표하고 백성들에게 꿈을 심고자 애쓴 분들이 있다. 김구의 문화대국의 꿈, 이승만의 반공자유민주주의 국가를 세우려는 건국이념, 박헌영의 부르주아 민주주의 혁명론과 프롤레타리아 독재국가 건설운동, 김재준의 기독교적 건국이념 등이다.

그렇다면, 하나님의 자녀된 우리가 개인적으로나 공동체적으로 최고의 가치로 삼아야 할 목표가 무엇인가? 그것은 하나님의 이름이 거룩히 여김을 받으며, 하나님 나라가 임하고 뜻이 하늘에서 이룬 것같이 땅에서도 이루어지는 것이다(마 6:9, 10). 우리 주님께서 제자들에게 "너희는 이렇게 기도하라"고 명하신 주기도의 참 뜻이 무엇일까? 여기서 '나라' 라는 표현은 장소를 가리키는 개념이 아니라 '통치' 를 뜻하는 말이다.

하나님의 통치는 이미 하늘에서는 완전하게 이루어졌다. 삼위일체 하나님만이 왕이 되셔서 공의와 사랑으로 다스리고 계신다. 구주 예수를 믿어 구원받아 하늘에 있는 모든 하나님의 백성은 더 이상 죄와 고통, 사망과 사탄의 권세에 시달리지 않고, 오직 충만한 기쁨으로 하나님을 찬양한다. 하나님의 왕권(王權, Kingship)이 완전히 선 곳이 바로 하늘 나라이다.

하나님은 분명 죄 많고 한 많은 우리 백성이 회개하고 하나님께 돌아와, 하나님의 말씀대로 서로 사랑하고 서로 신뢰하며 살기를 원하신다. 온 백성이 하나님의 말씀을 사랑하고 순종하여, 정직하고 투명한 사회를 이루길 바라신다. 자유롭고 평화로운 세상, 문화 예술이 꽃피는 멋진 사회를 만들기를 원하신다. 자연환경이 아름답게 가꾸어진 나라, 전 세계의 가난한 나라를 복음과 물질, 고상한 문화로 돕는 풍요한 나라를 이루길 바라신다.

물론 하나님 나라는 내재적 성격보다는 초월적 성격을 가진 개념임을 모르는 바 아니다. 성서한국의 꿈을 이룬다 함이 궁극적으로 이 나라를 지상천국으로 만드는 유토피아주의나 변형된 천년왕국을 강조하려는 것이 아니다. 역사의 종말은 오늘 있을 수도 있고, 천 년 후일 수도 있다. 하나님의 시간 계산법은 태양력을 따르는 우리와 다르다. "주께는 천 년이 하루 같고 하루가 천 년" 같다(벧후 3:8). 그러므로 우리는 주님이 오늘 오실 것처럼 준비해야 하나, 동시에 천 년 후에 오실 것처럼 여기면서 우리 후손들을 생각하며 정원에 한 그루의 사과나무를 심는 일을 해야 할 것이다. 이러한 하나님 나라의 역설적 진리를 이해허야, 비로소 기독교 역사관을 소유한 기독인이라고 할 수 있을 것이다.

## '성서한국'은 민족주의적 이상인가?

성서한국의 꿈이 민족주의적 이상을 말하는 것이 아닌가 하는 의문을 가질 수 있다. 학자들에게는 '민족'에 대한 개념 정립부터 논쟁거리가 되고 있다. 최근 임지현 교수는 이런 글을 썼다.

"궁극적으로는 민족에 대한 우리 사회의 정의가 인종적인 것 혹은 종족적인 것으로부터, 공공적인 것 혹은 시민적인 것으로, 영어식으로 표현한다면 'ethnic nationalism'에서 'civic nationalism'으로 이동해야 한다고 믿는다."

민족애는 좋은 것이지만, 세계화 시대에 민족주의를 주장하는 것은 시대착오일 수 있다. 왜냐하면 나치 독일이나 군국주의 일본식 민족주의는 '자민족중심주의'(ethno-centrism)로서, 자기 민족의 유익을 위해 주변 민족에게 피해를 입혔기 때문이다. 이 점에 대해 이만열 교수는 다음과 같이 말했다.

"민족주의는 자기 존재를 귀하게 여기는 것처럼 다른 민족의 존재도 귀하게 인정해야 한다. …… 때문에 제3세계 민족의 고통과 기쁨에 동참하며 그것을 나눌 수 있다. 거기서 민족주의는 공생(共生) 이념의 바탕이 될 수 있다. 그런 민족주의가 '열린 민족주의'다. '열린 민족주의', 그것이 바로 미래의 한국 민족주의가 추구해야 할 방향이다."

그러나 우리가 말하는 성서한국의 꿈은 '열린 민족주의'에 근거해서만 언급하는 것도 아니다. 하나님의 역사 섭리에 기초하여 하는 말이다. 하나님은 모든 족속, 세계 만민을 똑같이 사랑하시지만, 만민을 다스리시는 데는 민족을 단위로 하는 통치 원리를 세우셨다.

"인류의 모든 족속을 한 혈통으로 만드사 온 땅에 거하게 하시고 그들의 연대를 정하시며 거주의 한계를 한하셨으니"(행 17:26).

이웃을 사랑하려면, 먼저 자기 몸을 사랑해야 한다. 자기 아내와 자녀를 돌보지 않으면서 동네 아주머니나 아이들을 사랑하는 것은 바른 질서가 아니다. 성서한국을 이루지도 못하면서, 세계 선교만 부르짖는 것도 하나님의 순서에 맞지 않는다. 예수께서도 먼저 "이스라엘의 잃어버린 양"을 찾은 후에야, 사마리아와 땅 끝까지 복음을 증거하게 하셨다.

성서한국의 비전이 한국의 기독청년대학생들에게 어떤 이데올로기가 되어서는 위험하다. 이스라엘 백성은 출애굽 이후, 하나님 자체보다 하나님이 약속하신 '젖과 꿀이 흐르는 가나안 땅'을 더 사랑하는 위험에 빠질 수 있었다. 하나님 자신보다 하나님이 약속하신 기업에 더 애착을 가지면, 그 결과는 우상숭배에 빠지게 된다.

우리도 성서한국을 이루실 하나님보다 성서한국을 더 사랑할 수도 있다. 우상이란 바로 '이미지'(image)인데, 우리가 상상(imagination)하는 것이 하나님 자신이 아니라 하나님이 주실 현실적인 복락에만 고착되기 쉽다. 그런 점에서 우리는 출애굽기 33장의 모세를 통해 귀한 교훈을 배운다. 하나님은 이스라엘 백성이 원하는 가나안 땅은 주겠으나, 너희 같은 목이 곧은 백성과 함께 가지 않겠다고 말씀하셨다. 이 때 모세는 하나님께 부르짖었다.

"주께서 친히 가지 아니하시려거든 우리를 이곳에서 올려 보내지 마옵소서 나와 주의 백성이 주의 목전에 은총 입은 줄을 무엇으로 알리이까 주께서 우리와 함께 행하심으로 나와 주의 백성을 천하 만민 중에 구별하심이 아니니이까."(출 33:15, 16).

사실, 유럽이나 미국 등 종교 개혁과 영적 대각성운동을 통해 성경의 진리 위에 사회를 건설한 경험이 있는 국가들을 생각해 보라. 한국을 포함하여 이방 종교나 세속적 이념의 기초 위에 사회를 세운 제3세계 국가들에 비해 상대적으로 더 사람이 사람 대접받는 수준 높은 문화를 이룬 것을 인정하지 않을 수 없다. 그러나 하나님이 떠나 버린 기독교 문화 국가가 얼마나 지탱될 수 있겠는가.

## 그러면 어떻게 성서한국을 이룰 것인가?

우리는 기독학생운동이야말로 성서한국을 이루는 최선의 전략이라고 믿는다. 왜 그런가? 사람을 기르는 일이기 때문이다. 청년들을 '하나님의 사람'으로 키우는 일이 바로 예수님의 전략이요, 성경과 역사가 증명하는 지혜이기 때문이다. 문제는 사람이다. 사람이 하나님의 사람만 되면, 세상은 하나님 나라가 된다.

사도 바울은 디모데후서 3장에서 세상의 고통스런 문제의 원인이 바로 '사람' 때문이라고 지적한다(딤후 3:1, 2). 이 당연한 진리를 왜 사람들은 그토록 깨닫지 못하는 것일까? 해방 이후 지난 반 세기 이상 한국은 '한강의 기적'이라고 부르기에 거리낌없는 국가 발전을 이루었다. 어떻게 짧은 기간에 산업화와 민주화를 이룰 수 있었는지, 스스로 대견할 정도다. 학생들이 몸 바쳐, 피 뿌려 이루려던 운동 목표와 그 목표를 성취할 운동 프로그램들은 거의 성취되었다. 그런데 왜 우리는 이 모양 이 꼴일까? 386세대 신인 정치인의 술집 스캔들, 시민 운동가의 추락, 한국디지털라인의 32세 된 대표적 벤처 기업가가 할 수 있는 모든 거짓 수법을 다 동원하다가 넘어진 '정현준 게이트' 등 온 겨레의 기대를 모았던 청년 엘리트 그룹의 추락을 보면서, 과연 이 나라의 앞날에 무슨 소망을 걸 수 있겠는가 하고 탄식하는 소리가 구슬프다. 사회 구조를 개선하는 일도 해야 한다. 그러나 구조를 움직일 사람이 썩어 있는데, 구조만 바꾼다고 뭐가 달라지겠는가.

그래서 바울은 문제만 지적한 것이 아니라, 해결책도 명쾌하게 제시한다. 사람은 부패해서 소망이 없는데, 병들고 썩은 사람들도 "하나님의 사람"으로 살려 내고 고쳐 내고 바꿀 수 있는 길이 있다는 것이다. 그것이 무엇인가? 바로 하나님의 말씀인 성경이다.

"모든 성경은 하나님의 감동으로 된 것으로 교훈과 책망과 바르게 함과 의로 교육하기에 유익하니 이는 하나님의 사람으로 온전케 하며 모든 선한 일을 행하기에 온전케 하려 함이라"(딤후 3:16, 17).

하나님의 말씀은 영적으로 죽은 사람을 거듭나게 해서 살려 낸다. 하나님의 말씀은 병든 사람을 고치고 키워 하나님의 사람으로 만든다. 그리스도를 닮은 하나님의 사람을 교회와 사회 각계 각층에, 그리고 온 세상에 보내면 성서한국은 이루어진다. 그렇다. 사람을 살리고 사람을 키우고 사람을 보내는 일을 하면 된다. 이것을 나는 '살·키·보 작전'이라고 부른다.

나는 청년대학생들의 집회에서 위의 말씀을 증거하면서 "우리 함께 성서한국을 꿈꾸자!"고 호소해 왔다. 이 책을 읽는 사랑하는 독자들에게도 나는 뜨거운 눈물로 성서한국의 꿈을 함께 꾸는 동역자가 되자고 호소한다. 사람이 문제다! 사람만 바뀌면 된다. 사람의 외적인 면, 즉 겉사람은 이제 가질 만큼 가지고 누리고 있다. 그러나 내면이 피폐해졌고 썩어 있다. 지금은 속사람이 성령으로 강건해져 믿음, 사랑, 소망으로 충만해져야 할 때다. 착한 마음, 고결한 인격, 맑은 영혼을 소유한 사람다운 사람들이 아름다운 세상을 이루어 하나님께 영광 돌리는 성서한국을 우리 자손들에게 물려 줄 수 있다면, 우리는 우리를 이 땅에 보내신 하나님의 뜻을 바르게 섬기다 가는 것이라고 믿는다.

## 20
## 통일한국을 준비한다

지난 8월 17일, 50년 만에 서울에 와서 눈물로 가족을 상봉한 북녘의 계관시인 오영재는 '다시는 헤여지지 맙시다'라는 시를 통해 이렇게 노래했다.

이제는 만났으니 다시는 헤여지지 맙시다
평양에서 서울까지 한 시간도 못 되게
그렇게도 쉽게 온 길을 어찌하여 50년 동안이나
찾으며 부르며 가슴을 말리우며 헤매였습니까

다시는 다시는
이 수난의 력사, 고통의 력사, 피눈물의 력사를 되풀이하지 맙시다
또다시 되풀이된다면 혈육들이 가슴이 터져 죽습니다
민족이 죽습니다

정견과 신앙이 다르면 통일은 못합니까
만나서 얼싸 안으니 그 뜨거움도 같고 눈물도 같은데
이것이 통일이 아닙니까

## 한국 교회의 영적·정서적 통일운동

21세기, 이 땅의 대학생들은 '민족'이니 '통일'이니 하는 거대 담론에 신경을 끄고 사는 경향이 짙다. 그러나 2000년 6월 15일, 평양에서 한국 전쟁 후 50년 만에 가진 김대중 대통령과 김정일 국방위원장의 남북정상회담이 가져온 역사적·세계적 파장에는 무관심할 수 없었다. 반공법을 어기면서 대학 건물에 두 정상의 만남을 축하하는 조선인민공화국 국기와 대한민국의 국기를 나란히 걸어 놓았지만 이를 검찰은 묵인했다.

N세대 가운데는 통일에 대해 별로 관심을 두지 않는 학생들이 의외로 많다고 한다. 그러나 "통일이 되면 뭘 해요? 통일 돼서 북한 동포 먹여 살리려면 지금보다 훨씬 가난해질 텐데요"라던 학생들도 21세기 첫 광복절인 8월 15부터 18일까지, 눈물 바다를 이룬 남북의 이산가족 상봉 장면들을 TV로 지켜보면서 함께 눈물을 흘리지 않을 수 없었을 것이다.

"가지 마……, 나랑 살어……. 가지 마……, 나랑 살어……."

임종을 코앞에 둘 만큼 기력이 쇠해 공식 상봉장소에 나오지 못한 여든일곱의 노모는 50년 만에 만난 북의 예순아홉 큰아들 량한상 씨와 30분 간 만난 자리에서 칭얼댔다. 떠나는 아들을 향해 "갔다 빨리 와……" 하는 노모를 자식은 어쩔 수 없이 작별해야 했다.

이제 통일을 향해 힘차게 발걸음을 내디딘 것만은 부인할 수 없으며, 우리가 상상하지 못하는 속도로 통일이 올 수도 있겠다는 성급한 전망도 할 수 있게 됐다. 이미 정주영 현대그룹 명예회장이 소 500마리를 싣고 북한을 방문한, 20세기 최고의 행위예술이 공연된 이래, 북한은 생존을 위해서도 개방과 통일 정책을 수정하지 않을 수 없게 된 것만은 확실하다. 통일한국은 그리 멀지 않은 것 같다. 과연 21세기 한민족의 르네상스는 오고 있는가.

일반 대학생과는 달리, 이 땅의 기독학생들은 민족과 역사를 책임지려는 열망을 포기한 적이 없다고 생각한다. 그들은 평화통일과 북녘 동포들을 위해 기도하고 헌금하기 위해 여러 모로 힘써 온 것이 사실이다. 실제로 북한 동포를 위한 모금의 4분의 3은 남쪽의 개신교 성도들을 통해서 이루어진 것임을 북한 동포들도 모르지 않는다고 한다. 한국 교회가 지난날 독립운동에 주도적인 역할을 감당했던 전통을 이어받아, 민족통일운동에 기여하기 위해 몸부림쳐 온 것은 얼마나 고마운 일인지 모른다.

지난날 진보적 교회 지도자들이 민주화운동이나 노동운동을 통해 우리 사회 발전에 중요한 역할을 감당했듯이, 통일운동에 있어서도 문익환 목사 등이 이론적 틀을 짜고 국제기구를 통해 북한의 교회 지도자들과의 만남을 주도했으며, 식량 보내기 등 북한돕기운동에 결정적인 역할을 해 왔다. 이 사실에 대해 복음주의적인 교회나 단체는 깊이 감사하고 겸손히 배워야 한다. 특히 남북나눔운동을 통해 복음주의 교회도 진보적인 교회와 하나되어서 통일을 위해 학문적 토론을 축적하는 한편, 실제로 먹거리 나누기를 조용하게 진행해 온 것은 훗날 역사에서 귀한 평가를 받기에 부족함이 없다고 믿는다.

사실 학원복음화협의회에 가입된 교회와 단체들은 모일 때마다 북녘 동포들을 위해 기도하고 있으며, 기회와 능력이 닿는 대로 돕고자 노력해 왔다. 전국 규모의 수련회가 열릴 때마다, 북한 어린이들에게 분유를 보내기 위해 금식기도하며 모금하는 모임이 적지 않다는 말을 듣는다. 이런 일은 남북 동포들이 불신과 증오를 씻어 내고 서로 화해하며 민족애를 회복하는 '심정적 통일운동'으로서, 통일의 기초가 된다고 믿는다. 무엇보다도 우리는 만유의 주재이신 하나님께 남북의 평화통일을 위해 더욱 열심히 기도해야 할 것이다. 이러한 영적·심정적 준비를 전제로 하여, 이제는 통일을 위한 한 단계 발전된 준비가 필요한 시기라고 생각한다.

## 통일을 위한 현실적 노력

통일에 대해 말은 무성하고 연구 논문도 쏟아져 나오지만, 막상 우리가 교회나 단체별로, 아니면 학복협 차원에서 통일을 위해 무엇을 준비할 것인가 생각하면 막막해지는 경험을 하게 된다. 우선 북한에 대해 아는 것이 별로 없다. 일부 통일 전문가들을 제외하고는 북한에 대한 자료를 접근하는 데도 제한을 받아 왔다. 그 동안 북한에 관계된 것은 비공개로 은밀하게 다루어야 한다는 암묵적 동의가 있어 왔기 때문에 선불리 말을 꺼내기도

조심스러웠던 것이 사실이다.

그러나 이제는 달라졌다. 적어도 기독 지성인들이 겨레의 하나 됨을 위해 어떻게 준비해야 할 것인가를 알 수 있게 되지 않았나 싶다. 그 가운데 복음주의권의 지도자들과 학자들이 동의하는 몇 가지 사항에 대해 청년대학생들도 관심을 가지고 힘써야 할 부분이 있다.

첫째는 한국 교회가 북의 주체사상이나 남의 천민자본주의 이데올로기가 아닌 성경적이며 우리 상황에 맞는 국가 체제를 지향하는 통일강령을 민족 전체에 제시해야 한다. 그간 남쪽의 보수 교회는 승공(勝共) 이데올로기를 지향하는 정부 통일 정책의 충실한 후견 세력으로 만족하고 있었다. 5, 60년대의 북진통일론, 70년대의 선의의 경쟁관계론, 80년대 이후 상호체제를 인정하는 연방제적 통일 정책에 거의 무비판적 추종만을 거듭해 왔다. 교회의 통일신학은 북한선교론에만 기울어져 있었다. 해방 직후 이승만, 안재홍, 박헌영, 유진오 등이 나름대로 신국가 구상을 국민 앞에 보여 준 적이 있는데, 오늘날 그리스도를 역사의 주라고 고백하는 기독 교회가 가톨릭 교회와 함께 하나되어 통일조국의 청사진을 7천만 겨레 앞에 보여 주어야 할 역사적 책임이 있다고 믿는다.

한국 기독교는 몸으로 때우고 물질로 표현하는 일에는 비교적 강한데, 지적인 노력에는 허약하다. 정부에서는 이미 통일 이후의 북한 토지 문제에 대해서도 어느 정도 준비를 갖추고 있는 것으로 알고 있다. 그러나 북한 토지에 대한 기독교계의 일치된 입장이 무엇인가를 온 겨레에게 밝힐 수는 없을까? 기독청년들 중에 많은 역량 있는 통일 전문가들이 나와서 정부의 통일 정책에 참여하여 기독교적 가치를 구현하는 데, 일정한 영향을 끼칠 수 있기를 기대한다. 이 일은 청년학생들의 지적 작업만으로는 감당하기 벅찬 작업이므로, 교수들을 비롯한 기독 지성인들이 공동 작업하도록 정신적·재정적 뒷받침이 요청된다고 하겠다.

둘째는 통일의 장애요소를 제거하는 데 앞장 서서 남북을 하나로 묶는 '화해의 세력'이 되어야 한다. 성공적 남북정상회담 이후, 남한 정치권과 조선일보를 비롯한 반공 보수세력의 치열한 저항으로 남북관계가 다시 얼어붙지 않을까 하는 우려도 없지 않다. 기성 보수세력인 부모들의 말을 무비판적으로 수용한 일부 청년들의 통일에 대한 부정적 시각도 만만치 않다. 그러므로 화해의 복음을 믿는 우리들이 이론적으로도 무장하여 통일을 위한 풀뿌리 차원의 여론 형성에도 일정한 역할을 해야 한다.

그러기 위해 기독청년대학생 공동체들은 '통일학교' 등의 프로그램을 통해 북한의 역사와 현실 등 북한 바로 알기, 민족주의에 대한 신학적 이해, 북한 지역 선교, 특히 북한의 대학생 등 북한 지성계에 복음을 효과적으로 전할 수 있는 선교 정책 등을 공부해야 할 것이다. 이미 적지 않은 탈북자들을 통해서 북한을 이해할 수 있는 길이 열렸다. 상호간의 이해의 폭이 넓어진 만큼 민족 통합에 필요한 기간이 단축될 것이다.

통일을 앞당기고 불신의 벽을 부수는 데 가장 효과적인 정책 중의 하나가 비정부조직인 민간단체(NGO, nongovernmental organization) 차원의 다양한 교류와 연대일 것이다. 이 점에 대해서는 이미 기독청년대학생 영적 대각성 큰모임인 'STEP 2000

대회'의 포럼에서 이문식 목사가 다음과 같이 설득력 있게 발제한 적이 있다.

"남북 통합의 과정이나 결과가 다양한 형태의 연합과 결합을 바탕으로 이루어져야 하는 것으로 볼 때, 통일을 앞세운 운동 조직보다 더 실질적인 결과를 가져 올 수도 있다. 그러므로 한국 교회는 NGO를 매개체로 한 민족 동일성 회복과 국제 인도주의적 연대를 확대해 나가야 할 것이다. 정부가 주도하거나 일방적으로 관리하는 공간이 아닌, 시민사회 내부의 자율적인 움직임으로 나타나는 다양한 운동과 활동은 그 자체로 사회의 개방성과 다양성을 확보하는 데 긍정적 결과를 가져 올 것이며, 그것은 다시 통일 과정을 더욱 유연한 형태로 연결시키는 중요한 조건이 될 수 있다."

기독학생운동은 무엇보다 사람을 키우는 운동이므로, 정부의 정책 결정 과정에 참여하는 엘리트뿐 아니라, NGO 등에서 온 몸으로 겨레의 화해를 위해 일하는 일꾼들이 나서야 할 것이다. 이미 지난 1995년에 열린 기독대학생들의 전국적 모임이었던 'SM 2000대회'에서 통일을 위해 헌신하기로 서원한 젊은이들이 많았다.

통일의 날이 언제 올는지 모른다. 오직 우리가 아는 것은 하나님의 때에 오리라는 것뿐이다. 동유럽의 경우를 볼 때, 통일 이후 첫 1년이 민족의 통합이나 선교적인 측면에서 가장 중요한 시기가 된다. 그 시기에 기독대학생들이 1년씩 휴학하고 북한의 농어촌과 광산촌에서 사랑의 봉사활동을 한다는 꿈은 겨레의 가슴을 뭉클하게 하는 발상이 아닐까. 통일의 날, 북한의 겨레는 상대적

빈곤을 처절하게 느끼게 될 것이다. 그들의 고통을 끌어 안고 함께 울어 줄 사람이 누굴까. 젊은이들, 남쪽과 해외 교포 기독청년들이야말로 북한의 동포들에게 하나님의 사랑과 평화를 온 몸으로 전하는 데 가장 적합한 "화평케 하는 자"(peace-makers)일 것이다.

셋째로 교회와 선교단체 차원에서는 북한 대학생들을 위해 무엇을 할 수 있을지를, 그들 편에 서서 진지하게 생각해야 하지 않을까 한다. 얼마 전 북한의 실상을 비교적 잘 아는 분에게서, 북한의 대학 기숙사도 식량이 없어서 모두 폐쇄했다는 슬픈 소식을 들었다. 그런데 지금은 식량 사정이 호전되었다는 소식도 들리니, 얼마나 다행스러운지.

지난 1997년 학복협 가입단체들이 중심이 되어 북한돕기모금운동으로 약 3억5천만 원어치의 옥수수와 라면을 보내면서 되도록 북한의 대학 기숙사에 보내 달라고 요구한 적이 있다. 그 때 영수증만 오고 구체적 사용처를 알려 주지 않아서 안타까웠던 기억이 난다. 이제 북한이 국제 사회에 서서히 문호를 개방하는 과정에서 정부 차원의 대대적인 식량지원활동이 있는데, 상대적으로 보아 미미한 우리의 인도주의적 지원이 무슨 의미가 있을까 하는 생각이 드는 것도 사실이다. 그러나 북한의 경제 구조로 보아 당분간 식량 자급은 불가능하다고 한다. 어린 아이들을 위한 분유보내기운동이나 북한 대학 기숙사에 식량 보내기 운동 등은 통일의 날까지 우리가 지속해야 할 부담이다. 그러나 이런 사랑의 표현을 할 수 있는 기회가 항상 있는 것이 아니므로, 모든 청년 신앙 공동체는 겨레를 살리는 일에 무관심하면서 선교여행에만 돈과 시간을 쓸 수는 없을 것이다.

　식량 지원도 중요하지만, 북한사회가 국제사회의 영향으로 주민들의 신앙적 욕구를 내부적으로 수용하여 중국만큼이라도 전도의 문이 열릴 때, 어떻게 생명의 떡이신 그리스도를 전할 수 있을까? 현재도 방송매체나 풍선, 구호 배낭을 통해 복음을 전하고 있는 단체들이 있다. 남쪽으로 오거나 중국에 온 탈북자들을 대상으로 복음을 전하여 통일시대 전도의 핵심 인력으로 세우기 위한 노력도 진행되고 있다. 어느 선교단체는 북녘 동포 모두에게 성경을 한 권씩 나눠 주기 위한 준비도 하고 있다.

　이와 관련하여 생각해 볼 문제가 있다. 남쪽의 학생선교단체가 통일의 날에 북한의 대학 복음화를 위해 어떻게 해야 할까? 만약 남쪽 캠퍼스에서 각 단체별로 신앙 설문지를 들고 신입생 전도하듯이, 북쪽 캠퍼스에서도 각개 약진한다면 획일화된 전체주의 사회에서 다양성을 훈련받지 못한 북쪽 학생들이 얼마나 헷갈리게 될 것인가? 초기 한국 선교사들이 분할선교정책을 사용했듯이, 약 160개 대학으로 추산되는 북쪽의 대학을 선교단체별로, 그리고 기독교수와 기독학생연합별로 분담하는 정책을 논의할 필요가 있다고 본다.

## 통일의 대가를 지불할 준비

　무엇보다 통일의 날을 위해 대가를 지불할 물질적·신앙적 준비를 해야 할 것이다. 김대중 대통령은 통일에 2, 30년이 걸릴 수도 있다고 말했지만, 그보다 훨씬 빨리도 늦게도 올 수 있다. 통일이 된다고 하나님 나라가 임하는 것은 아니다. 우리는 통일 유토피아주의가 성서적이라고 생각하지 않는다. 통일의 시기는 역사와 세계의 주인이신 하나님의 주권 아래 있다(행 1:7,8).

남녘에 사는 우리는 먼저 이 곳에서 할 일이 있다. 무엇보다도 민족의 통일은 인간의 노력만으로 오는 것이 아니라 역사의 주재이신 하나님의 선물로 올 것을 믿고 북한을 위해 더욱 기도해야 한다. 통일이 평화롭게 이루어지길 기도하며, 남북한 지도자들과 주변 4강국의 지도자들을 위해 기도하며, 북한 주민들의 육적·영적 필요가 채워지길 기도해야 한다. 또한 한국 교회가 북한 동포들에게 하나님의 사랑을 보여 주는 매력 있는 공동체로 새로워지길 기도하며, 남한사회가 북한 동포들에게도 사람 살기에 매력적인 곳으로 비쳐지도록 사회의 변혁을 위해 기도해야 한다. 아울러 남한의 기독학생운동이 북한의 대학생들을 형제의 사랑으로 품고 그들의 상처를 품을 수 있는 성숙한 공동체로 자라길 기도해야 한다. 하나님은 우리가 대학의 복음화를 위해 지금, 여기서, 연합과 협력의 훈련이 잘 된 만큼, 통일의 날에 북녘의 학원 복음화와 청년대학생의 영적 부흥을 위해서도 우리를 귀하게 사용하실 것이다.

통일 신학자 박종화 교수는 이런 말을 한 적이 있다.

"독일 통일이 20세기 냉전 시대를 마감하는 하나님의 세기말적 선물이라 한다면, 한반도 화해와 평화통일은 21세기 화해와 협력 시대를 여는 하나님의 세기초적 선물이라 할 것이다."

남북한의 통일은 우리 겨레만의 평화와 안전으로 그치지 않는다. 그것은 20세기를 전쟁의 세기로 보낸 인류에게 21세기를 평화의 세기로 맞는 희망의 서곡이 될 것이다. 이는 한반도의 평화 노력을 국제사회가 격려하는 의미로 노벨평화상을 수여한 사실에서도 확인할 수 있다.

경의선 24킬로미터가 이어지는 사건은 단지 부산에서 신의주까지 연결되는 것으로 그치지 않는다. 극동에서 서유럽까지 철도가 이어져 세계가 하나로 연결되는 세계사적 경사가 될 것이다. 그리고 한반도는 세계 평화의 상징적 '시온성'이 될 것이다(사 2:2-4).

## 21
## 선교한국을 이룬다

기독학생운동은 자기 민족을 구원하는 단계에 머무르지 않는다. 반드시 세계선교운동으로 발전하는 것이 자연적인 흐름이다. 왜 그럴까?

### 기독학생운동과 선교운동의 관계

복음주의적 신앙을 가진 기독학생들은 개인 신앙생활과 공동체활동의 중심을 성경에 둔다. 성경을 공부할수록 하나님은 온 인류의 하나님이시며, 만민을 구원하시고 열방에 하나님의 영광을 선포하시기를 원하시는 하나님이시라는 확신에 이르게 된다. 인류 구속의 역사를 위해 믿음의 조상 아브라함을 부르시면서 하나님은, "땅의 모든 족속이 너를 인하여 복을 얻을 것이니라"고 언약하신, 모든 족속의 하나님이시다(창 12:3).

바벨론에게 나라를 잃고 절망하던 이스라엘 백성에게 하나님은 이사야를 통해 '종의 노래'를 부르게 하셨다.

"그가 이르시되 네가 나의 종이 되어 야곱의 지파들을 일으키며 이스라엘 중에 보전된 자를 돌아오게 할 것은 매우 쉬운 일이라 내가 또 너를 이방의 빛으로 삼아 나의 구원을 베풀어서 땅 끝까지 이르게 하리라"(사 49:6 · 개역개정판).

하나님은 비록 당시 거지같이 살고 있는 이스라엘이었지만 소망을 거두지 않으셨다. 그들을 회복하여 먼저 '성서이스라엘'을 이루는 것은 쉬운 일이고, 더 나아가서는 이방의 빛으로서 흑암 중에 살고 있는 만민에게 구원의 빛을 밝히는 '선교이스라엘'을 이루시겠다는 말씀이다.

기독학생운동에 참여하는 우리는 성서한국, 통일한국을 이루는 것 자체가 마지막 목표일 수 없다. 선교한국을 이루어, 장차 세상 만민들이 "야, 우리, 한국에 한번 가 보자! 그 나라 사람들은 세계에서 가장 하나님 잘 믿고, 가장 성경 사랑하며 가장 정직하고 가장 사랑 많다더라. 다른 나라를 가장 많이 돕고, 찬란한 기독교 문화를 지상에 이룬 백성들이란다" 하면서 이 땅을 찾아올 그 날을 꿈꾸고 있다(사 2:2-4). 또한 세계 만민이 "한국의 선교사들을 통해 교회가 세워지고 부흥하며 선교지에 기독교 문화가 꽃피게 되었다"고 하나님을 찬양하는 그 날을 꿈꾸게 된다. 하나님은 그의 종을 통해 민족의 회복뿐 아니라, 이방의 구원에 대한 흔들리지 않는 계획을 확인하시기를 기뻐하셨던 것이다.

그러므로 기독학생이 성경을 공부하면 할수록, 하나님을 아는 지식이 자라면 자랄수록 하나님이 원하시는 인류 구속의 계획을 나 몰라라 하는 철심장이 될 수는 없는 법이다. 복음주의적 신앙으로 훈련받는 기독학생일수록 예수 그리스도를 사랑하고 그의 주 되심을 삶의 모든 영역에서 인정하게 된다. 따라서 그리스도께서 가장 바라시는 것을 이루는 것이 삶의 목표가 된다. 그러므로 "모든 민족을 제자로 삼으라"는 그리스도의 유언적 선교명령을 준행하지 않으면, 개인적으로도 사는 의미가 없을 뿐 아니라 공동체의 존재 목적을 상실할 위험도 있다(마 28:19, 20).

더구나 신앙 공동체가 자라면서 기도의 깊이가 생기고 성령의 인도하심을 구체적으로 순종하는 단계에 이르면, 마치 사도행전 13장의 안디옥 교회처럼 그리스도의 선교명령을 외면할 수 없게 된다. 결국 기독학생운동은 민족의 중흥만을 바라는 수준에서 인류의 구원을 소망하는 '세계를 품는 크리스천'(global christian) 공동체운동으로 성숙하게 될 것이다. 그래서 기독학생운동은 선교의 기본 수행자인 교회를 각성시키고 세계 선교의 사명을 담당하도록 영향을 주는 역할을 감당하게 된다.

## 학생운동이 중심이 된 세계선교운동사

데이빗 하워드(D. Howard)는 〈학생운동과 세계 복음화〉(*Student Power & World Evangelism*)에서 이렇게 지적했다.

"세계 복음화를 위한 교회의 선도적인 움직임마다 학생들이 결정적인 역할을 수행했다는 사실은 주목할 만한 일이다. 교회가 때때로 새롭게 힘을 공급받고 복음화에 추진력을 새롭게 얻은 것은 이들 학생들의 비전과 노력 때문이었다. 오늘날 교회의 세계 선교에 있어서의 학생들의 위치를 역사적인 관점에서 정립하기 위해서 이전 세대의 선배들에 의해 남겨진 풍부한 유산을 살펴볼 필요가 있다."

하워드는 같은 책에서 학생들이 중심이 된 세계선교운동의 역사를 소개하고 있다. 여기에 다 옮길 여유가 없으므로, 큰 흐름을 이해하기 위해 잠시 조망해 보는 것으로 만족하기로 하자.

1. 독일 할레 대학의 진젠도르프(Zinzendorf, 1700-1760)와 '겨자씨 모임'(The Order of the Grain of Mustard Seed)을 중심으로 일어난 선교운동.
2. 영국 옥스퍼드 대학의 웨슬리(Wesley, 1703-1791)와 '홀리 클럽'(Holy Club).
3. 케임브리지 대학의 스터드(C. T. Studd, 1862-1931)와 그의 친구들로 이루어진 '케임브리지 7인(The Cambridge Seven)의 중국선교운동.
4. 미국 윌리엄 주 대학의 사무엘 밀즈(S. J. Mills, Jr., 1783-1818)와 그 친구들의 건초더미 기도운동으로 시작된 '형제단'(The Society of Brethren) 선교운동.
5. 케임브리지 7인 중의 하나인 스터드의 형을 통해 회심한 코넬 대학의 존 모트(J. Mott, 1865-1955)가 지도력을 발휘한 학생 YMCA.
6. 1886년 무디(D. L. Moody, 1837-1899)가 주강사가 된 헐몬산 여름성경공부수련회에서 윌더(R. P. Wilder, 1863-1938)를 비롯한 학생 리더들이 모트와 함께 1888년 공식 출발한 해외선교를 위한 학생자원자운동(The Student Volunteer

Movement for Foreign Missions).

학생자원자운동에 이르러 영미의 기독학생들을 통한 해외 선교운동은 잠자던 세계 교회를 깨우게 된다. "세계 복음화를 이 세대 안에!"(The evangelization of the world in this generation)라는 구호를 외치면서, 이 운동은 2만 명 이상의 청년들이 선교사로 헌신하여 생명을 바친, 교회 역사상 유례가 없는 놀라운 선교운동으로 발전했다. 한국을 비롯한 아시아, 아프리카에 복음이 전해지기 시작한 것도 이 무렵이었다. 이러한 기독학생운동의 연장선상에 있는 선교운동의 열매는, 후에 1948년 설립된 WCC를 비롯한 수많은 기독교연합운동에 결정적인 지도력을 발휘하는 것으로 나타나게 된다.

한국 교회는 장로교의 첫 총회에서 해외 선교사를 파송하기로 결의할 만큼 처음부터 '주는 교회'의 전통을 가지고 있다. 그러나 해외선교운동이 뜨겁게 교회를 움직이기 시작한 것은 80년대에 이르러서라고 할 수 있다. 이 운동에 결정적인 역할을 한 것도 복음주의 기독학생운동이었다.

나는 학생 시절이던 1964년 당시, 섬기던 선교단체의 수련회에서 "조국과 동남아의 잃어버린 영혼들을 위해" 돌아가면서 기도하는 중에 한 친구가 졸다가 사발에 담긴 물그릇을 쏟아 모두 잠시 기도를 중단했다가 다시 기도하던 추억을 가지고 있다. 그리고 70년대 초 신촌 지역의 학생들을 섬기던 간사 시절, 동해안 여름수련회에서 전 세계 국가, 수도, 인구, 종교상황을 프린트물로 복사해서 나누어 준 후, 백사장에서 태평양을 바라보며 모든 학생들이 세계 선교를 위해 울부짖던 기도회를 잊을 수 없다. 졸업생들 가운데 평신도로 해외 취업이 가능한 간호사, 의사, 약사 등을 3-6명 정도 집에서 합숙시키면서 장래의 '평신도 선교사들'을 섬기느라고 병든 자식을 키우면서 아내가 고생하던 모습도 생각난다. 왜 그렇게 미쳐 있었을까?

학생들은 믿음이 자랄수록 자기의 생명을 최고의 가치 있는 사명에 바치려는 열정이 타오르게 된다. 청년의 이상은 불가능한 것에 도전하기를 기뻐한다. 그리스도의 선교명령을 복종하는 것이야말로 생명을 불사르게 하는 이상이 되기에 충분하다.

'선교한국 2000대회'에 모여든 수천 명의 기독학생들을 말씀으로 섬기면서, 나는 하나님이 21세기 세계 복음화를 위해 한국의 기독학생들을 귀히 쓰시리라는 소망을 더욱 확인할 수 있었다. 전 세계에서 우리 나라의 기독학생들처럼 선교열이 뜨겁고 헌신적인 나라가 어디 있겠는가. 미국의 어바나선교대회(Urbana Missionary Conference)가 가장 큰 규모이지만, 인구와 기독교 신자의 비율로 따지면 우리 나라가 더 큰 대회다. 그런데 이보다 더 의미 있는 사실이 있다. 미국의 경우는 IVF 한 단체가 주관하고 있지만, 한국은 9개의 복음주의 학생선교단체가 연합하여 이루는 선교대회라는 사실이다. 이것은 장로교가 100개 이상의 교단으로 분열했다는 한국 교회의 현실에 비추어 보면, 가히 기적에 해당하는 놀라운 일이다. 이는 학생운동단체들의 순수한 리더십이기 때문에 가능했을 것이다.

이 땅의 기독학생운동이 가장 영향력 있고 놀랍게 열매 맺는 분야가 해외 선교일 것이다. 올 여름에도 400명, 500명씩 단기 해외선교여행을 떠나는 대형 교회 청년대학부나 큰 규모의 선교단체 회원들, 그리고 심지어 기독교수가 인솔하는 캠퍼스의 기독인 연합이 주관하는 단기선교팀이 김포공항에서 거의 날마다 파송 기도회를 갖는 모습을 볼 수 있을 정도이다. 이처럼 기독학생들이 선교여행에만 바치는 금액이, 가난한 나라 사람에게는 가히 천문학적일 것이다. 사실, 세계 어느 나라 기독학생이 방학 때면 한국의 청년들처럼 해외 단기선교에 그 귀한 시간과 돈을 투자하고 있겠는가. 하나님께서도 한국의 기독학생들을 통한 세계복음화운동에 기대하고 계심이 분명하다.

## 선교운동과 구속역사의 완성

### 역사의 주, 예수 그리스도

기독학생들의 선교운동은 학생들의 복음과 선교지의 영혼에 대한 열정만으로 이루어져서는 안 된다. 어느 날 그냥 흥분해서 선교사로 헌신했다가 자기 스스로, 또한 주위의 사람들에게 피해를 주는 사례도 없지 않다.

학생선교운동에 참여하는 자들은 뜨거운 가슴뿐 아니라, 차가운 머리로 선교운동이 하나님의 구속역사에서 어떤 역할을 하는가를 볼 수 있는 기독교 역사관이 있어야 한다. 선교한국을 이루고자 헌신한 기독청년들은 선교의 주인이신 예수는 과연 누구신지 깨달아야 하고, 선교운동의 의미를 하나님의 구속역사의 차원에서 확인해야 한다. 그래야 하나님 중심의 선교, 하늘이 무너져도 흔들리지 않는 선교에 대한 확신을 가질 것이다.

그런 점에서 요한복음 17장의 앞부분에서 우리는 선교에 대한 위대한 진리를 발견하게 된다. 여기서 잠시 호흡을 가다듬고, 역사의 주인이신 우리 주님께서 지상 사역을 마치시면서 드린 "대제사장의 기도"(요 17장)을 묵상할 필요가 있다. 예수님은 이렇게 기도를 시작하신다.

"아버지여 때가 이르렀사오니 아들을 영화롭게 하사 아들로 아버지를 영화롭게 하게 하옵소서 아버지께서 아들에게 주신 모든 사람에게 영생을 주게 하시려고 만민을 다스리는 권세를 아들에게 주셨음이로소이다"(1, 2절).

예수는 사망 권세 아래 고통하는 인류를 구속하여 영생 주시기 위해 만민을 다스리는 권세를 하나님에게서 받으신 분이다. "하늘과 땅의 모든 권세"를 받으신 하나님의 아들이시다(마 28:18). 예수 그리스도는 역사의 주인이며, 동시에 "역사의 중심점"(focal point)이라는 제임스 보이스(James M. Boice) 박사의 말은 틀리지 않다.

한국의 신자들은 구원론과 교회론은 좀 아는 편인데, 신론, 기독론이 빈약하다. 하나님과 예수를 아는 것이 영생인데(요 17:3), 생명력 넘치는 삶을 살지 못하는 이유가 바로 주님에 대한 너무 얄팍한 지식 때문이다.

우리가 믿는 예수 그리스도는 만만하게 대할 수 있는 그런 시시한 대상이 아니다. 예수 그리스도는 만유를 창조하시고 보존하시는 크신 '만유의 주'이시다. 동시에 역사를 주관하시는 '역사의 주'이시며, 영원무궁토록 경배를 받으시기에 합당하신 하나님의 아들이시다. 그리스도인의 신앙의 대상이 만유와 역사의 주이

시기 때문에, 기독교 신앙은 세계성과 역사성을 동시에 가진다(창 12:1-3).

하나님은 인류의 보편사 곧 세속사(世俗史, universal history)를 주관하실 뿐 아니라, 인류를 구원하는 역사, 곧 구속사(救贖史, redemptive history)도 주관하신다. 성경 역사는 하나님의 인류 구속이라는 주제가 관통하는 역사철학서이기도 하다. 구속사관을 가지고 역사를 보는 성경적인 눈을 가질 때, 보편사는 구속사가 일어나는 무대요 배경의 역할을 하는 것을 알게 된다. 예컨대 인류의 구주로 오신 예수 탄생의 구속사적 사건을 기록하면서 저자인 역사가 누가 선생은, 로마의 아우구스투스 황제의 호적 등록 명령이라는 보편사적 사건이 배경을 이루고 있음을 기록했다(눅 2장).

그런 점에서 과거 고난중에 전 세계로 흩어진 한민족, 현재 남북간에 이루어지는 화해 무드, 우리 나라의 지리적 위치, 21세기의 세계화 현상 등도 모두 하나님께서 구속역사를 이루기 위한 세속사적 준비로 볼 수 있는 눈을 갖게 된다. 그러므로 선교운동에 참여하는 자들은 무엇보다 예수 그리스도께서 온 우주와 세계 역사도 꽉 쥐고 계신 역사의 주인이심을 믿음으로 고백해야 한다. 그러면 역사의 주이신 그리스도께서 지향하는 역사의 목표는 무엇일까?

### 역사의 목표, 하나님의 영광

예수님의 첫 기도제목은 "아들을 영화롭게 하사 아들로 아버지를 영화롭게 하게 하옵소서"(요 17:1), 즉 하나님과 그리스도 자신의 영광이었다. 하나님을 영화롭게 하는 것은 피조물의 존재 목적이며(사 43:7), 하나님의 인류 구속역사의 목적도 하나님의 영광이다. 그렇기 때문에 예수께서는 제자들에게 기도를 가르치면서, 먼저 구할 것이 "하늘에 계신 우리 아버지여 이름이 거룩히 여김을 받으시오며, 나라이 임하시오며, 뜻이 하늘에서 이루어진 것같이 땅에서도 이루어지이다"라고 하셨다.

아버지의 이름 곧 하나님의 영광이 역사가 지향하는 목적이다. 우리는 늘 영혼의 구원만이 중요하다고 생각해 온 인간 중심의 사고를 바꿔야 한다. 죽어 가는 영혼들을 구원하는 것은 하나님께 영광돌리기 위한 것이지, 역사의 궁극적인 목적은 아니다.

그러면 예수님은 어떻게 자기를 영화롭게 하며, 하나님의 영광을 나타낸다고 말씀하시는가?

"아버지께서 내게 하라고 주신 일을 내가 이루어 아버지를 이 세상에서 영화롭게 하였사오니, 아버지여 창세 전에 내가 아버지와 함께 가졌던 영화로써 지금도 아버지와 함께 나를 영화롭게 하옵소서"(요 17:4, 5).

예수님은 하나님이 하라고 주신 일을 성취하셨다. 예수님의 생애에는 가장 중요한 세 가지 사건이 있다. 출발점인 성육신의 탄생, 중심적인 사건인 십자가의 대속의 죽음, 그리고 절정을 이루는 부활의 사건이다. 이 모든 사건을 통해 그리스도는 하나님께 영광을 돌린다.

하나님의 역사는 크게 '창조-타락-구속-완성(종말)'을 향해 진행되어 왔다. 성경의 역사관은 창조라는 알파점에서 종말이라는 오메가점을 향한 직선적 역사관이다. 예수 그리스도의 죽음과 부활을 통해 타락한 인류를 구속하는 역사는 이루어졌다. 이제는 그리스도의 재림을 통해 이루어질 하나님 나라의 완성, 종말에 이루어질 하나님의 구속역사의 완성을 위해 그리스도께서는 사도들에게 "너희는 땅끝까지 이르러 내 증인이 되라"(행 1:8)고 선교명령을 주신 것이다.

선교의 역사는 예수의 지상 사역이 끝나고 승천하신 후부터 시작되었다. 천상의 그리스도께서 지상에 자신의 몸인 교회를 세우시면서 선교는 출발된 것이다.

이제 하나님의 역사에서 아직 실현되지 않고 남아 있는 과제는 그리스도의 재림으로 이루어질 구속역사의 완성뿐이다. 따라서 선교역사는 역사의 완성점을 향해 달리는 최후의 과제이다. 예수께서는 분명히 말씀하셨다.

"이 천국 복음이 모든 민족에게 증거되기 위하여 온 세상에 전파되리니 그제야 끝이 오리라"(마 24:14).

천상에서는 지금도 먼저 간 신앙의 선배들을 포함해서 모든 피조물들이 지금도 "보좌에 앉으신 이와 어린 양에게 찬송과 존귀와 영광과 능력을 세세토록 돌릴지어다"라며 찬양하고 있다(계 5:13). 그리고 주님은 "내가 속히 오리라"고 하신 약속을 지키시기 위해, 일어났다 앉으셨다 하시면서 역사의 피날레를 장식하기 위해 준비하고 계신다. 세계 선교역사야말로 마치 황영조 선수가 마라톤 결승점을 향해 전력 질주하듯이, 영광스런 하나님의 역사의 완성을 위해 달려가고 있는 것이다.

## 선교한국을 위한 전략

### 전략에 앞서는 정신

대학 시절 예수를 전 인격적으로 만나고 생애 전체를 주께 바친 한국의 젊은이들에게 하나님은 인류 구속역사의 마지막 바통을 쥐고 달릴 수 있는 축복을 안겨 주셨음이 분명하다. 세계적으로 선교헌신자의 수가 해가 지날수록 격감하는 추세에 비해 한국 교회에는 선교를 위해 일생을 헌신한 젊은이가 매년 수백 명에 이르고 있으니, 이것은 성령의 역사가 아니고서는 불가능한 일이다.

일은 사람이 한다. 기독학생운동은 그 동안 선교한국을 개척해 나가는데, 전재옥 교수를 비롯하여 수많은 선교사들을 파송했고, 이태웅 목사를 비롯한 수많은 선교 전문가들을 배출해 냈다. 앞으로도 학생선교운동이 집중하는 것은 질적 수준이 높은 선교 헌신자들을 배출하는 일일 것이다.

선교는 낭만적인 환상으로 결코 이루어지지 않는다. 초기와 달리 점점 일종의 경력 관리로 선교에 헌신하는 자들이 생기는 것은 우려할 만한 현상이 아닐 수 없다. 목회자들 사이에는 장차 담임목사에 이르기 위한 과정으로, 어떤 실연한 자매는 상처를 잊으려고 선교를 생각하기도 하는데, 이는 선교의 특성과는 거리가 멀다. 선교는 예수께서 보여 주신 생애 그대로 죽음을 통해 하나님께 영광 돌리고 영혼들을 살리려는 순교정신이 아니고서는 결코 이루어지지 않는다. 주님 오시는 날은 순교자의 수가 차는 날이 될 것이다(계 6:9-11). 1993년의 순교자가 약 15만 명이고,

2000년의 예상은 약 20만 명이라고 한다. 학생 선교 지원자들은 주님의 선교 제단 위에 목숨을 바치려는 복음정신이 확인되어야 한다.

**단체와 교회의 역할 분담과 연대**

다른 분야에도 마찬가지 현상을 볼 수 있지만, 선교운동에도 지나치게 자기단체주의, 자기교회주의가 만연하여 하나님의 자원이 지나치게 낭비되고 있다. 학생단체는 신앙과 인격의 기본훈련을 잘 받은 주의 제자를 키워 내는 것으로 만족해야 한다. 자기단체의 기독학생이 만일 선교에 헌신하면 소속한 지역 교회의 기도와 재정 지원을 받도록 격려하며, 한국 교회가 연합하여 세운 파송단체에 가입하도록 도와야 한다.

그리고 파송단체는 자체 선교사 훈련 프로그램과 더불어 한국 교회가 연합하여 세운 선교사 훈련기관에 위탁하여 훈련과 파송을 받게 하며, 선교지에서 활동하는 데 필요한 모든 후원을 지역 교회와 연대하여 책임을 나누어 지면 된다. 이러한 선교 정책이 선교역사가 오랜 나라, 미국과 유럽 교회가 채택하는 방향이다. 이것은 오랜 시행착오를 거치면서 경험에서 축적된 지혜라고 할 수 있을 것이다.

현재 한국의 학생선교단체들 가운데는 파송단체의 역할까지 담당하면서 많은 투자를 해외 선교에 쏟는 단체가 많아지고 있다. 여러 가지 사정이 있겠으나, 원칙적으로는 바른 방향이라고 하기 힘들다. 캠퍼스는 해마다 60만 명의 신입생들이 몰려오고 있다. 학생단체들은 이들을 전도하고 양육하는 데 항상 총력을 기울여도 자원의 부족을 절감하고 있는 형편이다. 서로 역할 분담이 이루어진다면 한국 교회의 해외선교운동은 더욱 힘을 얻을 것이다.

해외에 나간 한국 선교사들이 현지에서 부딪치는 가장 절실한 문제 중의 하나가 한국 선교사들 간의 동역이다. 국내에서도 연합하여 주님 섬기는 훈련을 하지 못했으니, 해외에서라고 가능하겠는가. 따라서 기독학생운동은 한국 교회의 연합을 위해서도, 또한 선교한국의 비전을 이루는 현실적 과제로서도 연합과 연대에 더욱 노력할 때다. 고무적인 현상은 기독학생운동의 대표적 연합운동인 학원복음화협의회, 선교한국, 코스타, ISF 등이 연합하고 협력하고 있다는 사실이다.

하나님은 분명 이 땅의 기독학생운동을 통해, 학원 복음화와 성서한국, 통일한국, 선교한국을 만군의 여호와의 열심으로 이루고 계시다. 우리는 함께, "물이 바다 덮음같이 여호와를 아는 지식이 세상에 충만할"(사 11:9) 그 날을 꿈꾸고, 준비하고, 이루고야 말 것이다.

닫는 글
# 지금은 울어야 할 때

지금까지 우리는 기독학생·학사운동을 통해 대학을 복음화하고 성서한국, 통일한국, 선교한국의 비전을 실현할 수 있다는 믿음을 함께 나누었다. 이제 글을 마무리해야 할 시간이다. 과연 주님을 사랑하는 이 땅의 청년 대학생들과 청년 사역자들이 어떤 자세로 이 시대를 섬겨야 할까?

지난 수개월 간 나는 여기저기 청년대학생들의 모임을 부지런히 다녔다. 여러 캠퍼스에서의 집회, 교회 청년대학부 수련회, 선교단체의 집회뿐 아니라 코스타를 섬기기 위해 몇 나라를 다녀오기도 했다.

그 중에서도 미국 코스타 집회에서 만난 한 형제의 모습이 떠오를 때마다 가슴이 뭉클해지곤 한다. 이 형제는 1,500명이 참석한 수련회 진행을 총 책임졌던 평신도 간사였다.

마지막 시간에 참석한 유학생들이 강단에 줄지어 서 있는 강사들과 악수나 포옹을 하며 작별 인사를 나누는 순서가 있었다. 형제는 마지막으로 강단에 올라와서 한 사람 한 사람의 강사들과 포옹하면서 흐르는 눈물을 닦을 생각도 않고, 아예 목놓아 울음을 터뜨리는 것이었다.

이 시대를 사는 젊은이들은 마음놓고 울기 힘들다. 현대문화는 참을 수 없을 만큼 경박하다. 하이테크 시대, 냉소주의 시대를 살며, 남자나 여자나 눈물이 헤프면 못쓴다는 강박관념에 세뇌되어 모두들 건조성 각결막염(dry-eye syndrome)을 앓고 있는지 모른다. 교회도 눈물이 흔하지 않다. 그럼 과연 우리 시대를 섬기는 사역자들은……?

물론 우리 주님은 결코 눈물만 흘리지는 않으셨다. 제자들과 함께 지내면서 기뻐 웃음을 터뜨린 적도 있으셨을 게다(눅 10:21). 그럼에도 불구하고 예수님의 지상 사역은 눈물이 마르지 않는 슬픔과 고통으로 점철된 기간이었다.

"예수께서 눈물을 흘리시더라"(요 11:35).

"가까이 오사 성을 보시며 우시고"(눅 19:41).

"예수께서 돌이켜 그들을 향하여 가라사대 예루살렘의 딸들아 나를 위하여 울지 말고 너희와 너희 자녀를 위하여 울라"(눅 23:28).

하나님의 품을 떠난 탕자들의 고통을 공감하시는 우리 주님의 마음이 어찌 편할 수가 있었을까. 메시아를 십자가에 못박는 백성들이 머잖아 받아야 할 예루살렘 멸망의 참혹한 심판을 미리 내다보시는 예수님은 당신 자신만 눈물 흘리시는 것이 아니라, 예루살렘 여자들에게도 "너희와 너희 자녀를 위해 울라"고 말씀하셔야 했다.

우리 주님을 섬기는 길은 눈물 없이 갈 수 없는 좁은 길이다. 죄인들이 회개하고 그리스도의 형상을 이루게 하기까지는 해산하는 여인의 울부짖는 중보와 아픔 없이는 불가능하다. 이것은 하나님께서 세우신 생명 원리다. 그래서 사도 바울은 에베소 장로들에게 고별 메시지를 전하면서 두 차례나 눈물의 사역을 회상했을 것이다.

"곧 모든 겸손과 눈물이며……"(행 20:31).

"그러므로 너희가 일깨어 내가 삼 년이나 밤낮 쉬지 않고 눈물로 각 사람을 훈계하던 것을 기억하라"(행 20:31).

어떤 분이 세어 보니까 성경에 눈물, 울음, 애통, 울부짖음에 대해 무려 700여 군데나 언급되었다고 한다. 그렇다면 하나님의 구속역사는 눈물을 통해 이루어진다는 말도 그다지 심한 과장은 아닐 법하다. 물론 그 눈물의 이유는 동일하지 않다. 기뻐서도 울고, 슬퍼서도 운다. 지난날의 추한 죄악과 고통스러운 상처, 낭비된 인생이 비참해서 울부짖는 눈물이 있는가 하면, 십자가에서 보여 주신 우리 주님의 자비와 사랑에 감격해서 흘리는 눈물이 있다. 내가 복음으로 섬기던 형제 자매가 끝까지 주님을 영접하지 않았기 때문에, 아니면 공동체를 떠났기 때문에 속상해서 흘리는 눈물이 있는가 하면, 중보기도하던 형제자매가 거듭나서 그 기쁨을 어쩔 줄 몰라하며 함께 부둥켜안고 울음을 터뜨리기도 한다.

솔로몬은 이렇게 시를 읊은 적이 있다.

"울 때가 있고 웃을 때가 있으며 슬퍼할 때가 있고 춤출 때가 있으며"(전 3:4).

생의 나그네 길을 걸으며 웃을 때가 있고 울 때가 있다면, 이 시대를 섬기는 하나님의 종들에게 지금은 울어야 할 때다. 더욱이 한국의 기독청년학생들과 사역자들은 울며 씨를 뿌려야 할 때다. 진리와 생명이 실종된 캠퍼스의 메마른 땅을 눈물로 적셔서 복음의 씨를 뿌려야 할 시기다. 내일이 보이지 않는 어둠 속에서 얼어붙은 이 땅 청년들의 가슴에 얼마나 뜨거운 눈물이 흘러야만 복음은 싹을 틔우고 열매를 맺을 것인가.

주의 종은 자기가 눈물을 흘리지 않으면 남의 눈에서 눈물을 빼 낸다. 혹시 이 땅에서 주를 섬긴다는 주의 종들이 자기와 민족을 위해 너무나 울지 않기 때문에 하나님께서 지금도 눈물 흘리고 계신 것은 아닐까.

새 하늘과 새 땅, 새 예루살렘을 비전 중에 바라보던 사도 요한은 하나님의 모습을 이렇게 기록했다.

"하나님은 친히 저희와 함께 계셔서 모든 눈물을 그 눈에서 씻기시매"(계 21:3, 4).

조지 휫필드(G. Whitefield)는 말했다.

"내 친애하는 형제여, 말씀 전할 때마다 이것이 당신의 마지막이라 생각하고 말하시오. 할 수 있는 대로 말씀 전할 때마다 울면서 증거하시오. 듣는 자들로 하여금 '보시오, 주님께서 얼마나 우리를 사랑하시는가!' 하고 울부짖지 않을 수 없게 증거하시오. 세계를 위해 우시오."

기쁨으로 영적 추수의 단을 거두기 원하는 주의 종들은 예레미야처럼, 사도 바울처럼 눈물의 종이 되어야 할 것이다.

성서한국을 꿈꾸는 이 땅의 젊은이여! 지금은 울며 씨를 뿌려야 할 때다.

※ 이 인터뷰는 월간 '복음과상황' 1997년 3월호에 실린 대담 기사로, 고직한 선교사(사랑의교회 젊은이선교정보연구센터 소장)의 질의로 진행되었으며, '복음과상황'의 허락을 얻어 발췌·게재했습니다.

이승장 · 고직한 대담
# 새로운 전기를 맞은 복음주의 학생운동

학원복음화협의회(이하 학복협) 상임대표직에 취임하시면서 "학원 복음화를 위해 목을 내놓겠다"는 취임사를 하셨는데, 후배의 한 사람으로서 아주 감명 깊게 들었습니다. 목사님에 대해 이름으로만 듣거나 책을 통해서만 알고 있는 독자들을 위해 자신을 간략하게 소개해 주십시오.

저는 공대를 나와서 1967년도에 UBF 서울지구 총무로 대학생들과 성경공부하는 간사생활을 시작했습니다. 후에 10여 년 동안 신촌의 서대문 지구를 맡았으며 관악 캠퍼스 개척하는 일을 했습니다. 76년에 UBF 개혁운동을 하게 되었는데, 이 일로 ESF가 시작되었고(당시는 SBF) 총무로 일하다가 영국 런던성서대학(LBC)에서 3년 반 동안 신학을 공부했지요. 그 후 스위스와 영국 라브리에서 훈련받고 귀국해 ESF 사역을 하다가 다시 런던에 가서 한인 교회 두 곳을 개척했습니다. 런던 중앙에 있는 한인 유학생 가족들이 다닐 만한 한인 교회가 없어 개척하게 됐는데, 어느 곳에서나 학생들과 사역해 온 게 운명적인 일이었나 봅니다.

**이 목사님은 한국에서 복음주의 학생운동의 개척자들이랄까 1세대라고 할 수 있는 김준곤 목사(CCC), 이사무엘 목자(UBF), 황성수 박사(IVF) 등에 이은 2세대라고 할 수 있겠는데, 목사님 연배의 동료 사역자나 선후배들은 어떤 분들입니까?**

1세대라 할 수 있는 선배님들은 대개 대학을 졸업한 후에 학생운동에 참여한 데 비해서, 저희들은 대학에 다니면서부터 훈련받고 참여한 세대라고 할 수 있겠습니다. 저와 같은 단체에서 훈련받은 동료들로는 안병호 목사(ESF 이사장), 손석태 교수(개혁신학원), 김세윤 교수(미국 풀러 신학교) 등이 있고, 단체는 달랐어도 교제를 나누고 지금까지도 학생운동을 위해 마음을 나누고 있는 분들은 홍정길 목사(남서울은혜교회), 이태웅 목사(GMF 이사장), 하용조 목사(온누리교회), 이동원 목사(지구촌교회) 등을 들 수 있겠습니다.

**지금까지 학생 사역을 계속 해 오고 있는 이유는 무엇입니까?**

졸업한 지 32년이 된 지금까지 학생 사역을 해 온 이유는 무엇보다도 하나님의 부르심 때문인 것 같아요. 이 일이 한국 교회와 사회를 위해 다른 어떤 일보다 중요한 일이라는 대학 시절의 확신이 지금까지 이어져 오고 있기 때문이지요. 아마 이 일을 하기 위한 은사를 받은 것 같아요. 청년들을 좋아하고 그들을 하나님의 말씀으로 세워가는 일이 다른 어떤 일보다 좋거든요. 그래서 가끔은 스스로 생각하기를 '영적 미숙의 은사' (spiritual gift of immaturity)를 받았다는 생각을 할 때가 많아요(웃음).

**어떤 측면에서 보면 목사님 연배의 사역자들이 학원 복음화를 위해 지금까지 계속해서 애정을 갖고 정열을 불태우는 것은 결코 쉬운 일은 아니어서, 어떤 한 맺힌 결의나 다짐이 있었기 때문이 아닌가 하는 생각이 듭니다. 특히 목사님의 경우엔 9살 때 죽은 따님의 재를 캠퍼스 나무 밑에 뿌리면서 학원 복음화를 다짐하셨던 아픈 기억도 간직하고 계신데요.**

처음부터 지금까지 아무런 굴곡 없이 이 일을 해 왔다면 그건 거짓이겠지요. 때때로 회의에 잠기기도 하고, 나 자신이 과연 학생 사역을 감당할 수 있는 그릇이냐, 능력을 가졌느냐를 고민하기도 하고, 특히 제 경우엔 몸담고 있던 선교단체가 분열되기도 하면서 선교단체에 대한 회의를 느낄 때도 여러 번 있었지요. 그러나 예수님의 사역의 핵심이었던 제자 양성을 본받으려는 노력을 계속 해 왔다고 할 수 있겠습니다. 대학생들을 복음으로 낳고 기르고 훈련시켜 일꾼으로 세우는 일의 중요성에 대한 성경적·신학적·역사적 확신만큼은 흔들린 적이 없었습니다. 요컨대 이 일을 선교단체를 통해 해 나갈 것이냐 하는 방법론상의 회의, 내가 이 일을 감당할 만한 그릇이냐에 대한 개인적인 회의는 있었어도 학생운동의 중요성과 순수성에 대한 회의는 한 번도 없었던 셈입니다.

학생운동에 대한 그런 소명이나 확신을 갖게 되기까지는 영향을 준 분들이 있었을 것 같은데, 목사님께 영향을 끼친 분들은 어떤 분들입니까?

대학생 수련회 때 그리스도의 십자가에 동참하자는 엄두섭 목사님(은성수도원)의 메시지를 들으면서 어린 시절부터 가져온 신앙을 확고히 다지는 계기가 됐습니다. 사실 고3 때부터 대학 3학년까지는 교회도 멀리했고 무신론적 사고에 빠지기도 했고 지방 대학에 다닌다는 열등감에 젖어 있기도 했었는데, 그리스도의 십자가 고난을 통해 복음의 새로운 생명과 그리스도인의 사명에 대해 깨닫게 되었습니다. 또 함석헌 선생의 〈뜻으로 본 한국사〉를 읽으면서 민족과 역사에 대한 깨달음을 갖게 됐고, 절망적인 시대 분위기 속에서 소망을 갖고 섬기게 됐습니다. 〈뜻으로 본 한국사〉는 만일 대학생들이 기독교 사상으로 변화되기만 하면 우리 민족은 정말 소망이 있을 것이란 확신을 갖게 된 책입니다. UBF 시절에는 배사라·이창우 님들의 도움을 받았고 대학생 수련회 때 오셔서 말씀을 전해 주시던 선교사님들로부터 받은 영향도 적지 않았습니다. 중국 선교사로서 대학생 총무였던 데이빗 애드니(David Adeney) 선교사와, 에이다 럼(Ada Lum · IFES Bible Study Secretary)을 통해 성경공부 하는 법과 세계 선교, 학생운동의 중요성을 배울 수 있었습니다. 또 영국 IVP의 책들을 독학하면서 영국의 풍요로운 복음주의 학생운동의 유산들을 맛 볼 수 있었습니다.

**10여 년 간 영국에서 복음주의 학생운동을 지켜보셨는데, 영국의 학생**

**사역은 어떻게 보셨습니까? 우리가 배워야 할 점이나 적용해야 할 점이 있다면 무엇입니까?**

제가 신학을 공부하기 위해 미국으로 가지 않고 영국으로 간 동기도 복음주의 학생운동의 본고장에서 보고 듣고 배우고 싶은 마음이 있었기 때문입니다. 결국 LBC에서 졸업논문을 쓸 때에도 '영국의 복음주의 학생운동의 기원과 발달'에 대해 쓰게 됐지요. 어떤 운동일지라도 종교사회학적으로 볼 때 초창기의 개척자들이 가졌던 비전과 정신이 후대로 갈수록 역동성이 사라지고 제도화되거나 영적 능력을 잃어버리는 상황이 되는 게 일반적이거든요. 영국의 복음주의 운동도 예외는 아니지만 지금까지 100여 년 전 초기에 가졌던 선배들의 정신이 면면히 이어지고 있는 이유는, 우리처럼 간사나 지도자 중심이 아닌 학생들의 주도권이 중심이 되어 왔기 때문이라고 생각합니다.

**한국의 복음주의 학생운동도 이럭저럭 30-40년이 됐는데, 초창기부터 이 일에 참여해 오신 분으로서 어떻게 보십니까? 어떤 소망을 가지십니까?**

그 중요성과 가치가 역사적인 면에서 입증됐다고 봅니다. 많은 분들이 분석하기를, 70년대의 폭발적인 한국 기독교의 성장에 결정적인 역할을 한 요인을 두 가지로 보는데, 성령운동과 대학생 선교운동이 그것이지요. 이미 각 교회에서 섬기고 있는 영향력 있는 목회자나 평신도 지도자들을 볼 때도 대학생 선교운동이 얼마나 효과적인 전략인지 입증되고 있지 않습니까? 그렇기에 교회가 선교단체에 대한 부정적인 시각을 버리고 돕기 시작한 것과, 선교단체들도 연합해서 교회를 섬기는 일이 선교단체의 존립 목적이라는 신학적 성숙을 배경으로 일어난 게 얼마나 큰 은혜인지 모르겠어요. 앞으로 영국 못지 않게 한국 교회도 학생운동이 자라게 될 것입니다. 덧붙여서 이야기하고 싶은 것은, 일반적으로 영국 교회가 죽어가고 있다고들 하는데, 제가 전에 '복음과상황'에 기고 했듯이 1984년이 하나의 기점이 되어서 영국 교회가 꾸준히 성장하고 있는데, 많은 분들이 그 원동력이 된 것이 대학생 신앙운동의 열매였다고 봅니다. 대학생들에 대한 전도 전략이 열매 맺었고 존 스토트나 마이클 그린, 조지 캐리 대주교 같은 복음주의 리더십이 영국성공회를 주도함에 따라 전도의 영향력이 30-40년 간 꾸준히 계속되고 있습니다.

**학생운동의 열매나 보람은 어떻게 누리고 계십니까?**
학생 시절에 신앙 훈련을 받았던 이들 가운데 적지 않은 이들이 교수, 선교사, 목사, 사모가 돼 있는 걸로 압니다. 제자라기보다는 좋은 후배들이 많이 나왔습니다. 그런 열매들을 볼 때 지난날들이 결코 헛되지 않았다는 확신이 드는 거죠. 또한 여기저기서 숨은 봉사를 하는 분들이 많이 있습니다. 어떤 분들은 대학 시절에 저와 창세기나 요한복음, 로마서 성경공부 하면서 배운 교안으로 지금까지 성경을 연구하고 가르치는 데 활용하고 있다는 말을 하기도 해서 너무 감사하고 기뻤습니다. 역시 사람을 돕는 데는 진리의 말씀과 사랑만 있으면 젊은이 사역이 가능하다는 확신을 갖게 됩니다.

학복협 사역을 시작하시고, 여러 교회를 방문하시면서 오늘날 복음주의 학생운동의 내용이나 깊이, 헌신도, 추구하는 방향 등에서 혹시 염려스러운 점은 없으셨는지요?

제일 감사한 것은 역시 연합해서 일한다는 점이 우리 세대에 학생운동을 하던 사람들보다 성숙한 모습인 것 같아요. 염려되거나 부정적인 면보다는 오히려 긍정적인 면들이 많이 보입니다. 다만 요즘 사역자들이 정보를 많이 얻겠다는 관심이 많지, 참 영성과 학생들을 위해 죽겠다는 목자의 심정이 부족해 보이는 게 아쉽습니다. 제자훈련과 세계 선교, 경배와 찬양 등에 관심을 많이 갖는 것만큼 잃어버린 영혼들에 대한 전도의 관심을 갖고 있는가는 우리 모두가 곰곰이 되짚어 봐야 할 부분인 것 같습니다. 또한 대학생 선교운동을 좀더 캠퍼스 중심으로 전개할 필요가 있다는 생각이 드는데, 즉 믿지 않는 학생들을 믿게 하는 데 사역을 집중해야 할 것 같아요. 비유컨대 복음의 커뮤니케니션(communication)뿐 아니라 컨텐츠(contents)나 열정에도 집중해야 할 것 같아요. 대중문화에 대한 이해와 정보 수집도 중요하겠지만, 그 목적이 잃어버린 영혼들을 구하기 위함이라는 정신이 더 중요하지 않을까요? 그래서 저는 라크리에서 프란시스 쉐퍼와 개인적으로 대화하는 중에 어떻게 그런 많은 공부를 할 수 있었느냐고 물었을 때, 그가 "Out of love", 즉 사랑 때문이라 대답한 것이 인상적이었어요.

현재 학복협에 가입한 9개 단체, 43개 교회 대학부 외에도 아직 가입하고 있지 않은 UBF나 네비게이토의 회원들까지 합하면 대략 복음주의권 학생들이 5만 명 정도로 추산됩니다. 학복협 상임대표로서 이들을 엮어 내고 협력하게 하고 움직이게 할 뿐 아니라, 각 단체나 교회의 리더십을 격려하는 등의 역할을 어떻게 전개하실 계획입니까?

그것은 결코 제가 앞장서서 끌고 갈 일이 아닌 것 같아요. 연합운동은 원래 있는 둥 마는 둥 해야 가장 잘 하는 거라고 하지 않습니까. 그 동안 리더십을 잘 발휘해 온 다른 공동대표들과 잘 협의하고, 실제 일선에서 일하는 실무자들의 의견을 듣는 일이 얼마 동안 필요할 것 같아요. 선교단체와 단체끼리, 대학부들끼리, 교회와 선교단체 간의 다리를 놓는 일에 조금이라도 쓰임 받기를 원합니다. 그런데 저는 캠퍼스에서 개인적으로 직접 사람을 돕는 야전군 출신인데, 합참 본부 같은 기능을 하는 연합운동에는 경험이 없기 때문에 다른 분들의 도움을 많이 받아야 할 것 같습니다.

**사모님도 함께 학생 사역을 하신 분으로 알고 있습니다. 가족 관계를 간단히 소개해 주십시오.**

제 아내도 간사 출신인데, 학생운동에 대해서는 저보다 더 강한 애착을 갖고 있습니다. 집사람이 아니었으면 아마 학생 사역 3년 정도 하다가 때려쳤을 거고, 아내의 도움이 없었다면 몇 번이고 중도에 포기했을 겁니다. 옛날이나 지금이나 참 좋은 동역자라고 생각하고 있습니다. 또 우리 나라도 사역자들의 아내들을 위한 사역, 즉 자매들을 위한 사역이 필요한데, 기도 제목 중 하나도 아내의 은사나 경험이 잘 쓰임받았으면 하는 일입니다. 이번에 대학생 사역에 다시 뛰어들 때 두 아들이

"아버지 수명이 조금 짧아지겠다"는 염려도 잠시 했지만, 잘 결정하셨다며 성원을 보내고 있습니다.

**건강을 위해 어떤 취미생활이나 운동을 하고 계신지요?**

원래 몸이 허약했고, 학생 사역을 하면서 너무 빨리 순교정신만 부르짖다 보니 건강 관리를 잘 못했는데, 영국 가 있는 동안 많이 회복했습니다. 지금도 새벽마다 냉수욕(cold shower)을 하고, 제자리에서 뜀뛰기, 팔굽혀펴기 30회, 등굽혀펴기 20회를 하고, 시간 나는 대로 걷기를 즐깁니다. 수영도 좀 했었는데, 여기 와서는 잘 못하고 있습니다

**즐겨 읽으시는 책과 잡지, 영향을 받은 사역자나 책이 있다면 소개해 주십시오.**

학생 사역을 오래 해 왔기 때문에 성경을 읽고 묵상하고, 그것과 연결된 책들을 주로 읽어 왔습니다. 헨리 나웬과 고든 맥도날드의 책들이 아주 좋았습니다. 그 전에는 아무래도 김교신 전집과, 함석헌 전집같은 한국인들의 저작을 통해 역사와 민족에 눈을 뜨게 됐었습니다. 깊이 묵상하면서 읽은 책 가운데 하나가 앤드루 머리의 〈겸손〉이었구요. 현대문화에 대한 기독교적 이해를 도와 준 책으로는 역시 존 스토트와 프란시스 쉐퍼의 책들에서 도움을 받았습니다.

부록
# 참고문헌(주제별)

### 1. 대학, 대학생활
김동훈, 대학이 망해야 나라가 산다, 바다출판사, 1999.
김성식, 대학사, 제삼기획, 1987.
김옥환, 대학론, 교육과학사, 1994.
양승훈, 새로운 대학, CUP, 1993.
이광주, 대학사, 민음사, 1997.
이기백, "한국 대학의 역사" 한국사 시민강좌 제18집, 일조각, 1996.
이석우, 대학의 역사, 한길사, 1988.
K. Jaspers, 민준기 옮김, 대학의 이념, 서문당, 1996.
C. H. Malik, 신정숙 옮김, 대학의 위기, 성경읽기사, 1988.
학원복음화협의회, 대학생활 길잡이, 홍성사, 1999.
G. M. Marsden, *The Soul of the American University*, OxfordUniversity Press, 1994.
J. W. Sire, *Chris Chriman goes to College*, IVP, 1993.

### 2. 학생운동, 기독학생운동
김성식, 일제하 한국학생운동사, 정음사, 1974.
김천배, "한국의 학생기독교운동" 한국역사와 기독교, 대한기독교서회, 1933.
김성식, 독일학생운동사, 제삼기획, 1987.
김영철, 한국기독청년학생운동사, IVP, 1993.
안재웅, "제3세계의 학생기독교운동" 한국기독교와 제3세계, 풀빛, 1981.
전택부, "일제하의 한국기독교와 청년운동" 한국기독교와 청년운동, 풀빛, 1981.
전택부, "한국기독교와 민족운동" 한국역사와 기독교, 기독교서회, 1983.
주책종, 조병한 옮김, 5·4 운동, 광민사, 1980.
배규한, 학생운동과 대학생 자치활동, 나남출판, 1999.
조진경, 청년이 서야 조국이 산다, 백산서당, 1989.
한국기독학생회총연맹, 대학 알기 예수 알기, 민중사, 1997.
O. R. Barclay, *Whatever Happened to the Jesus Lane Lot?*, IVP, 1977.
F. D. Coggar, *Christ and Colleges*, IVP, 1934.
V. H. H. Green, *Religion at Oxford and Cambridge*, SCM Press, 1964.
D. Johnson, "Contending for the Faith" *A History of the Evangelical Movement in the Universities and Colleges*, IVP, 1979.
M. L. Loane, *Cambridge and the Evangelical Succession*, Lutterwarth, 1952.
J. D. McCaughey, *Christian Obedience in the University*, SCM Press, 1958.
J. C. Pollock, *A Cambridge Movement*, J. Murray, 1953.
R. Rouse, *The World Student Christian Federation*, SCM Press, 1948.

C. P. Shedd, *Two Centuries of Student Christian Movement*, Associated Press, 1934.
T. Tatlow, *The Story of the Student Christian Movement of Great Britain and Ireland*, SCM Press, 1933.
C. Stacey Woods, *The Growth of a Work of God*, IVP, 1978.
O. Barclay, *Student Work and the World*, IFES, 1983.
J. Briggs, "Two Churches and Para-Church Societies" *Christian Graduate*, 1978.
S. Escobar, *Our Evangelical Heritage*, IFES, 1983.
B. Sng, *Student Work and the Church*, IFES, 1983.

### 3. 대학의 부흥
이승장 외, 캠퍼스 부흥을 꿈꾼다, 학원복음화협의회, 1999.
전병욱, 부흥.COM, 규장, 1999.
콜만 외, 캠퍼스를 태운 하나님의 부흥을 말한다, 부흥과개혁사, 1999.
R. E. Coleman, *The Coming World Revival*, Crossway, 1995.
J. E. Orr, *Campus Aflame*, International Awakening Press, 1994.

### 4. 복음주의운동, 연합운동
박용규, 복음주의 운동, 두란노, 1998.
송인규, 그리스도의 찢긴 몸, 예영, 1995.
이형기, 에큐메니칼 운동사, 대한기독교서회, 1994.
한국기독교교회협의회, 에큐메니칼 신학과 운동, 1999.
호튼, 미국제 복음주의를 경계하라!, 나침반, 1996.
홍정길 외, 복음주의운동 강좌, 학원복음화협의회, 1999.
A. Mc. Grath, 신상길 옮김, 복음주의와 기독교의 미래, 한국장로교출판사, 1997.
A. F. Gibson, *The Church and Its Unity*, IVP, 1992.
Z. Poonen, *One Body in Christ*, Kingsway, 1974.
J. Stott, *Evangelical Truth*, IVP, 1999.
D. F. Wells, *The Evangelicals*, Abingdon Press, 1975.
D. F. Wells, *No Place For Truth*, IVP, 1993.

### 5. 기독학사운동과 교회 청년부
김점옥, 청년대학부 비전으로 재건하라, 기독신문사, 1999.
이상화, 청년들이 교회를 떠나는 31가지 이유, 기독신문사, 2000.
홍정길 외, 청년대학부를 살려라, 두란노, 1995.
학원복음화협의회, 청년 사역자 핸드북, 홍성사, 2000.
래가나, 대학지성과 사회개혁운동, 전예원, 1994.
R. Lamb, 최규창 옮김, 졸업 그 이후, IVP, 1998.
B. Gillingham, *The Christian Student and the Local Church*, Grove Books, 1983.

### 6. 기독학생·학사운동과 사회적 책임
김진홍, 성서한국 통일한국 선교한국, 두레시대, 1994.
남북나눔운동, 21세기 민족화해와 번영의 길, 크리스챤서적, 2000.

남북나눔운동, 민족통일을 준비하는 그리스도인, 두란노, 1995.
이만열, 한국기독교와 역사의식, 지식산업사, 1981.
이삼열 외, 한국사회발전과 기독교의 역할, 한울, 2000.
조한혜정, 탈분단시대를 열며, 삼인, 2000.
홍정길, 한국 교회는 이 민족을 책임질 수 있는가, 두란노, 1995.
프란시스 쉐퍼, 기독교 사회관 전집 제5권, 생명의 말씀사, 1994.
존 스토트, 정옥배 옮김, 현대를 사는 그리스도인, IVP, 1993.
돈 스티븐스, 채두병 옮김, 하나님의 구제명령, 예수전도단, 1997.
J. Boice, *Transforming Our World*, Multnomah, 1988.
H. F. R. Catherwood, *The Christian Citizen*, Hodder and Stoughton, 1969.
K. W. Clements, *A Patriotism for Today*, Collins, 1986.
T. J. Keller, "Ministries of Mercy" *The Call of the Jericho Road*, P&R, 1997.
P. Miller, *Into the Arena*, Kingsway, 1992.
Q. Schultze, *Dancing in the Dark*, 1991.
J. Stott, *Decisive Issues Facing Christians Today*, Harper Collins, 1998.
E. Stourton, *Christian Values*, Hodder & Stoughton, 1996.

### 7. 복음 전도, 해외 선교와 문화
김영한, 한국기독교 문화신학, 성광문화사, 1992.
데이빗 하워드, 학생운동과 세계복음화, 생명의말씀사, 1979.
프란시스 쉐퍼, 기독교 철학과 문화관 전집I, 생명의말씀사, 1994.
W. Abraham, *The Logic of Evangelism*, Eerdmans, 1989.
O. F. Barclay, *Developing a Christian Mind*, IVP, 1984.
K. Ford, *Jesus for a New Generation*, IVP, 1996.
J. Stott, *Down to Earth*, Hodder, 1980.
J. Stott, *Christian Mission in the Modern World*, Falcon, 1977.
R. A. Tucker, *From Jerusalem to Irian Jaya*, ACADEMIE, 1983.
C. V. Vickrey, *The Young People's Missionary Movement*, 1906.

### 8. 주요 전기 · 전집
김교신, 김교신 전집 1-6권, 경지사, 1975.
김정환, 김교신, 한국신학연구소, 1993.
전택부, 이상재 평전, 범우사, 1985.
더들리 스미스, 존 스토트, IVP, 1999.
존 폴록, 케임브리지 7인, 성경읽기사, 1987.
M. Hennel, *Charles Simeon 1759-1836*, S. P. C. K, 1959.
C. H. Hopkins, *John R. Mott 1865-1955 A Biography*, Eerdmans, 1979.
H. Moule, *Charles Simeon*, IVP, 1948.
J. Pollock, "Shaftesbury" *The Poor Man's Earl*, Hodder and Stoughton, 1985.
          , *Wilberforce*, Lion, 1997.

### 9. 기타 자료
고려대기독학생연합회, 예수 믿는 고대, 1997.
서울대기독인연합, 틈 1-3호, 1997-1999.

전국기독대학원생 연합수련회, GCNet '99 자료집.
KOSTA 수련회 자료집, 1988-2000.
학원복음화협의회 편, 학원복음화, 1993-2000(1-51호).
―――――――, 물근원을 맑게, 1993-2000(1-51호).
―――――――, 청년대학부를 변화시키는 지도력, 1991-2000.
―――――――, 복음민족역사―리바이벌-STEP대회, 1997-2000.
―――――――, 전국대학기독인연합 수련회 자료집, 1997-2000.
―――――――, 대학은 나를 부른다, 1992
―――――――, 기독학생 메뉴얼 II, 1999.
IVF 자료개발부 편, 캠퍼스 전도 핸드북, 1997.
―――――――, 대학생활 Vol.1, 1998.